IL LATO OSCURO DELLA STORIA

ROMA

IL SEICENTO

Storie nere della città eterna

Francesco Ernesto Rocca

.

Copyright © 2020 Francesco Rocca

Immagine copertina: Velázquez- Rissa davanti all'Ambasciata di Spagna di Roma - Collezione Palazzo Pallavicini-Rospigliosi.

Tutti i diritti riservati.

Codice ISBN: 9798579562265

DEDICA

CONTENUTI

INTRODUZIONE

IL SEICENTO ROMANO, UN SECOLO ECCESSIVO E REPRESSIVO

Il 1527 è ricordato nei libri di storia come l'anno del terribile Sacco di Roma, un selvaggio saccheggio della Città Eterna commesso dai Lanzichenecchi, i mercenari tedeschi al soldo del potentissimo Carlo V d'Asburgo, imperatore del Sacro Romano Impero e Re di Spagna.

L'antica e decaduta capitale dell'Impero Romano, in balìa dei saccheggi e degli stupri; le fiamme che devastano le sue chiese e i suoi sontuosi palazzi e la disperata fuga del sommo Pontefice dai Palazzi del Vaticano a Castel Sant'Angelo attraverso il celebre Passetto (un passaggio segreto), rappresentano per molti storici la fine del Rinascimento. In realtà un vero cambiamento culturale si ha quasi quarant'anni dopo, alla conclusione dell'interminabile ed estenuante Concilio di Trento (1545-1563), indetto dal mondo cattolico e in particolare per volontà della Spagna e dell'Austria per fermare l'avanzata della Riforma Protestante. Dopo il Concilio di Trento inizia l'epoca della Controriforma cattolica e un nuovo stile di vita più cupo, tenebroso, eccessivo, condizionato dalla Santa Inquisizione, dalle censure, dai diritti di precedenza e dai formalismi, prende il posto dello sgargiante, poliedrico e anarchico periodo rinascimentale che per 150 anni ha caratterizzato la cultura europea. Alla fine del Cinquecento si è ormai definitivamente affermato a Roma un nuovo ambiente pieno di contraddizioni: una società nuova condizionata culturalmente dalla religione e socialmente sempre più classista, prepotente ed arrogante. I nobili, gli ambasciatori e la corte papale ostentano sfacciatamente il proprio potere, arricchendo i loro grandiosi palazzi di decorazioni e sontuosi arredi, costruendo chiese sempre più imponenti ed organizzando magnifiche feste e cerimonie. Allo stesso tempo, contrapposto a questo mondo privilegiato si va sempre più formando un lato oscuro fatto di repressioni religiose e culturali, ingiustizie sociali, intrighi e trame di potere.

Un mondo molto duro, solo in parte mitigato da pochi papi 'illuminati', a cui si aggiungono le pie confraternite che si dedicano alla cura dei bisognosi e la generosità della Chiesa minore; infine non va dimenticato anche il popolino romano, anarchico, rozzo e dissacrante ma capace nei momenti drammatici, di grande solidarietà e altruismo, quasi fosse inconsciamente memore della grande dignità degli antichi Romani.

Nel Seicento romano si assiste esteriormente alla spettacolarizzazione della vita pubblica. Tutto è sontuoso ed esagerato: le processioni, le sfilate di nobili e ambasciatori, le feste religiose e quelle popolari come il Carnevale Romano che è considerato il più eccessivo e trasgressivo dell'Europa dell'epoca. Ma il Seicento è anche il secolo della grande partecipazione popolare agli eventi particolarmente crudeli come le elaborate e sempre più scenografiche esecuzioni capitali che rappresentano per i romani un grande rito collettivo. In campo politico il nuovo centralismo del potere e l'assolutismo, tipici delle società europee del XVII secolo, influenzano anche la politica interna pontificia. Lo Stato della Chiesa deve lottare contro le spinte autonomiste dei Duchi e dei Baroni e contro la piaga del brigantaggio che infesta le campagne. Spesso i banditi sono addirittura protetti dagli stessi nobili che li assoldano e usano per portare a termine vendette o azioni contro le famiglie rivali. Per meglio capire un quadro storico così interessante e controverso, sono riportati in ordine cronologico nel capitolo 10 di questo volume, interessanti documenti originali che sono conservati nelle prestigiose biblioteche romane. Tra questi vi sono alcuni Diari dell'epoca che, con una narrazione colorita e sgrammaticata, descrivono assai chiaramente le Cronache di Roma del Seicento e consentono al lettore di comprendere la mentalità e le usanze dell'epoca. L'uomo del Seicento è dunque sempre consapevole del suo destino, sia nel bene che nel male, ma la nuova politica nazionalista europea, l'intolleranza religiosa, la prepotenza classista e la violenza istituzionale, sono così dominanti che condizionano moltissimo la sua vita quotidiana. A Roma si verificano in quel periodo molti comportamenti anomici e asociali contro le istituzioni e contro il rafforzamento dei poteri dello Stato che vengono condannati con incredibile severità: chi bestemmia, chi ruba nelle chiese, chi scrive libri satirici contro il papa e chi falsifica documenti, difficilmente evita la tortura, il patibolo e un'esecuzione capitale esemplare.

Tale politica repressiva continua ad aumentare fino alla prima metà del XVII secolo, creando di conseguenza la formazione di una marginalità sociale e gruppi malavitosi urbani ed extraurbani sempre più feroci. Briganti, cappeggiatori, grassatori, assassini di strada, ladri sacrileghi e avvelenatori, infestano la città e sono puniti con supplizi pubblici in cui la componente scenografica diventa così rilevante che alcune esecuzioni capitali si riservano per il primo giorno di Carnevale. Solo dalla seconda metà del secolo si intravedono a Roma i primi lenti cambiamenti in direzione di un atteggiamento più razionale e moderno. Ma si tratta di un processo lento e, a tal proposito, va ricordato come ancora nel XIX secolo viene applicata a Roma la pena di morte con il rogo e che l'ultima esecuzione capitale è eseguita dal governo pontificio il 9 luglio del 1870, solo pochi mesi prima della Breccia di Porta Pia. Roma accentua nel Seicento la caratteristica di essere una città condizionata religiosamente dal papa, culturalmente dall'Inquisizione e politicamente dalle grandi potenze straniere (Spagna e Francia) e dai nobili italiani ad esse alleati. Nonostante questi limiti, in questo secolo accresce lo sfarzo della città e la presenza di tanti stranieri contribuisce a dare a Roma un grande impulso culturale e artistico e un fascino unico al mondo.

Pinelli, Gioco della Passatella (Stampa)

PARTE 1

LA VITA NELLA ROMA DEL SEICENTO

CAPITOLO 1

VIZI E VIRTÙ DELL'AMBIENTE ROMANO

Le testimonianze scritte nel XVII secolo dai diplomatici e dai viaggiatori in visita alla città eterna, appaiono per molti versi contraddittorie e sentimenti opposti, come l'entusiasmo e il disprezzo, sono ricorrenti e talora si riscontrano con ambivalenza in una stessa narrazione.

Piero Contarini, ambasciatore veneto a Roma negli anni 1623-1627, esclama ad esempio "vedersi abbondante correre a Roma l'oro, più che in ogni altro luogo", per poi aggiungere che "le liti consumano i poveri sudditi". L'opulenza esteriore della città e la miseria della maggior parte degli abitanti è infatti ciò che maggiormente colpisce nel Seicento il visitatore. In tutte le città italiane ed europee del periodo, i poveri vivono negli stessi quartieri o rioni, mescolati con le classi più ricche a cui prestano i loro servizi, ma a Roma il divario tra i lussuosi palazzi della grande nobiltà, le splendide chiese riccamente adornate e le casupole fatiscenti delle classi più povere è ancora più stridente.

Di grande efficienza sono invece per l'epoca le varie Confraternite come quella della Santissima Trinità che si dedicano all'organizzazione delle strutture atte ad ospitare i circa 30.000 pellegrini che annualmente giungono a Roma in quel periodo. Per favorirne l'afflusso, vengono spesso riparate le strade che conducono in città e si opera con solerzia per la sicurezza delle vie pubbliche.

Anche l'industria alberghiera romana è in questo periodo in grado di sostenere l'afflusso ordinario dei forestieri e solo durante gli Anni Santi, gli albergatori e i locandieri non riescono a soddisfare la straordinaria domanda di alloggio.

Le strutture sanitarie e gli ospedali, eredità della Roma rinascimentale, funzionano con efficienza e serietà. A Roma vengono aperti ben due lazzaretti: uno davanti a Porta del Popolo e l'altro sul Monte Mario; in seguito ne costruiscono un terzo presso Porta San Pancrazio, tra il Gianicolo e l'odierna Villa Doria Pamphili, mentre per i malati più poveri sono istituiti dei presidi medici davanti a tutte le porte della città.

Grazie a questa eccellente organizzazione, nell'anno 1629 Roma non viene contagiata, come il resto d'Europa, dalla prima epidemia di peste del secolo. Quasi trent'anni dopo, nel 1656 quando purtroppo in città scoppia, giunta da Napoli, una grande epidemia di peste, sia l'ospedale Fatebenefratelli che il resto dell'isola Tiberina, sgomberata dai suoi abitanti, si trasformano in un grande lazzaretto per gli appestati, chiamato volgarmente dai romani il "lazzaretto brutto".

Dal punto di vista politico lo Stato della Chiesa si caratterizza in quel periodo come un piccolo regno dominato da due caste privilegiate: il clero e i nobili. Il ruolo della borghesia, così rilevante nei paesi del Nord Europa, appare invece molto ridimensionato rispetto ai due secoli precedenti.

Le difficoltà per il commercio durante la Guerra dei Trent'anni, il problema dei Turchi e dei Saraceni nel Mediterraneo e le nuove rotte oceaniche, hanno tolto centralità a Roma e di conseguenza anche la sua classe media è priva di forza economica. La città risente inoltre della riduzione di rapporti commerciali con i Paesi che sono diventati protestanti, nonché di una forte chiusura alla modernizzazione operata dalla Controriforma dopo il Concilio di Trento.

La società romana del XVII secolo appare, in sostanza, sempre più urbanizzata e centralista e sempre meno imprenditoriale. Roma mantiene un ruolo importante dal punto di vista politico solo grazie alle potenze cattoliche dell'epoca come la Spagna, la Francia e l'Austria e continua ad accogliere dentro le sue mura un gran numero di pellegrini che percorrendo la Via Francigena, giungono nella capitale della cristianità continuamente e in particolare in occasione degli Anni Santi.

1 - Usi e costumi a Roma

La popolazione romana, con numerosi alti e bassi, aumenta durante il secolo fino ad avere nell'anno 1700 circa 149.447 abitanti, ovvero il 29,6% in più rispetto all'anno 1600. Dal 1600 al 1602 si ha un calo di circa il 10% della popolazione.

Un crollo demografico si registra anche nei dati del 1657 e si deve alla terribile epidemia di peste del 1656 che, oltre a Napoli e molte zone della Penisola, colpisce duramente anche Roma, causando il decesso di ben 16.000 persone.

Il calo demografico del 1681 si deve per alcuni storici alla grande epidemia di tifo del 1679, mentre per altri all'austero pontificato di Innocenzo XI

Gli abitanti della città vivono inseriti in un sistema di tipo assistenzialistico mantenuto dalle finanze pontificie e anche il fabbisogno alimentare della città è sovente sorretto economicamente dal papato a danno della provincia e di altre zone dello Stato della Chiesa.

È da notare in effetti come i tumulti che scoppiano a Roma, siano estranei a rivendicazioni sociali di qualsiasi genere e queste sommosse si verifichino principalmente durante le carestie ma anche per futili motivi o addirittura durante le processioni religiose. Nei momenti di svago il popolo romano frequenta le osterie, gioca a carte, beve vino e ama cantare. Le carte, le donne e il bere sono all'origine di veri scontri armati e duelli con pugnali e spade a cui il Bargello (il capo della polizia) e i suoi 'sbirri' (termine usato all'epoca) cercano con difficoltà di porre un freno, come testimoniato dai numerosi "Bandi del Governatore" di Roma riportati nel capitolo 9 di questo libro. "Il giuoco della Passatella" che fanno i romani nelle Osterie del Seicento, è spesso fonte di risse e accoltellamenti. Questo diversivo popolare viene giocato da un gruppo di amici o conoscenti che stabiliscono che solo uno del gruppo non dovesse bere per tutta la serata. Chi non beve, viene, nel linguaggio dell'epoca, "fatto ormo", ovvero oggetto di scherno da parte degli altri. L'alcol di chi beve e la rabbia di chi viene deriso portano a finali spesso cruenti con feriti e morti.

L'ambiente delle osterie romane è ben rappresentato da molti artisti dell'epoca. I capolavori del Caravaggio ispirano la nuova corrente di pittori chiamati i "Caravaggeschi", mentre dal famoso pittore olandese Pieter van Laer, detto "er bamboccio" si forma nel mondo artistico romano dell'epoca, la corrente dei "Bamboccianti".

Per quanto riguarda la pubblica morale, nel Seicento a Roma si commettono molti reati di matrice sessuale, anche se esteriormente il pubblico pudore è imperante e per le donne condannate, a differenza del resto d'Europa, è proibita la tortura. Tra i reati abbiamo l'infedeltà coniugale che è molto frequente e i mariti che reagiscono con violenza all'infedeltà delle mogli, vengono incarcerati. Nel caso invece di tradimento dei mariti, questi sono imprigionati e condannati alle galere. La Giustizia pontificia dell'epoca condanna duramente i reati di violenza sessuale e li punisce in modo esemplare.

Per i reati più gravi, come il "vizio nefando", si applica la pena capitale con impiccagione e rogo del condannato. La prostituzione è diffusa a Roma nel XVII secolo e i papi, come gli altri sovrani europei, la tollerano. Giovan Battista Scanaroli, autore seicentesco dell'opera "De visitatione Carceratorum", indica gli sforzi fatti dai vari pontefici per aiutare anche economicamente le prostitute ad abbandonare la loro attività. Numerose sono infatti le disposizioni dei vari papi, in particolare durante gli Anni Santi o durante il Carnevale, quando le proibizioni si fanno più severe e le pene per chi si prostituisce sono la frusta in pubblico o l'esilio.

2 - Demolizione del patrimonio dell'antica Roma

L'atteggiamento ostile del mondo ecclesiastico nei confronti dei monumenti dell'antica Roma risale all'editto di Tessalonica del 376 dopo Cristo, quando l'ultimo grande imperatore romano, l'iberico Teodosio, dichiara il cristianesimo, religione ufficiale dell'Impero romano. A partire da quel momento, come in una sorta di lotta politica e religiosa contro la pesante eredità pagana della capitale imperiale, la Chiesa di Roma realizza una sistematica politica di abbandono, demolizione e trasformazione delle costruzioni pubbliche e dei templi antichi. Si tratta di una delle più grandi rivoluzioni culturali della storia dell'umanità ed è una devastazione artistica senza precedenti. Non sono dunque le centinaia di migliaia di barbari che si riversano in tutto l'impero intorno al 400 dopo Cristo, gli artefici di una simile distruzione, ma gli stessi abitanti di Roma. Frantumare statue, abbattere colonne, demolire edifici di maestosa grandezza, avrebbero rappresentato per le semplici popolazioni germaniche dell'epoca, uno sforzo immenso e del tutto inutile. I barbari del V secolo, dopo aver razziato gli oggetti di lusso, cercano solo terre dove prosperare.

L'Impero romano, cristianizzato e decadente, è diviso in due parti e l'Europa occidentale abbandona Roma come suo centro politico a favore di altre città minori e consacra l'Urbe come centro religioso.

I Romani del V secolo considerano il papa un nuovo 'imperatore teocratico' ma in realtà si tratta di un capo supremo molto atipico che privilegia il controllo religioso e sociale e trascura l'azione politica e militare che è stata la vera gloria della Roma antica.
Nel giro di poche generazioni la cultura e la mentalità dei romani e della città vengono trasformate e clericalizzate.

La storiografia medievale, condizionata e controllata dal mondo ecclesiastico, ha voluto quindi attribuire ai barbari un ruolo devastante che solo in piccola parte hanno avuto; la distruzione del patrimonio artistico della Roma imperiale è stata opera dei suoi stessi abitanti che per secoli, senza alcun controllo o proibizione da parte dei papi, usano i materiali degli edifici pagani. Una prova è data dal fatto che gli unici monumenti romani ancora oggi perfettamente integri sono quelli che già in epoca antica sono stati trasformati in chiese come il Pantheon e i templi di Portuno e di Ercole nel Foro Boario vicino alla celebre Bocca della Verità. I marmi, le splendide statue, i sarcofagi e gli eleganti bassorilievi romani sono ignorantemente ridotti a calce da costruzione o stucco nelle decine di forni che per mille anni lavorano in tutta Roma e in particolare nel Foro. Solo quando la Chiesa decide di utilizzare l'arte a fini propagandistici, la città si va trasformando in modo radicale e per fortuna altrettanto affascinante. A partire dal XVI secolo e in particolare nel XVII, la Roma del Rinascimento e del Barocco, vuole competere con città come Firenze e Venezia e con le altre potenze europee che stanno costruendo nelle loro capitali, prodigiosi palazzi e chiese imponenti. Lo sforzo economico realizzato dal piccolo Stato Ecclesiastico per competere artisticamente con le grandi capitali dell'epoca, è così esagerato che Roma recupera la sua "Grande bellezza" a carissimo prezzo. Il costo per costruire nuovi edifici porta a livelli indecenti la vendita delle indulgenze e delle cariche ecclesiastiche, scatenando nel XVI secolo l'ira di Lutero e la Riforma protestante. Inoltre gli architetti del Rinascimento e del Barocco, per abbellire gli edifici di recente costruzione, effettuano un ultimo clamoroso spoglio del Foro Romano, del Colosseo e del Circo Massimo, da cui prelevano tonnellate di marmi e metalli per rivestire i palazzi romani del Cinquecento e del Seicento. Oltre mille colonne romane oggi si trovano nelle più sontuose e splendide chiese di Roma come Santa Maria Maggiore e Santa Maria in Trastevere.

Il Foro Romano, il centro politico dell'Impero dove si sono riuniti Giulio Cesare e i senatori e i palazzi imperiali dove il filosofo Seneca o l'imperatore Augusto hanno reso immortali la cultura e la gloria dell'antica Roma, vengono usati per secoli dagli abitanti come cave di materiali e tutta l'area, destinata al pascolo, alla vendita e al macello del bestiame, viene rinominata volgarmente "Campo Vaccino", il campo delle vacche. Nel cuore della città, l'elegante Portico d'Ottavia, dedicato alla sorella dell'imperatore Augusto e i cui ruderi sono ancora ben visibili nel Ghetto di Roma, diventa il mercato del pesce della città.

3 - Gli Ebrei di Roma

Nella Roma seicentesca, gli ebrei o "Giudei", come vengono chiamati in romanesco, rappresentano una realtà a sé stante. Obbligati fin dalle antiche persecuzioni a non occuparsi dell'industria e a non possedere la terra, si dedicano alla medicina, ai commerci e ai prestiti di denaro. A partire dalla seconda metà del Cinquecento, gli ebrei subiscono una serie di dure imposizioni da parte di numerosi pontefici. Paolo IV, ad esempio, ordina nel 1554 con la bolla "Cum nimis absurdum" che tutti gli ebrei romani siano rinchiusi nel ghetto. Clemente VIII vieta loro nel 1592 il commercio degli oggetti nuovi. Nel Seicento, Urbano VIII impone agli ebrei tributi straordinari e solo Innocenzo XII attua una politica favorevole nei loro confronti. Nonostante ciò, le condizioni di vita degli ebrei a Roma nel XVII secolo sono meno dure di quelle che sopportano negli altri Stati europei e benché patiscano, come altrove, l'umiliazione di vivere nel ghetto, sono protetti dallo Stato della Chiesa dai soprusi della popolazione romana. Papa Pio IX solo nell'anno 1848 dà finalmente ordine di aprire le porte del ghetto che viene poi abolito nel 1870 con l'entrata dei soldati italiani a Roma e la fine dello Stato Pontificio.

Dai documenti tratti dai "Libri del Provveditore" della Confraternita di San Giovanni Decollato, abbiamo le descrizioni delle esecuzioni capitali di due ebrei, Nunzio Servadio e Jacopo d'Elia di San Lorenzo nelle quali si evidenzia l'accanimento dei confessori che "con ogni opportuno rimedio" cercano di convertirli al cristianesimo.

Il 25 giugno del 1600 si narra che Nunzio Servadio, giocando d'astuzia pur di rimandare l'esecuzione, finge di volersi convertire al cristianesimo e che i confessori, inteso il suo vero fine, indignati lo spediscono sul patibolo.

Il giustiziato Jacopo d'Elia da San Lorenzo, il 22 gennaio del 1616, rifiuta invece l'invito del predicatore a convertirsi prima di essere giustiziato, rispondendogli che "era Ebreo et che voleva morire Ebreo" e chiese di essere confessato "alla sua usanza" da tre ebrei; cosa che gli viene assolutamente negata.

Nel documento si descrive l'esitazione dei membri della confraternita al momento di cantare i salmi sacri e recitare le preghiere durante la processione che accompagna il giustiziato fino al patibolo. Infine i confratelli scelgono di pregare in silenzio e di non mostrare in pubblico la sacra tavoletta che attesta il pentimento del condannato a morte.

Queste due vicende dimostrano come gli ebrei fossero forzati a rinunciare alla loro fede. Nel ghetto sono ancora visibili il Tempio del Carmelo e la chiesa di S. Gregorio, dove ogni sabato, vengono fatte le prediche per la loro conversione al cattolicesimo.

4 - Il Carnevale romano del Seicento

Nel 1634, in occasione della visita in città del principe polacco Alessandro Wasa, il cardinale Barberini fa organizzare a piazza Navona un maestoso evento. Lo stravagante ospite riparte all'improvviso da Roma senza assistere allo spettacolo, ma la giostra del Saracino, ormai allestita, si svolge ugualmente in occasione del sabato grasso. Si tratta di un torneo grandioso a cui partecipano, divisi in squadriglie, ben 360 cavalieri e 138 cavalli. L'ingresso nella piazza di una bellissima nave musicale conclude la festa, a cui assiste tutta la nobiltà romana.

Il Palio romano, ovvero corse di animali o di esseri umani, è sicuramente lo spettacolo più amato nel Seicento durante il Carnevale. Si tratta di corse che si svolgono prevalentemente nella Via Lata, l'attuale Via del Corso.

Il pubblico assiste entusiasta a queste gare di vecchi, storpi, ragazzi ed ebrei; questi ultimi sono obbligati a gareggiare dopo aver mangiato molto, in modo da correre goffamente.

Particolarmente apprezzata in quel periodo è anche la corsa dei Berberi: cavalli senza fantino che vengono lanciati al galoppo sfrenato da Piazza del Popolo a Piazza Venezia.

Nel 1635, per impedire la comune e fastidiosa usanza di lanciare le uova alla gente durante il Carnevale, viene emanato da Urbano VIII un apposito provvedimento.

Nel 1688 Clemente IX, mediante il pagamento di un tributo alla Camera Capitolina, affranca gli ebrei dall'umiliante corsa che devono fare tutti gli anni durante il Carnevale.

Il 1669 è ricordato infine come il Carnevale più grandioso del secolo, organizzato da papa Clemente IX insieme all'ex regina Cristina di Svezia.

5 - Cristina di Svezia, la regina di Roma

Cristina nasce a Stoccolma nel 1626 e diventa regina di Svezia a soli sei anni. Nel 1654, a meno di trent'anni, abdica lasciando il trono a suo cugino Carlo Gustavo e prende la decisione di abbandonare la religione protestante, abbracciare la fede cattolica e andare ad abitare a Roma. La sua conversione è un grande evento e si svolge a Innsbruck nel 1655 mentre Cristina si sta recando a Roma. Il papa vuole infatti che giunga in città già cattolica. Quando l'ex regina arriva nello Stato Pontificio, è accolta trionfalmente dai nobili e dalla popolazione e il giorno di Natale riceve la comunione direttamente dalle mani del pontefice Alessandro VII. La città è ormai libera dalla presenza ingombrante di Donna Olimpia, la potente cognata di Innocenzo X e Cristina diventa la protagonista della vita romana. A Piazza del Popolo è ancora visibile la scritta dedicata all'ex regina svedese: "Felici faustoque ingressui-Anno Domini MDCLV". Moderna e disinibita, Cristina mantiene una stretta amicizia con il cardinale Azzolino che desta molti rumori nella "pudica" alta società romana, al punto che il papa ordina al cardinale di limitare al minimo le sue visite all'ex sovrana svedese. In questo periodo si tengono in Europa anche interessanti manovre politiche che la vedono coinvolta, in particolare quando il cardinale Mazzarino, primo ministro del sovrano francese Luigi XIV, trama perché Cristina ottenga il trono di Napoli. La regina fa diversi viaggi in Francia in cui frequenta i promotori del 'progetto napoletano' e nel 1657 commette nel Castello di Fontainebleau dove lei è ospite, un atto che indigna moltissimo l'opinione pubblica romana. Scoperta infatti una trama di spionaggio contro di lei ad opera del marchese Gian Rinaldo Monaldeschi che è al suo seguito, ordina di ucciderlo. Per questa ragione, quando il 15 maggio 1658 Cristina ritorna a Roma, l'accoglienza è fredda e da quel momento papa Alessandro VII non vuole più ricevere le sue visite. I suoi intrighi internazionali continuano ancora a lungo e ha addirittura sostenitori affinché diventi la nuova regina di Polonia. Cristina cerca, senza successo che la Svezia e la Danimarca abbandonino la riforma e rientrino in seno alla Chiesa romana. L'ex regina è infatti diventata una convinta neo-cattolica ma si adopera a favore della Chiesa di Roma anche per ingraziarsi il pontefice e beneficiarsi del suo aiuto economico.

Quando viene eletto Clemente IX, il successore di papa Alessandro VII, è una notizia straordinaria per l'ex regina.

Il nuovo pontefice le è infatti molto affezionato e condivide con lei gli stessi interessi culturali. Cristina sceglie di insediarsi a Palazzo Corsini e grazie all'intercessione del suo storico amico il cardinale Decio Azzolino, ottiene che il nuovo papa le conceda una pensione annua di ben dodicimila scudi.

Come evidenziato anche dagli storici dell'epoca, l'austero successore, papa Clemente X, è invece meno prodigo con lei. L'ex regina svedese conserva comunque, anche durante questo pontificato, il suo ruolo di protagonista della vita romana del tempo, fondando l'Accademia Reale che è all'origine dell'Accademia dell'Arcadia, a cui poi si aggiungono anche un'Accademia di Storia naturale, di Matematica e Fisica. Nel 1671 contribuisce inoltre alla nascita del nuovo teatro Apollo, sorto al posto delle fatiscenti carceri di Tor di Nona già state sostituite dalla Carceri Nuove di Via Giulia. Pur senza avere doti di sovrana, Cristina è ricordata come una donna straordinaria, grande organizzatrice di eventi, circoli culturali, accademie e teatri. A lei si deve il merito di aver portato nella pigra Roma barocca il suo forte dinamismo nord europeo e la cultura ridiventa di moda in città.

6 - I nobili durante le sedi vacanti e i Conclavi

Nel XVII secolo, oltre ai poveri e ai pellegrini, vi è a Roma anche una presenza importante di famiglie nobili italiane ed europee che risiedono in città per la presenza strategica della sede pontificia. I parenti del papa godono di un ruolo pari a quello di una famiglia reale, anche se la loro posizione privilegiata si conclude alla morte del pontefice; da quel momento ritornano ad essere una famiglia nobile come le altre. I gruppi di potere nazionali e internazionali sono dunque molto presenti, ma diventano particolarmente instabili e aggressivi durante le Sedi Vacanti e i Conclavi. Spesso le difficili successioni papali provocano in città piccole guerre di successione che destabilizzano l'ambiente cittadino. La Roma del Seicento è infatti coinvolta e spesso sconvolta dalle trame di potere a vantaggio della Francia o della Spagna, le due grandi potenze dell'epoca. I francesi e gli spagnoli, nel loro secolare scontro, si contendono, tramite i loro ambasciatori, le alleanze e i favori delle famiglie nobili italiane tra le quali viene in genere eletto il nuovo papa.

Tutto ciò avviene senza esclusioni di colpi, agguati e scontri, pur di beneficiarsi poi dell'appoggio del nuovo pontefice.

Ancora ai primi del XVII secolo la Francia, la Spagna e l'Austria hanno, durante i Conclavi, il diritto di veto alle candidature. Tale privilegio è tolto da papa Gregorio XV nel 1622.

Un altro aspetto curioso, collegato con le elezioni del nuovo papa, è il famoso "saccheggio" della casa del cardinale neo eletto pontefice. In quella circostanza i romani possono entrare nel palazzo cardinalizio e portar via quello che trovano, normalmente cose di poco valore lasciate apposta.

7 - Il Quietismo e il Giansenismo

La Chiesa di Roma del Seicento deve fare i conti con la frammentazione del mondo cristiano, realizzata precedentemente da Valdesi, Calvinisti o Ugonotti, Luterani e Anglicani. Inoltre anche in seno allo stesso mondo cattolico ci sono grandi difficoltà a contenere il Quietismo e il Giansenismo, due correnti di pensiero che nel XVII secolo raccolgono un gran numero di seguaci. Ancora una volta la stabilità della Chiesa Apostolica Romana viene messa a repentaglio e i pontefici devono contrastare queste correnti in modo deciso.

Il Quietismo, detto anche Molinismo, è stato particolarmente seguito in Italia, Spagna e Portogallo, grazie alle prediche del teologo spagnolo Miguel de Molinos e alle sue idee contenute nell'opera intitolata "Guida Spirituale" del 1675. Il Molinismo ha come principale obiettivo, attraverso la pace spirituale, il raggiungimento di Dio con un abbandono della liturgia a favore della pura fede e della contemplazione.

Il Giansenismo afferma invece che Dio non è tenuto a concedere la grazia, in quanto questa è data soltanto a coloro che, nella volontà imperscrutabile del Signore, ne sono stati da Lui predestinati.

Gli uomini, secondo questa corrente, nascono dunque corrotti e solo ad alcuni di essi il Signore concede la salvezza. Il Giansenismo considera dunque che le azioni del buon cristiano sono previamente decise dal volere divino. Questa corrente è molto seguita in Francia e nei Paesi Bassi e il suo termine deriva dal nome latinizzato del vescovo Cornelius Jansen (1585-1638), autore del libro "Agustinus", il cui titolo si riferisce a Sant'Agostino. Il libro viene pubblicato postumo nel 1640 ed è proscritto da papa Urbano VIII.

La Chiesa dell'epoca giudica eretico questo movimento perché non considera il libero arbitrio, anche se parte del clero, in segreto, ha continuato a seguire il giansenismo dopo la sua condanna.

8 - Il Governatore di Roma e il Tribunale

Nel XVII secolo, il potere giudiziario è controllato dal pontefice e questi nomina direttamente il Governatore che è responsabile dell'ordine pubblico e ha anche la Direzione Generale della Polizia e le cariche di Vice Camerlengo della Camera Apostolica e di Giudice Ordinario.

Il Governatore di Roma rappresenta quindi in città la massima autorità giudiziaria e ha la presidenza del Tribunale civile e del Tribunale penale o criminale governativo in cui vengono discusse le cause e pronunciate le sentenze.

Due volte la settimana il Governatore si reca dal pontefice per aggiornarlo sulla situazione dell'ordine pubblico di Roma. In caso di emergenza, tiene anche le sedute della Congregazione Criminale che riunisce tutti i responsabili dell'ordine pubblico della città.

Il Governatore di Roma nel Seicento è sempre un cardinale e dura in carica per due anni anche se può essere riconfermato nel suo ruolo. Il papa ha sempre la facoltà di ratificare le decisioni prese dal Tribunale penale e civile o di concedere la grazia. Il tribunale è istituito nell'anno 1435 da papa Eugenio IV. Per quanto riguarda i processi criminali, il Tribunale di Roma esercita la sua giurisdizione anche nei dintorni fino a quaranta miglia dalla città e l'immenso fondo del Tribunale del Governatore, di ben 3548 volumi, è stato per secoli gelosamente custodito dall'Arciconfraternita di San Girolamo della Carità. Acquistato dallo Stato italiano, viene in seguito trasferito nell'Archivio di Stato dove costituisce una preziosa raccolta di informazioni della cronaca di Roma dell'era moderna. A partire da papa Urbano VIII, le attività minori come le "Relazioni dei Birri" vengono espletate nella sede centrale della Polizia a palazzo del Parione. I due luogotenenti o sostituti del Governatore e i Notai scrivono e registrano negli Archivi le informazioni fornite dal Bargello o capitano generale degli sbirri. Il nome Bargello è una termine che deriva da "Barigildus", un importante funzionario della giustizia dei Franchi, ma nel XVII secolo questo termine è usato a Roma per indicare il capo dei "birri" o sbirri, ovvero i poliziotti. Nelle otto stazioni presenti a Roma vi sono circa 300 sbirri. Secondo la storiografia, i poliziotti dell'epoca non godono di prestigio sociale, sono senza famiglia, convivono con le prostitute, abitano nei quartieri più miserabili della città, sono mal visti dalla popolazione e tormentati dalle bande di teppisti che li colpiscono con le fionde.

Gli sbirri del Seicento devono dunque da una parte confrontarsi con il ceto medio basso dove si sviluppa la criminalità romana, dall'altra contenere le prepotenze della nobiltà e degli ambasciatori. Questi ultimi, forti dei privilegi e delle "libertà di palazzo o di quartiere", hanno a loro seguito gruppi di banditi e delinquenti con cui contrastano il potere centrale del pontefice o mettono in atto sanguinosi regolamenti di conti tra famiglie o fazioni rivali, come ben sottolineato da P. Blastenbrei.

9 - Delinquenza e repressione

Le esecuzioni capitali rappresentano, nell'Europa dell'Ancien Régime, un avvenimento di particolare importanza nel rapporto tra Stato e sudditi per la loro pubblicità e spettacolarità. Nella Roma del Seicento si assiste, anche se in forma ridotta rispetto al resto d'Europa, a un principio di consolidamento e accentramento del potere dello Stato. La maggiore centralità del potere, a discapito delle autonomie baronali e comunali, favorisce l'urbanesimo.

Il conseguente aumento della popolazione, in un secolo come il Seicento, caratterizzato a Roma da uno scarso sviluppo economico, determina un esubero di mano d'opera, disoccupazione, accattonaggio e delinquenza urbana. La città è ben organizzata ma ha il suo lato oscuro perché a quei tempi è insicura e pericolosa e vi proliferano bari, delinquenti e rapinatori.

Questi delinquenti, specialmente di notte, derubano e talvolta uccidono i pellegrini e i cittadini romani che frequentano le osterie o girano per le strade, ignari del pericolo.

Roma in questo periodo subisce inoltre un continuo numero di furti nei luoghi sacri, dovuti sia allo sfarzo e sontuosità degli edifici ecclesiastici della città, pieni di oggetti di valore, sia all'assoluta miseria di un crescente numero di poveri o senza lavoro.

La giustizia romana del Seicento, per contrastare il problema delle rapine e dei "furti sacrileghi", è molto dura con chi commette questi delitti. L'esecuzione a morte del condannato è frequente e spesso preceduta da un supplizio impressionante, che deve servire da monito per il popolo.

CAPITOLO 2

LE CONFRATERNITE ROMANE

Le confraternite, secondo il codice di diritto canonico, sono associazioni pubbliche di fedeli della Chiesa cattolica il cui scopo è l'incremento del culto pubblico, l'esercizio di opere di carità, penitenza, catechesi e attività culturali.

La più antica delle confraternite romane si considera quella del Gonfalone che risale al 1246, secondo le fonti tratte dal Breve "Omnipotentis" del 1579 scritto da papa Gregorio XIII. A partire dal Concilio di Trento, il ruolo delle confraternite assume un carattere di maggiore impegno nei confronti delle necessità di assistenza dei bisognosi, supplendo, con la loro operosità, alle carenze del clero istituzionale. Tra esse abbiamo ad esempio quella di S. Maria della Pietà per i Poveri Pazzerelli, fondata nel 1548 dallo spagnolo Ferrante Ruiz, che svolge funzioni di manicomio; la Confraternita dell'Orazione e Morte, del 1552 che si dedica invece alla sepoltura dei cadaveri abbandonati di persone indigenti e infine la Confraternita della Pietà dei Carcerati (ca. 1570) che si prende cura dei reclusi che sono senza risorse economiche. Per queste associazioni penitenziali romane di assistenza dei bisognosi, sono di grande interesse gli studi realizzati da R. Lefevre, M. M. Lumbroso e V. Paglia.

1 - La Confraternita di San Giovanni Decollato

Questa confraternita presenta una stretta comunione con i movimenti penitenziari laici dei secoli XIII e XIV. Le sue principali incombenze sono infatti il raggiungimento della salvezza dell'anima del giustiziato, con il finale pentimento pubblico del reato commesso e lo svolgimento della funzione funebre, due attività che possono essere considerate vere e proprie componenti penitenziali. La confraternita inizia il suo operato a Roma, l'8 maggio del 1488, ma la sua istituzione canonica risale al 23 agosto 1490 ad opera di papa Innocenzo VIII che le concede il privilegio di incamerare in eredità tutti i beni dei giustiziati che lo desiderano.

Papa Paolo III dà alla confraternita la facoltà di liberare tutti gli anni un condannato a morte il 23 giugno, per la festa di San Giovanni. Tale privilegio è conferito anche ad altre confraternite.

A Palazzo Corsini, nella Biblioteca dell'Accademia Nazionale dei Lincei e Corsiniana vi è un manoscritto (Ms 285) intitolato: "Del modo che si tiene nella liberazione del prigioniero per la festa della Decollazione del nostro protettore San Giovanni Battista o altri tempi secondo i casi che siano appropriati per detta liberazione". Papa Clemente VIII concede in seguito la facoltà di far liberare un condannato a morte anche il giorno del Venerdì Santo.

Particolarmente interessante è il "Trattato per confortare i condannati a morte per via di giustizia" che è incluso nel libro "Istruzzione, ovvero metodo da praticarsi dai Confratri della Venerabile Arciconfraternita di San Giovanni Decollato" di Pompeo Serni. L'autore, per ben 40 anni, è confortatore della confraternita e in vecchiaia scrive questo manuale di esortazioni, rituali e preghiere per assistere i condannati a morte. Il trattato, il cui fine è esclusivamente didattico, si propone di suggerire ai membri della confraternita il metodo più opportuno per far pentire i condannati a morte. Considerato di grande utilità pratica, per tutto il XVII e XVIII secolo, diventa il testo ufficiale dei confortatori della Compagnia.

Per quanto riguarda invece la procedura tipica adottata nell'imminenza di una esecuzione capitale, l'autorità giudiziaria avvisa la Compagnia la sera prima dell'esecuzione, con "l'Annuncio", affinché i confratelli si raccogliessero pregando presso la chiesa di S. Orsola e poi si recassero nelle carceri per prendere in consegna il condannato a morte e prepararlo spiritualmente all'esecuzione. Presso le Carceri Nuove di Via Giulia, al secondo piano, c'è una cappella che è riservata alla confraternita, dove i confortatori indossano i vestiti. A fianco della cappella vi è la "conforteria" dove i confratelli incontrano il condannato a morte che dichiara le sue colpe al confessore.

Due confortatori sono muniti di una tavoletta con l'immagine di Gesù Cristo e di un libro di preghiere sacre. La comitiva è anche formata da due confratelli che portano la croce e le torce. Vi sono inoltre un cappellano e un provvveditore, in genere il più anziano dei confratelli, che si occupa di redigere il resoconto dell'esecuzione e delle ultime volontà del giustiziato; infine spesso nei testi originali sono indicati anche due sagrestani e un fattore.

I membri della confraternita, come narrato da Pompeo Serni,

portano un liquore per confortare il condannato e, nelle situazioni difficili, anche gli stessi confratelli bevono l'alcolico per darsi coraggio.

Dopo aver ascoltato la sua confessione, il prigioniero è portato in una stanza attigua detta "dei testamenti" dove ha la facoltà di dettare le sue ultime volontà e in seguito fare il suo ultimo pasto. A quel punto il reo viene ricondotto nella cappella dove si celebra la Messa e la Comunione. Da quel momento tutto è pronto per la sua esecuzione e accompagnato dai membri della confraternita, il condannato esce dalle carceri ed viene condotto al luogo dell'esecuzione. Nel tragitto verso il patibolo, la folla si assiepa intorno al corteo e segue tutto il suo percorso imprecando contro il giustiziando o inneggiando a suo favore. Per sedare le turbative del popolo, dei parenti o dei complici del condannato a morte, la polizia scorta la processione. Per gli eretici condannati al rogo, la confraternita raccoglie anche le ceneri del giustiziato per la sua sepoltura.

2 - La Confraternita degli Agonizzanti

L'Arciconfraternita degli Agonizzanti viene fondata nell'anno 1616. Dopo essere stata per molti anni nella chiesa di San Girolamo degli Schiavoni a Ripetta, la Compagnia fa erigere nella Piazza di Pasquino la chiesa di S. Maria degli Agonizzanti. Dalla seconda metà del secolo diventa una tappa dell'itinerario del condannato a morte verso il patibolo. In una lettera del 30 settembre del 1692 l'Abate Pacichelli scrive: "A Pasquino si alza ancor di nuovo la chiesa degli Agonizzanti; la Compagnia degli Agonizzanti che ha comprato il sito in Piazza di Pasquino, pratica l'usanza dell'esposizione del Sacramento ogni volta che si eseguivano sentenze di morte". Alla porta dell'edificio si affigge una tabella con il nome del condannato e l'indicazione del delitto; inoltre, dalla sera prima dell'esecuzione sino all'ora della morte del condannato, si espone il Santissimo Sacramento. L'Abate Ghezzi narra che quando i condannati portati verso il patibolo, passano davanti alla chiesa dell'Arciconfraternita degli Agonizzanti, devono fermarsi per adorare il Sacramento esposto. Finita l'esecuzione, si spengono i lumi, si ripone il Sacramento e si toglie la tabella, segnalando così che l'esecuzione è stata compiuta.

Se l'esposizione del Sacramento si prolunga, significa che il condannato non vuole "acconciarsi alla morte con confessione".

Nel Libro "La Morte Confortata" scritto dal Monsignor Vincenzo Paglia si legge che il giorno dopo l'esecuzione, si recita l'ufficio dei morti e si fa celebrare messe in suffragio dell'anima del giustiziato. Questa pratica caritativa è identica per la Compagnia di Santa Maria del Suffragio e per la Compagnia di Gesù, Maria e Giuseppe per le Anime più bisognose del Purgatorio. Un'altra prerogativa dell'arciconfraternita è quella di inviare, la sera prima di una condanna a morte, a 46 conventi di monache, un biglietto in cui si comunica il nome del condannato e l'ora di esecuzione, per confortare la sua anima con le preghiere delle religiose.

3 L'Arciconfraternita della Consolazione e delle Grazie

Santa Maria della Consolazione sotto il Campidoglio è posta ai piedi della Rupe Tarpea, la parete rocciosa sul lato meridionale del Campidoglio, luogo di esecuzioni dai tempi dell'antica Roma fino al 1550. La chiesa è la sede dell'arciconfraternita che, oltre a confortare i condannati durante la loro a volte lunga detenzione prima di essere giustiziati, assiste anche i malati del vicino ospedale. Interessanti al riguardo gli "Statuti dell'Arciconfraternita della Santissima Madonna della Consolatione" del 1644. Il popolo romano, fantasioso nei nomignoli e soprannomi, chiama le nobildonne della confraternita, impegnate nel ruolo di pie infermiere del lazzaretto, "le spidocchiare", a prova del loro lavoro e delle scarse condizioni igieniche del tempo.

4 - La Confraternita della Santissima Trinità dei Pellegrini

Nel 1540 per iniziativa di San Filippo Neri, sorge a Roma un primo gruppo di persone dedicato ad azioni caritatevoli con il fine di assistere i bisognosi.

Papa Paolo III riconosce quest'associazione come confraternita nel 1548, con il nome di Confraternita della Santissima Trinità del Sussidio che, a partire dall'Anno Santo del 1550, inizia la sua opera di assistenza ai pellegrini.

La confraternita si occupa anche dei convalescenti poveri dimessi dagli ospedali della città. Nel 1558 papa Paolo IV le dona l'ospizio e l'adiacente chiesa della Ss. Trinità dei Pellegrini e dal 1575, papa Gregorio XIII incarica la confraternita anche dell'assistenza dei mendicanti di Roma.

È da considerare che la capacità di assistenza dei poveri è strettamente collegata al volere e alle possibilità economiche dei diversi pontefici.

5 - L'Arciconfraternita di San Girolamo della Carità

Gaetano Moroni nel "Dizionario di erudizione ecclesiastica", narra come questa confraternita si vantasse di avere i migliori sacerdoti e religiosi (in genere dei gesuiti) per le funzioni di assistenza ai carcerati. Fondata nel 1518, riceve due anni dopo da Leone X, il titolo di arciconfraternita e nel 1524, papa Clemente VII destina loro la chiesa di San Girolamo e l'adiacente ospizio quattrocentesco, presso Via Giulia. Per ben 32 anni (1551-1583), vi dimora San Filippo Neri e la sua venerata presenza incrementa il prestigio di questa confraternita. Durante il pontificato di Pio V (1566-1572) i confratelli della Carità ricevono l'incarico di amministrare e assistere i reclusi di tutte le carceri di Roma. La confraternita si occupa di pagare l'affitto delle carceri e il suo contributo economico risulta essenziale per la realizzazione delle Carceri Nuove di Via Giulia.

Inoltre l'Arciconfraternita di San Girolamo ha la facoltà di liberare i reclusi che si sono macchiati di reati lievi. Celebre membro è stato il Procuratore G. B. Scanaroli, autore del libro "De Visitatione Carceratorum", in cui affronta il problema dei carcerati con una sensibilità poco frequente a quei tempi. All'assiduo lavoro di questa confraternita si deve la raccolta e archiviazione, per tre secoli, di tutto il materiale del Tribunale del Governatore di Roma, ora presente nell'Archivio di Stato. 6 - La Confraternita di Santa Maria della Pietà Fondata nel 1548, ha all'inizio la funzione di assistere i pellegrini e i vagabondi, ma già a partire dal 1572, il suo ruolo principale è l'assistenza dei malati di mente, detti "i pazzarelli" come indicato da P. Martelli in "Breve storia di Santa Maria della pietà".

L'intero ospedale di Santa Maria della Pietà è gestito dalla Confraternita e nel 1635 è emanata una regola in cui si ufficializza il ruolo del "Maestro dei pazzi", ovvero colui che si occupa dei pazzarelli. In realtà il manicomio è a tutti gli effetti, anche una sorta di Carcere di reclusione in cui oltre a chi ha gravi problemi mentali, vengono internati anche banditi, eretici e delinquenti comuni. Tale carcere si evolve nel tempo in manicomio criminale, in cui i malati di mente sono reclusi se autori di delitti.

PARTE 2

CRIMINALITÀ E REPRESSIONE

Piranesi, Piazza Navona (Stampa)

CAPITOLO 3

I REATI A ROMA NEL SEICENTO

Lo studio dei reati risulta utile sia per delineare il tipo di criminalità che imperversa a Roma in quel secolo, sia per identificare i principali elementi di turbativa della quiete pubblica cittadina nell'era moderna. Per i primi vent'anni del Seicento non abbiamo purtroppo che scarse informazioni.

Dal 1600 al 1619, su un totale di 414 esecuzioni, risulta il tipo di esecuzione applicata ma non sono trascritti, nei documenti dell'epoca, i reati commessi da ben 360 giustiziati. La situazione dal 1620 cambia radicalmente. I reati contro la religione e l'autorità attestano l'esistenza di un'opposizione politica e religiosa a Roma nel XVII secolo e la loro repressione riflette i timori della Chiesa dell'epoca verso ogni tipo di contestazione. Tommaso Campanella, Paolo Sarpi, Galileo Galilei e Giordano Bruno sono esempi emblematici, ma vi sono anche diversi casi di condanne di persone comuni che sono stati riportati in questo libro. La giustizia pontificia punisce infatti con la pena di morte gli eretici, gli apostati e gli scismatici.

Nel Diritto Canonico per 'eretico' s'intende colui che dopo aver ricevuto il Battesimo, nega qualcuna delle verità che si devono credere per fede divina e cattolica, o dubita di esse. Viene invece ritenuto 'apostata' colui che invece recede totalmente dalla fede cristiana. Infine, chi rifiuta di sottostare al romano pontefice o ricusa di aver rapporti con membri della Chiesa a esso soggetti, è considerato 'scismatico'.

La Chiesa nel Seicento si accanisce molto duramente anche contro ogni forma di libero pensiero politico, giustiziando per "Libelli famosi", "Scritture Malediche" o "Lesa Maestà" coloro che osano criticare il governo dei vari pontefici e come scritto nel Diario del Gigli, il supplizio di Gio. Camillo Zaccagni del 1649, "basta per giudicare un' epoca e un governo".

Effettivamente, solo dopo la seconda parte del secolo abbiamo, nella giustizia papale, un maggior rispetto per la vita umana.

Nel capitolo 9 sono riportati i testi originali tratti dai Bandi Del Governatore di Urbano VIII e Alessandro VII per i reati che determinano la pena di morte.

1 - L'abigeato

Per abigeato si intende un furto che viene commesso su tre o più capi di bestiame raccolti in gregge oppure su animali bovini o equini anche non raccolti in mandria. Sin dai tempi antichi si è sentito il bisogno di punire con speciale rigore il furto del bestiame. I Romani, per distinguerlo da altre specie di furti, usano il nome di abigeato da "abigere, ab agere" che significa mandare innanzi, allontanare spingendo. Ancora nel Seicento l'abigeato è punito in tutta Europa con severità. In questo secolo ci sono in totale ben 46 esecuzioni capitali eseguite a Roma, in cui compare, insieme ad altri reati, anche quello di abigeato; in ben 28 casi risulta essere l'unico reato commesso dal giustiziato. L'abigeato è un atto criminale tipicamente rurale e i giustiziati risultano generalmente provenienti dai dintorni di Roma (Magliano Sabina e Zagarolo); dalla Sabina (Poggio Mirteto); dalla Ciociaria (Ceprano) e dal Viterbese (Sutri). Il maggior numero di esecuzioni capitali per abigeato di tutto il secolo si ha durante il pontificato di Urbano VIII Barberini. Dal 1624 al 1643 ci sono infatti 18 giustiziati dei quali 10 nel triennio dal 1632 al 1634. L'abigeato è in quel secolo ritenuto un reato dalle potenziali e gravi conseguenze per l'ordine pubblico e sociale in quanto spesso, a seguito del furto del bestiame, possono esserci azioni di ritorsione e vendette private da parte delle persone coinvolte nei fatti.

2 - Il furto

I furti sono in assoluto la maggioranza dei reati commessi a Roma nel corso del XVII secolo e risultano in ben 332 esecuzioni che costituiscono il 25% del totale. È da tener presente che, escludendo i furti sacrileghi più avanti esaminati, i furti comuni determinano la condanna a morte del colpevole solo in caso di recidiva. Dai Bandi del Governatore emessi durante i pontificati di Urbano VIII e Alessandro VII, il paragrafo 54 descrive le condanna da applicarsi in caso di furto. Nel paragrafo 55 ci sono esempi di imputazione per il reato di furto nel caso di possesso di determinati arnesi atti a scassinare e forzare porte e serrature. Nel paragrafo 56 è condannato chi viene catturato nell'atto di scalare muri o sfondare porte e finestre. Come sempre, in caso di recidiva, si ha l'aggravarsi della pena.

Si nota un calo delle esecuzioni capitali per furto dalla seconda metà del secolo , grazie a una giustizia meno severa. Lo scarso numero di giustiziati per questo delitto, nei primi vent'anni del Seicento, si deve invece alle poche informazioni sui reati commessi dai giustiziati. L'impiccagione è il tipo di esecuzione usato nel 94% dei casi per questo crimine.

Un interessante esempio di esecuzione per furto è quello riportato dal "Diario delle esecuzioni capitali" dell'Abate Ghezzi. Nel testo si descrive l'esecuzione di Giovan Battista di Carlo da Petrignolo, originario delle Marche che è eseguita a Ponte Sant'Angelo il 23 agosto del 1698. Il condannato chiede pubblicamente che sia giustiziato anche il suo complice.

3 - L'assassinio

Il termine assassinio è usato per definire l'uccisione di un essere umano compiuta in modo particolarmente efferato e per scopi abbietti; assassino o sicario è anche colui che commette l'uccisione per mandato altrui. Spesso questo termine viene adoperato erroneamente come sinonimo di omicidio, mentre in realtà l'omicida, oltre ad agire di persona, spesso non è intenzionato a causare la morte dell'avversario, ma soltanto a percuoterlo e a lederlo, come dimostra il caso dell'omicidio preterintenzionale.

Nel secolo XVII vi sono a Roma 49 casi di esecuzioni capitali per assassinio e in particolare c'è un'alta concentrazione di giustiziati per questo reato dal 1625 al 1650, ovverosia durante i pontificati di Urbano VIII e Innocenzo X. L'anno con più giustiziati per assassinio è il 1639 con ben 9 esecuzioni capitali. Per questo tipo di reato le esecuzioni con il supplizio del condannato, rappresentano l'assoluta maggioranza con il 69,5% e tra queste, nel 31% dei casi vi è l'uso dell'impiccagione e del successivo squartamento del reo. L'assassinio di strada, specie quando si consuma nelle vie consolari, è giudicato un reato particolarmente grave ed esecrabile in quanto rischia di compromettere i collegamenti extraurbani.

La sicurezza delle vie pubbliche, dentro e fuori Roma, è una questione di primaria importanza per lo Stato Pontificio. Il commercio e i rifornimenti della città, nonché l'afflusso continuo dei pellegrini, devono essere garantiti e tutelati.

Per questo motivo la giustizia pontificia punisce questi delitti, più frequentemente che i reati di assassinio semplice, con l'impiccagione e lo squartamento. Il problema del brigantaggio, nelle immediate vicinanze di Roma, è contrastato dai soldati pontifici con azioni militari. È da tener presente che il termine assassinio di strada spesso viene usato come sinonimo di grassazione. La differenza è particolarmente sottile, in quanto l'assassino di strada è, come il "grassatore", colui che commette un delitto in una via pubblica. In realtà, mentre nel primo siamo certi del delitto commesso (ovvero l'assassinio), per il grassatore, il termine si riferisce genericamente al reato di aggressione a mano armata su strada pubblica. Al fine di evitare un'interpretazione poco scientifica dei dati è parso opportuno distinguere i condannati che hanno commesso il reato di grassazione.

4 - L'omicidio

Come ben delineato dal giurista Franco Cordero, anche il diritto ecclesiastico, pur applicando al reato di omicidio la distinzione tra: 'dolo' (l'omicidio commesso con previsione e volontà da parte dell'autore); 'colpa' (l'omicidio commesso per negligenza, imprudenza, imperizia); 'caso' (l'omicidio commesso per avvenimento imprevisto e circostanza fortuita); difficilmente ciò dispensa il giustiziato del Seicento dalla pena di morte. In seguito al rinnovato interesse per il diritto romano, un completo studio è stato realizzato dal giurista Giulio Claro (1525-1575) nel "Liber V Sententiarum" del 1568.

Nel caso in cui la morte sopravvenga in seguito a una ferita inflitta in uno scontro, il reato viene considerato omicidio se si evidenzia un legame di causa ed effetto tra il ferimento e l'uccisione, ovvero che il feritore abbia non solo "voluntas occidendi" ma anche "animus occidendi". In base alle informazioni raccolte, risultano in questo secolo solo 4 esecuzioni capitali per "ferimento mortale". Il decennio dal 1640 al 1650, con 73 giustiziati, è il periodo con più esecuzioni capitali per il reato di omicidio.

Delle 202 persone giustiziate in quel decennio, quelli per omicidio rappresentano il 36% delle esecuzioni. Si deve tener presente che in particolare durante i pontificati di Urbano VIII e Clemente X, vi sono a Roma ripetuti eventi criminali legati ai tumulti provocati dai soldati del papa, dalle guardie degli ambasciatori spagnoli e francesi e dalle fazioni romane a loro favore.

Il tipo di esecuzione che è destinata ai condannati per omicidio è in genere l'impiccagione (71% dei casi). Le esecuzioni qualificate sono infatti meno frequenti per questo reato. Un drammatico omicidio avvenuto il 22 gennaio del 1634 è ad esempio causato dalla fatalità e la vittima, Orsola Castellano, non è direttamente coinvolta nell'azione delittuosa. Il testo dell'epoca descrive il dramma di una coppia di innamorati. Si tratta della storia di due giovani infelici per colpa del padre della ragazza che vuole a tutti i costi maritare la figlia con un uomo, molto più anziano che lei non ama. Il finale con la morte accidentale della giovane per colpa dell'oscurità e l'ambiente, riflettono lo stile passionale del Seicento romano.

5 - La grassazione

Il termine grassazione viene dal latino "grassator, grassari" (brigante). Per grassazione s'intende la rapina a mano armata compiuta su una strada pubblica ed è quindi un reato direttamente collegato al fenomeno del brigantaggio che infesta nel Seicento le campagne dello Stato Pontificio. Il grassatore o "brigante da strada" è spesso membro di una banda organizzata, vive dandosi alla macchia, nascosto cioè in luoghi isolati per evitare la cattura e per commettere rapine e ogni tipo di violenza a danno dei viandanti. Il reato di grassazione è considerato uno dei più gravi e viene duramente punito dalla legge perché, come riscontrato anche nei casi di assassinio di strada, la sicurezza delle vie pubbliche è nel XVII secolo fondamentale per lo svolgersi della vita economica e del commercio. A Roma il numero di esecuzioni capitali per grassazione ha degli alti e bassi notevoli. Negli anni 1645, 1649, 1664, 1672 e 1698 ci sono infatti un altissimo numero di giustiziati, grazie alla cattura e successiva esecuzione di intere bande e gruppi di malviventi che infestano le strade dei dintorni di Roma. Il tipo di esecuzione sancita per il reato di grassazione è nel 63% dei casi l'impiccagione e successivo squartamento del corpo del giustiziato. Tra i più famosi grassatori del Seicento, abbiamo Francesco Morocco, detto "Er Tartaglia" e il brigante Fra Paolo. Nell'Archivio di Stato di Roma ci sono diverse pagine dedicate a questi due briganti-grassatori le cui azioni malavitose sono in genere commesse fuori città, nelle provincie dello Stato Pontificio. Nel "Bando contro i banditi" del 1644-1645, presente nella Biblioteca Casanatense si fa riferimento alle attenuanti da concedere ai briganti che denunciano altri delinquenti.

6 - L'omicidio proditorio

Viene definito omicidio proditorio l'uccisione di una persona a tradimento. Il sistema giudiziario romano del Seicento, considera tale reato molto più grave dell'omicidio semplice. L'uso nel 53% dei casi della "mazzolatura", la più terribile delle pene capitali in uso nella Roma dell'epoca, attesta che il reato è condannato molto severamente. La pubblicistica del Seicento ci riporta, nel 1635, la descrizione di un omicida che viene scoperto per il ritardo con cui questi si disfa del cadavere della sua vittima. Si tratta di un delitto commesso nell'ambiente religioso, con l'uccisione di un cappellano del Monsignor Amadio Spagnolo.

7 - L'avvelenamento

Questo reato è incluso tra quelli elencati nei "Bandi del Governatore". L'accurata descrizione dei vari casi di avvelenamento e intossicazione, atti a provocare la morte di una persona, attesta che si tratta di un reato abbastanza usuale a Roma nel Seicento. Tuttavia in questo secolo non si rilevano molti condannati a morte per avvelenamento, ad eccezione di un caso isolato del 1625 in cui viene giustiziato a Ponte un uomo chiamato Marco di Pietro Paolo e del singolare numero di esecuzioni delle "Avvelenatrici", durante il biennio 1659-1660, a Piazza Campo de' Fiori. Questa intricata e oscura vicenda si svolge durante il pontificato di Alessandro VII ed è descritta in questo libro. La contraddizione tra il numero di bandi emessi per debellare questo reato e i pochi casi di giustiziati, fanno supporre che l'avvelenamento fosse un delitto difficile da identificare. Allo stesso tempo questo inquietante reato è quello più spesso commesso dalle donne giustiziate a Roma nel XVII secolo.

Negli articoli 50, 51 e 52 dei Bandi del Governatore, è chiaramente dimostrata la gravità assoluta dell'avvelenamento, della fabbricazione del veleno e della complicità di coloro che procurano gli ingredienti per fabbricarlo. A tutti quelli che commettono questi reati viene inflitta la pena capitale.

8 - Il cappeggio

Nel Seicento è ritenuto un reato tipicamente urbano. Sotto questa voce vengono inglobate diverse azioni malavitose atte ad estorcere o a sottrarre denari con la forza.

Gli agguati e i furti a forestieri, malcapitati e ubriachi, sono in quel periodo molto frequenti a Roma di notte, particolarmente nelle strade buie e all'uscita dalle osterie. È comunque da tener presente che in tutto il secolo, questo reato appare in sole venti esecuzioni capitali. Lo scarso numero di giustiziati per "cappeggiamento" è da attribuirsi alla suddivisione delle fattispecie di reato, operata nel XVII secolo a Roma, che dà priorità al reato più grave tra tutti quelli commessi dal giustiziato e quindi, spesso, questo non viene indicato. Sotto la denominazione di rapina, di delazione di arma proibita, di ricatto, di grassazione e di assassinio di strada, è infatti molto probabile che si celino dei cappeggiatori abituali, catturati e giustiziati per un reato diverso o perché appunto ritenuto più grave.

In questo secolo il "cappeggio" è di per sé giudicato un reato tale da richiedere un'esecuzione semplice. Infatti i giustiziati vengono mandati al patibolo, o con la condanna all'impiccagione nell'80% dei casi, o con la decapitazione nel rimanente 20%.

L'articolo 53 del Bando del Governatore attesta la gravità dell'estorsione di oggetti e denari, inglobate sotto la voce di "cappeggiamento" nonché di ladrocinio, ovvero furto causato con l'inganno.

9 - Il carcere privato e il ricatto

Il ricatto in Diritto è il sequestro di persona o "carcere privato" a scopo di estorsione, ma spesso s'intende l'estorsione di denaro o qualsiasi ingiusto profitto compiuto con minacce. Nel Seicento sono eseguite a Roma alcune esecuzioni capitali per il reato di "carcere privato", in particolare per il rapimento delle persone.

Secondo notizie tratte dai documenti dell'Archivio di Stato, nel 1651 sono impiccati a Ponte, Francesco Paoli, Marcantonio Ronca e Antonio Vito di San Demetrio, "Per aver ritenuto l'Abate di Montecassino ed altra persona nei boschi ed aver riscosso 1700 scudi per il loro riscatto". Nel 1653 vengono impiccati e squartati Francesco Antonio di Castelvecchio e Jacopo d'Amante Galliano, condannati "Per aver ritenuto uno nei boschi per venti giorni e impostagli la taglia di 1000 scudi".

I documenti altre volte menzionano il delitto di "carcere privato" e di "ricatto" (riscatto), come per Pietro di Domenico di Capua e Santi Stefano, impiccati e squartati a Ponte nel 1652 "Per ricatto con pretesto di carcere privato in persona dell'Arcivescovo di Chieti".

10 - Possesso di arma proibita

Negli Stati dell'Ancien Régime e in particolare in quelli dell'Italia centro-meridionale, dove le antiche forme di autonomia locali stentano a morire, il controllo sulle armi rappresenta un'esigenza di ordine e di stabilità politica. La massima diffusione dell'arma da fuoco nella vita civile si manifesta nella prima metà del XVII secolo. In questa prospettiva va inquadrata la durezza delle prime leggi che in quei tempi si occupano di arginare il problema, per cui il possesso di armi vietate è giudicato un reato punibile con la morte. Nello Stato della Chiesa il primo provvedimento restrittivo di questo genere è preso nel 1562 contro i detentori e i possessori dei cosiddetti "archibugetti a ruota", nuove armi da fuoco corte che possono essere facilmente occultate sotto le vesti e sono quindi ritenute "insidiose". Dieci anni più tardi il provvedimento viene esteso anche ai possessori di pugnali "di tre palmi di canna mercantile romana" (74 centimetri).

Queste leggi esprimono secondo l'ottima osservazione dello scrittore Baronti "L'intrinseca debolezza del potere e delle istituzioni di controllo sociale che impotenti ad arginare la diffusione delle armi insidiose, bianche e da fuoco predilette per gli agguati e per i regolamenti di conti in sospeso, non trovano altro mezzo se non quello di inasprire sempre di più la pena". I continui divieti, applicati quasi sempre in forma esemplare, scoraggiano l'abitudine dei cittadini a girare armati. Il rafforzarsi del potere assoluto centralizzato contribuisce inoltre alla scomparsa dei pugnali (l'arma preferita dai sicari romani dell'epoca) e delle armi da fuoco, grazie a un progressivo attenuarsi delle guerre tra fazioni politiche e tra le grandi famiglie nobili, due importanti motivi di destabilizzazione sociale nella città di Roma. Tutto questo favorisce il diffondersi del coltello che più piccolo del pugnale, viene considerato arma da difesa, anche se può diventare una letale arma da offesa.

Nei Bandi del Governatore sono elencate le diverse condanne in genere inflitte per la detenzione di arma proibita.

Nell'articolo 20 intitolato "Armi", si proibisce di circolare con qualsiasi tipo di arma difensiva o offensiva, pena "tre tratti di corda in pubblico" e il sequestro dell'arma.

Nell'articolo 21 intitolato "Piombarole, mazze, bastoni e sassi", sono elencati tutti i tipi di armi offensive. Inoltre si notifica che va distinta la condanna per il possesso di queste armi, rispetto alla condanna per il delitto commesso con le stesse.

Nell'articolo 22 intitolato "Archibugetti, pugnali et cortelli" viene invece sancita la pena capitale ai possessori di archibugetti corti (pistole), di pugnali e della altre armi proibite.

Nell'articolo 23 intitolato "Bocche da fuoco", nell'articolo 24 intitolato "Sparare archibugio contro altri" e nell'articolo 25 intitolato "Armi ritrovate appresso a qualcuno" vengono definiti altri casi ritenuti gravi dal sistema giudiziario pontificio.

Nel Seicento a Roma vi sono 9 esecuzioni capitali "per delazione di arma proibita" ovvero persone denunciate per il possesso di armi. Per questo reato si applica, nel 90% dei casi, l'impiccagione e nel 10% la decapitazione.

Nella pubblicistica dell'epoca è registrata l'esecuzione capitale di Gio. Battista di Bergamo, decapitato a Ponte Sant'Angelo nel 1637 per la "delazione di terzarolo carico per le vie della città".

Il terzarolo è un'arma da fuoco a ruota di dimensioni ridotte, in uso nel XVII secolo.

Il meccanismo con acciarino a ruota, che sostituisce quello a miccia, è attribuito a Leonardo da Vinci ed è molto simile ai nostri moderni accendini.

Nel mese di Giugno del 1623, si descrive a fosche tinte, la vicenda del ritrovamento di un ingente numero di armi e i provvedimenti assunti dalla Giustizia per scovare i loro proprietari. Nella narrazione si sospetta la possibile fuga dei membri della banda armata grazie a uno stratagemma. Nel mese di maggio del 1634 si narra di una banda criminale che trasporta diverse armi in un podere nei dintorni di Roma e che è denunciata dal proprietario del campo coltivato.

Il 10 marzo del 1653 è particolarmente curiosa la cronaca romana di un povero pescivendolo, vittima involontaria del reato di delazione di arma proibita. Inconsapevole e irresponsabile, il pescivendolo porta con se le armi di un amico e viene fermato dagli Sbirri che lo colgono orinando per strada e gli trovano alcune armi. Da qui la l'arresto da parte delle forze dell'ordine e la sua condanna a morte.

11 - Il vizio nefando

Nella Roma del Seicento questo reato è ritenuto particolarmente grave e include i delitti di violenza sessuale e gli atti di pedofilia ma si applica anche in modo arbitrario e ingiusto per l'omosessualità.

Il termine nefando deriva dal latino "nefandum", ovvero di cui non si può parlare.

L'impiccagione è il tipo di esecuzione più frequente (53% dei casi), ma anche l'impiccagione e successivo rogo del giustiziato si usa spesso (nel 33% dei casi) per giustiziare quelli che a Roma vengono chiamati "i nefandari".

Nell'anno 1607 c'è l'esecuzione di Francesco Brumosi Romano che viene decapitato nelle Carceri per vizio nefando e sepolto nella chiesa di San Giovanni dei Fiorentini. Per questo reato è di norma sancita la condanna all'impiccagione, seguita dal rogo del cadavere, ma in questo caso, appartenendo il giustiziato a una famiglia nobile, questi è decapitato.

La Confraternita di San Giovanni Decollato talvolta indica il luogo di sepoltura dei giustiziati condannati alla decapitazione che sono spesso inumati in chiese famose; si tratta di un privilegio che attesta come tale esecuzione venga inflitta ai membri delle caste elevate.

12 - L'eresia

Nel Seicento il problema delle eresie sembrerebbe coinvolgere meno del previsto la politica interna dello Stato della Chiesa. Vi sono però diverse ragioni per dubitare di questa scarsa attività antieretica a Roma, in un secolo caratterizzato da violente guerre di religione e dall'Inquisizione. Nel XVII secolo ci sono infatti in città soltanto otto esecuzioni capitali per eresia, di cui l'ultima risale al 1640.

La mancanza di informazioni sul tipo di reato commesso da un cospicuo numero di giustiziati, potrebbe essere il motivo per cui risulta un così esiguo numero di eretici condannati a morte a Roma in pieno operato della Controriforma. Bisogna però tener conto che nei documenti presenti nell'Archivio di Stato di Roma, anche se non appare il tipo di reato, è riportato almeno il tipo di esecuzione inflitta ai condannati, come nel caso dei numerosissimi casi di impiccagione o in quelli di impiccagione e successivo rogo del giustiziato.

Nel primo caso va considerato che ci sono nel Seicento almeno un 12% di giustiziati per eresia che risultano solamente impiccati e non bruciati. Questo è un indizio molto importante che lascerebbe intendere come tra i molti condannati all'impiccagione di cui non abbiamo l'indicazione del reato commesso, potrebbero esserci diversi casi occulti di eresia. Nel secondo caso, quello dell'impiccagione e successivo rogo, va detto che nei pochi casi in cui l'informazione è completa, abbiamo o eretici pentiti oppure rei di "vizio nefando".

Il rogo vero e proprio, con il giustiziato bruciato vivo si applica invece unicamente agli eretici impenitenti.

La Confraternita di San Giovanni Decollato ha trascritto, in particolare fino alla prima metà del '600, nel periodo culmine della repressione degli eretici, un lungo elenco di giustiziati per impiccagione senza l'indicazione del reato commesso. Se tale mancanza di dati sia stata un'intenzionale manomissione o una negligenza della confraternita non è dimostrabile, anche se la metodologia di trascrizione dei dati, eseguita dalla stessa, è stata, fin dal XVI secolo, sempre molto precisa e meticolosa.

Un'altra fonte di dubbio è il 'mistero' dei numerosi volumi dei "Libri del Provveditore" che avrebbero dovuto far chiarezza sulla 'questione eretica' e che non vengono mai consegnati all'Archivio di Stato perché probabilmente andati persi per cause ignote. Se a tutto ciò aggiungiamo infine la reticenza fino a pochi anni fa, da parte del Vaticano a permettere la consultazione dei "Libri della Santa Inquisizione" (anch'essi assai incompleti, proprio nei dati sensibili delle eresie), possiamo affermare che l'ipotesi di intenzionalità atta a minimizzare la politica antieretica dello Stato Pontificio è assai plausibile.

I casi di Giordano Bruno (bruciato vivo a Campo de' Fiori nel 1600) e di Galileo Galilei (condannato dall'Inquisizione) sono soli gli esempi emblematici di un problema più generalizzato, anche se gli episodi di eresia collettiva si verificano in quel periodo solo nell'Italia del nord, come nel caso dei Valdesi o degli eretici della Valtellina e non a Roma o Napoli. In città e nell'Italia centro-meridionale, più che forme di eresia popolare, la Santa Inquisizione deve affrontare seriamente solo eresie individuali di tipo intellettuale.

Gli eretici giustiziati a Roma nel Seicento di cui abbiamo oggettive testimonianze possono essere divisi in due gruppi: gli "eretici impenitenti" che, come riportato nei "Libri del Provveditore", sono "morti ostinati nel loro peccato" e gli "eretici rei confessi", giustiziati dopo essersi pentiti.

In base ai dati rilevati dalla Confraternita di San Giovanni Decollato, i tipi di esecuzione più frequenti nel Seicento a Roma per questo reato sono:

1) l'impiccagione e successivo rogo del condannato nel 50% dei casi; 2) la terribile pratica di bruciare vivo il condannato, applicata nel 38% dei casi; 3) solo l'impiccagione che, come abbiamo detto prima, viene utilizzata nel 12% dei casi.

Lo studioso Domenico Orano nel volume "Liberi pensatori bruciati a Roma", è stato tra i primi a riportare, nella dizione originale, la descrizione delle esecuzioni capitali dei principali eretici giustiziati a Roma dall'anno 1553 all'anno 1761.

Per un'ulteriore riproposta dei suddetti documenti è stata particolarmente utile una nuova verifica dei "Libri del Provveditore". Questi volumi si trovano presso l'Archivio di Stato di Roma e consentono di documentare e distinguere gli eretici penitenti da quelli impenitenti. A questo materiale vanno aggiunti anche altri resoconti originali dell'epoca riportati nel capitolo 10 di questo libro.

13 - Eretici impenitenti

Nel XVII secolo gli eretici impenitenti giustiziati a Roma sono pochissimi. Le esecuzioni bruciando vivo il condannato, vengono riportate dalla Confraternita di S. Giovanni Decollato e quindi o per una manomissione da parte di terzi o per una descrizione intenzionalmente errata da parte dei confratelli, il numero di condannati, bruciati vivi è veramente minimo. Il luogo della loro esecuzione è generalmente Piazza Campo de' Fiori.

Tra gli eretici impenitenti, primeggia per importanza e notorietà storica il filosofo Giordano Bruno, la cui condanna del 17 febbraio del 1600, è ben descritta da Ludwig von Pastor nella "Storia dei Papi dal Medioevo" e nei "Libri del Provveditore".

Dal resoconto della confraternita, riportiamo il testo originale da cui si evince l'evidente disappunto del provveditore per l'impenitenza di Giordano Bruno che viene sottolineata con i seguenti termini: "eretico impenitente", "l'error suo", "sua maledetta ostinatione", "aggirandosi il cervello con mille errori e vanità", "perseverò nella sua ostinatione", "confortandolo a lassar la sua ostinatione".

Giordano Bruno è accusato di essere eretico e anche apostata per aver abbandonato la fede cattolica, abbracciando il Calvinismo; in realtà negli anni precedenti il filosofo di Nola è stato in contrasto anche con i dottori della Chiesa calvinista di Ginevra, subendo la loro prigione e infine riparando in Inghilterra.

L'esecuzione del filosofo è così registrata nell'Inventario 285 Tomo II della confraternita: "Giordano Bruno, frate apostata, bruciato vivo a Campo de' Fiori il 17 febbraio del 1600, perché eretico ostinato, morì impenitente".

Nel XVII secolo ci sono a Roma soltanto altri due casi simili:

quello di Pietro Vincenti da San Massimo in Provenza nel 1609 e quello del portoghese Fernando Alvarez, nel 1640.

Entrambi impenitenti come Giordano Bruno e bruciati vivi a Campo dei Fiori. Nella narrazione sono anche descritti gli innumerevoli tentativi fatti dai frati confessori per indurre a pentimento Fernando Alvarez, un vecchio eretico portoghese di settantasei anni che ha trascorso una buona parte della sua vita in prigione, prima a Coimbra in Portogallo, poi a Pisa e infine nelle prigioni dell'Inquisizione di Roma dove è stato condannato a morte in quanto "apostata e relasso dalla fede Cattolica alla perfidia Iudaica".

La storia narra che i confessori cercano di convincerlo a pentirsi anche con l'intervento di un reverendo portoghese che esorta il giustiziando nella sua madre lingua. I tentavi di convertirlo sono innumerevoli e, fallito quello del prete portoghese, è la volta di un prete spagnolo. I confessori provano allora con le maniere forti e chiamano il boia, per costringerlo con la tortura a convertirsi.

Il vecchio eretico subisce l'intervento violento del carnefice armato di cavezza (finimento di cuoio o di corda, o semplicemente la corda per impiccare) e sono comunque vani i tentativi di convincerlo. Fernando Alvarez rifiuta di rispondere e di comunicare ai presenti quale sia le sua vera fede.

Il resoconto continua indicando come nuovamente il provveditore ordini al boia di colpire l'eretico, stavolta con una torcia accesa, ma i tentativi per indurlo a pentimento risultano vani.

I membri della confraternita chiamano allora un frate portoghese con cui in tempo di prigionia l'eretico Fernando Alvarez si è spesso confidato; ma anche con lui parla del più e del meno ma non di fede. Giungono infine per ordine del Cardinale Barberini, due gesuiti di cui uno di essi di lingua portoghese che abbraccia il condannato e gli fa portare del cibo e del vino.

Dopo molto tergiversare, al momento dell'esecuzione, il portoghese sul patibolo afferma con grande disappunto di tutti, la sua fede ebraica. Condannato al rogo, come eretico impenitente, riesce infine a darsi morte da sé approfittando di un attimo di distrazione del boia che l'ha lasciato solo.

Tutto il disappunto e la sorpresa del provveditore sono evidenti negli aggettivi "perverso, infame e perfido Fernando" con cui descrive il giustiziato nel suo lungo resoconto.

14 - Eretici rei confessi

Gli eretici rei confessi sono la maggioranza dei giustiziati per eresia. Anziché essere bruciati vivi, essi vengono prima impiccati e poi bruciati, oppure a volte solo impiccati; la confessione del proprio "errore" determina una mitigazione del tipo di esecuzione.

Un provveditore descrive il 9 giugno del 1600, la conversione dell'eretico Francesco Moreno da Minervino, del quale però non specifica il tipo di reato di eresia commesso e riporta il testamento con le ultime volontà del condannato. Nella relazione sono menzionate la donazione da parte del giustiziato di alcuni suoi beni e la somma delle spese che la confraternita ha sostenuto per la sua esecuzione capitale. Il provveditore riferisce le spese sostenute dalla confraternita "per far levare la cenere" del giustiziato dopo il suo rogo. In un altro documento sono invece descritte le esecuzioni capitali di due eretici giustiziati il 10 maggio 1601, dei quali non si conosce il motivo della condanna per eresia. Il primo si chiama Giovanni Tommaso Caraffa ed è un generale napoletano, membro dell'Ordine dei Cavalieri di Malta, "Cavaliere Gerosolimitano".

L'esecuzione di questa importante personalità rappresenta l'unico caso, in tutto il Seicento a Roma, di una decapitazione seguita da rogo. Il generale napoletano lascia, come altri giustiziati, alla confraternita l'incombenza di riferire i suoi ultimi desideri e il suo testamento.

Il provveditore si sofferma invece nel documento molto più brevemente su Fra Onorio Gostanzio dell'Ordine di S. Francesco rispetto all'altro eretico, Giovanni Tommaso Caraffa e definisce Fra Onorio come "suo servitore".

15 - Il sacrilegio

Per reato di sacrilegio, dal latino "sacrilegium" e "sacrilegus", s'intende sia il furto di oggetti di pubblica consacrazione, sottratti da un luogo sacro, sia la profanazione di un atto del culto religioso.

La giustizia pontificia del XVII secolo punisce con la pena capitale coloro che profanano o trasgrediscono le istituzioni ecclesiastiche, celebrando la Messa e confessando senza aver ricevuto gli ordini sacri.

In un documento del 1613 dell'Archivio di Stato, tratto dai "Libri del Provveditore", c'è la descrizione degli ultimi momenti di vita di Giovanni Mancini.

Il sacrilego è condannato alla pena capitale perché ha commesso il reato di celebrare la Messa senza essere sacerdote. Il provveditore specifica chiaramente il delitto ed evidenzia anche la disponibilità del condannato a confessarsi e a dichiararsi di fede cattolica. Il giustiziando dichiara di perdonare tutti quelli che lo hanno in qualche modo offeso tra cui anche "alcuni della Santa Inquisizione", il che dimostra come gli inquisitori fossero particolarmente severi per il reato di sacrilegio. Le esecuzioni capitali per questo reato a Roma nel XVII secolo sono per un 64% con l'impiccagione e per un 36% con l'impiccagione e squartamento del giustiziato.

Nell'anno 1642 viene giustiziato con l'impiccagione e il rogo, il frate Policarpo Angelico di Giulio per aver celebrato anch'egli la Messa senza gli ordini sacri. Il giustiziato, quasi paralizzato dalla gotta e pentitosi dei suoi peccati, dà ai membri della confraternita il compito di consegnare la sua eredità ad una donna chiamata Olimpia "sua reputata moglie". Il provveditore descrive la contrizione del giustiziando e la sua conoscenza di molti salmi e orazioni. Giunta l'ora dell'esecuzione il condannato, data la sua malattia, è portato sul patibolo sopra una carretta ed impiccato con difficoltà.

16 - Il furto sacrilego

La punizione del condannato con la pena capitale è riservata anche a coloro che si macchiano di furto sacrilego. La grande fastosità delle chiese romane è in quel periodo una tentazione per i malviventi, sia professionisti che occasionali. Benché la giustizia pontifica tenti di arginare con decisione questo fenomeno, la pena di morte non scoraggia il saccheggio di oggetti sacri. Nei Diari dell'epoca abbiamo numerose descrizioni di questo reato nelle varie chiese di Roma.

17 - Il delitto di lesa maestà

Il delitto di lesa maestà è per eccellenza il nome del delitto politico. Pare che le origini del termine siano da ricercare nei processi contro gli ex magistrati della Repubblica Romana che si svolgono davanti al Tribunato della Plebe. È impossibile elencare tutti i fatti criminosi rientranti nella "maiestas": organizzare sedizioni, portare le armi contro lo Stato, conservare un comando oltre la scadenza, attentare alla vita di un magistrato, uccidere gli ostaggi e disertare, ma anche ogni concussione o abuso di potere è suscettibile di essere punito come "crimen maiestatis".

Durante l'Impero romano sono messi al primo posto gli attentati e le offese ai danni dell'imperatore e della sua famiglia. Il "crimen lesa maiestatis" è anche incluso nel Diritto dei barbari, a cominciare da quello dei Franchi e poi ampliato dal punto di vista del soggetto passivo, secondo le esigenze dello stato feudale, in modo da comprendervi gli attentati al barone, al vescovo o al Comune. A questa legislazione si ispira anche il diritto canonico, creando il "crimen lesa maiestatis divinae" accanto al "crimen lesa maiestatis humanae".

I penalisti del XVI e XVII secolo, riportano 45 ipotesi di lesa maestà, di primo e secondo grado, senza variazioni sensibili per il tipo di pena, sempre capitale. Le modalità di esecuzione per il delitto di lesa maestà a Roma nel XVII secolo sono, in base ai dati raccolti, per un 40% con la decapitazione del giustiziato. L'alta percentuale di questo tipo di esecuzione, spiega come tale reato venisse commesso da molti nobili e prelati.

L'impiccagione e successivo rogo del giustiziato sono usati in un altro 40% dei casi e l'impiccagione è applicata nel 20% delle esecuzioni.

Per questo tipo di delitto è tristemente famosa la congiura di Giacinto Centino, nipote del Cardinale di Ascoli e dei suoi complici ai danni del pontefice Urbano VIII. Gli avvenimenti iniziano nell'aprile del 1634, data in cui viene scoperto il complotto e si concludono nell'aprile del 1635. Nella narrazione della trama delittuosa è descritta la fuga dalle Carceri dell'Inquisizione del frate Francesco Cherubino, uno dei condannati che, aperto un varco nella sua prigione, riesce a calarsi legando le lenzuola senza che i guardiani se ne accorgano. Immediatamente viene posta sul frate evaso una taglia di 500 scudi. Nel testo si evidenzia la noncuranza del frate, detto "negromante", nel mantenere il suo anonimato e descrive il suo ritorno al paese natale dove prende alloggio in un convento di monache nel quale in precedenza è stato predicatore. Il Bargello di Foligno, venuto a conoscenza della sua sistemazione nel convento, lo fa nuovamente arrestare e ricondurre a Roma nelle Carceri dell'Inquisizione. Il documento narra che nella congiura si è tentato di far morire papa Urbano VIII con l'uso della magia nera. Alla lettura del verdetto di condanna dei cospiratori, accorrono nella chiesa di San Pietro un grandissimo numero di persone e vi sono addirittura anche dei tafferugli in cui uno sbirro perde la vita e molti altri risultano feriti.

Particolarmente inquietante è la descrizione di come i congiurati si sono proposti di far morire il pontefice. Essi infatti sperimentano la potenza della loro magia nera su una donna che di lì a poco muore.

Gli artefici del complotto infatti, modellata una statuetta con l'immagine della vittima , la mettono sul fuoco, infilata in uno spiedo. Riusciti nel loro lugubre intento, provano dunque a realizzare una statuetta raffigurante il pontefice, ma per "miracolo divino" l'effige non si consuma nel fuoco come invece quella della donna; il gruppo decide allora di compiere un ultimo tentativo, riprovando la magia su uno di loro. Vista la reticenza a sacrificarsi da parte di tutti, decidono di estrarre a sorte, toccando sacrificarsi al frate agostiniano Francesco Cherubino. Questi, appresa la notizia, fugge e riferisce tutti i fatti all'Inquisizione che incarcera il frate e condanna a morte gli altri scellerati della cospirazione. La cronaca narra che vengono giustiziati a Piazza Campo de' Fiori.

18 - Le scritture malediche e libelli famosi

Sotto la denominazione di "libelli famosi", "scritture malediche" e "pasquinate" sono inclusi diversi reati di diffamazione puniti a Roma nel Seicento con la pena capitale. Per quanto riguarda le condanne a morte, risultano nel 1623 le decapitazioni per "libelli famosi" di Antonio Montenegro e del veneziano Jacopo Amadei nel 1635 e quella di Vincenzo Scatolari, impiccato a Ponte per avere "composti e dispensati foglietti maledici" nel 1685. Tali reati, specie se i testi sono rivolti a nobili, grandi prelati, nonché allo stesso pontefice, si ritengono particolarmente gravi come dimostra l'articolo 31 emesso ai tempi di Urbano VIII e tratto dai Bandi del Governatore.

19 - Falsificatori di monete e di Bolle pontificie

Le esecuzioni capitali per la falsificazione di monete da parte dei "monetari" o per quella di bolle pontificie, sono abbastanza frequenti a Roma.

Nel Seicento risultano ben 53 esecuzioni capitali per la falsificazione di monete e 7 esecuzioni per la falsificazione di bolle pontificie, sigilli, ecc.

Le numerose esecuzioni per falsificazione hanno una maggior frequenza nella prima metà del secolo e coincidono con la durezza della Giustizia di quel periodo, ma risultano presenti anche nella seconda metà del Seicento.

L'impiccagione è il tipo di esecuzione normalmente usato per questi reati e viene applicata nell'85% dei casi. Vi sono però alcune esecuzioni qualificate riportate dalla Confraternita di San Giovanni Decollato, come il caso dell'impiccagione e rogo di Giuseppe Brugnardello da Chiavari, giustiziato a Ponte nel 1652 per la falsificazione di Bolle apostoliche e di Nicolò Teobaldo di Lorena giustiziato nel 1665 per la falsificazione di Brevi.

Dai Bandi del Governatore riproposti in questo libro, gli articoli 12, 57 e 58 trattano i reati di falsificazione di monete e i reati di falsificazione di bolle, sigilli, ecc. In essi è chiara la gravità del delitto e la dura punizione. Particolarmente curioso è il reato dei "Tosatori di moneta". Si tratta di una pratica a quei tempi molto diffusa che consiste nel togliere alle monete d'oro o d'argento circolanti, una piccola parte del metallo che viene poi rivenduta. Il risultato è che ancora oggi si possono vedere monete antiche a cui manca una parte. La tosatura delle monete è attribuita al popolo, anche se si ritiene che fosse commessa da chi "maneggiava" grosse quantità di monete d'oro e d'argento. Si narra che l'invenzione della zigrinatura nel bordo della moneta, sia opera del fisico Isaac Newton quando è direttore della Zecca di Londra, ma in realtà il suo primo utilizzo risale al XVI secolo. Tale accorgimento ha permesso di debellare la piaga dei "Tosatori di monete" rendendo evidente la minima limatura.

20 - La resistenza alla Corte

Per resistenza alla Corte s'intende qualsiasi forma di opposizione, di reazione o disobbedienza ai membri delle forze dell'ordine o gli esecutori del potere giudiziario, tra cui "gli sbirri", gli ufficiali, i magistrati, i "vicari" e i "balivi", ovvero i capi di una circoscrizione territoriale. Negli articoli 40 e 41 dei Bandi del Governatore di Roma, abbiamo ben specificate tutte le circostanze in cui il delitto di resistenza alla Corte è sancito con la pena capitale. Tra le azioni incluse in questo reato, vi sono l'ammazzare, ferire, perseguitare, pigliare, ritenere, percuotere, offendere e insultare qualsiasi carica pubblica e in particolare i Giudici, il Bargello e gli Sbirri. Tale elenco dimostra come questo reato sia nel Seicento molto frequente contro le forze dell'ordine, in particolare durante le ronde giornaliere e notturne degli sbirri, in occasione dei mandati di perquisizione, durante i giudizi, le manifestazioni, le feste popolari, le celebrazioni religiose e le esecuzioni capitali.

CAPITOLO 4

LE ESECUZIONI CAPITALI E LE TORTURE A ROMA NEL SEICENTO

1 - L'impiccagione

Detta comunemente "la forca", è nella Roma del Seicento il tipo di esecuzione capitale in assoluto più comune. Su un totale di 1315 condannati a morte, ben 947 sono giustiziati in questo modo. Questo tipo di esecuzione è giudicata più ignominiosa rispetto alla decapitazione e viene a Roma di norma applicata per delitti di latrocinio con recidiva o per l'uccisione a fine di rapina. L'esecuzione si svolge nel seguente modo: dopo aver sistemato un laccio attorno al collo del condannato, il carnefice, detto anche boia o maestro di giustizia, con un colpo di ginocchia lo getta nel vuoto. Subito dopo, agendo con rapidità, sale la scala, si aggrappa all'architrave del patibolo, si getta sulle spalle del condannato e con un piede sul collo, obbliga la testa del giustiziato a piegarsi sulla spalla opposta. Allo stesso momento, l'aiutante del boia, il cosiddetto "tirapiedi o manigoldo" sta sospeso in aria con i piedi del condannato posti come in una staffa sotto le ascelle, per favorire l'uccisione del reo. Il tirapiedi, con il suo peso e con continui strappi, causa infatti la morte del condannato quasi istantaneamente, a seguito del soffocamento e della frattura delle vertebre cervicali. Il corpo dell'impiccato viene poi lasciato macabramente appeso sino al tramonto sulla forca; poi all'imbrunire, i confratelli di San Giovanni Decollato tolgono il corpo, lo pongono nel "cataletto", ovvero il feretro e lo seppelliscono, dopo aver celebrato le esequie mattutine nella chiesa.

2 - La decapitazione

La decapitazione è un tipo di esecuzione, ritenuta nel Seicento, più onorifica dell'impiccagione. Vi sono casi di condannati all'impiccagione, allo squartamento e al rogo che vengono 'graziati' con la concessione del taglio della testa. Spesso l'esecuzione avviene nel cortile delle carceri, ma quando l'esecuzione è fatta in pubblico, il boia e i suoi aiutanti preparano sul palco un 'ceppo' e una 'mannaia'. La vittima, svestita della giubba e del collare, viene quindi piegata sul ceppo mentre un confortatore si tiene a distanza per non ricevere gli schizzi di sangue del giustiziato. Il boia taglia infine la testa con la mannaia, vibrando il colpo mortale sul collo del giustiziato. Il sangue che si versa sul palco è asciugato con la cenere che, come riportato in molte condanne descritte in questo libro, i sagrestani della confraternita portano sempre per l'occasione.

3 - Il rogo

In questo libro il rogo non è inserito tra le esecuzioni semplici per il suo limitato uso nella Roma del Seicento, come unico tipo di esecuzione applicato a un condannato. Infatti, in base alla documentazione disponibile, se si escludono alcuni casi emblematici come quello di Giordano Bruno e pochi altri giudicati eretici impenitenti, bruciare vivo un condannato non è a Roma una pratica frequente. Maggiore è invece il suo uso nelle esecuzioni qualificate, in quanto in questo secolo viene molte volte messo al rogo il cadavere del giustiziato. Questa pratica ha una funzione macabra e simbolica in quanto il giustiziato è già morto, in genere per impiccagione o decapitazione. Nel XVII secolo, il giorno prima dell'esecuzione, viene preparata una pira di legno con il palo dove si lega il condannato, in una piazza del centro di Roma, in genere Piazza di Ponte o Piazza Campo de' Fiori. Dopo il rogo, la Confraternita di San Giovanni Decollato si occupa di raccogliere le ceneri del giustiziato.

4 - Lo squartamento

Questo tipo di esecuzione si esegue, per ordine del Tribunale, quando il condannato commette più delitti gravi in diversi luoghi della città. Il corpo del giustiziato viene diviso in tante parti quanti sono i luoghi in cui egli ha commesso i suoi delitti. Dopo lo squartamento si collocano le parti del corpo in dette località, ove rimangono esposte.

Dalle cronache dell'epoca abbiamo due esempi di esecuzioni qualificate con impiccagione e squartamento: il 21 maggio 1669, si descrive la storia di due assassini che hanno ucciso un "vignarolo".

Come si trattasse di un macello, si descrivono le parti del corpo squartate come "li quarti". Il 22 gennaio 1698 vi è l'esecuzione di un assassino di strada; oltre alla descrizione dello squartamento, si narra l'intervento di un boia assistente, per l'indisposizione di quello ufficiale.

5 - La mazzolatura e lo scanno

La "mazzolatura" e lo "scanno" sono pratiche che restano in vigore fino al XIX secolo. Si tratta di un tipo di esecuzione per reati particolarmente cruenti ed efferati. Il condannato viene innanzitutto fatto inginocchiare sul palco con le mani legate dietro la schiena, poi il boia gli lega anche i piedi e le gambe sotto il ginocchio. A questo punto leva in alto il pesante "mazzuolo o mazzatello", lo fa roteare per imprimergli maggiore forza e con questo colpisce la tempia del condannato stordendolo e facendolo cadere per terra su un fianco.

Per completare l'opera il carnefice scanna il giustiziato, infilando nella gola del poveretto un coltellaccio con cui gli squarcia il petto. Il cadavere viene poi di solito anche squartato e i "quarti" sono esposti prima sul patibolo e poi nei luoghi dove il giustiziato ha commesso i suoi delitti.

Un esempio di tale pratica è l'esecuzione, il 7 giugno del 1698, di Francesco di Benedetto Aurelij di Valle Cupola. "mazzolato, et squartato di mattina in Ponte S. Angelo per havere assassinato, et ammazzato il suo Padrone Velettare, che andava alla Fiera di S. Clemente in Velletri; passò avanti la nostra chiesa dove si fermò". Anche l'abate Ghezzi narra di due giustiziati, mazzolati e squartati a Piazza del Popolo l'8 aprile del 1697. Si tratta di due fratelli autori di un atroce delitto. La storia è particolarmente orrenda e forse poco credibile ma il testo originale è il seguente: "Due fratelli che havevano ammazzato l'altro fratello, et havevano fatto mangiare le interiora alla madre, furno mazzolati, et squartati di giorno al Popolo".

6 - L'attanagliamento

Questa pratica feroce e tipicamente medievale consiste nel suppliziare il condannato con torture pubbliche e viene spesso usata in caso di esecuzioni capitali qualificate in cui il carnefice, il cui nome deriva appunto da questa barbara usanza, con delle tenaglie arroventate, strappa le carni della vittima.

Tale pratica è usata a Roma fino al XIX secolo.

TORTURE E SUPPLIZI NELLA ROMA DEL SEICENTO
Durante il pontificato di Gregorio XIII (Ugo Boncompagni), papa
dal 1572 al 1585, è abolito l'istituto giuridico della prova della tortura
nei processi. Tale pratica è invece molto più usata negli altri Paesi
europei dell'epoca. A partire da questo pontificato inizia a Roma un
movimento contro l'uso della tortura di cui fa parte il vescovo
Giovan Battista Scanaroli dell'Arciconfraternita di San Girolamo della
Carità. Nel Cinquecento, sotto il pontificato di Paolo V, la tortura
viene di nuovo applicata solo nei casi gravissimi ed è eseguita dal
Bargello o dagli Sbirri.

Il Padre Labat, un domenicano che ha viaggiato per l'Italia in
qualità di Provveditore del Santo Uffizio così la descrive: "Ben più
terribili della frusta ed anco della morte stessa era la tortura, che si
applicava ai giudicandi per estorcere loro la confessione di veri o
supposti delitti". Egli assiste alle torture della Corda e della Veglia e
testimonia quanto segue: "S'usano in Italia parecchi sistemi di tortura.
Io ne ho veduti applicare di due sorta: la corda e la veglia". Lo storico
Alessandro Ademollo ha raccolto gli scritti del frate domenicano che
sono stati riproposti in questo libro.

7 - La corda

La tortura della corda è in questo secolo molto frequente e viene
applicata ai delinquenti colti in flagranza di reato. Si tratta di una
punizione immediata, messa in atto per far confessare al reo il suo
crimine e indurlo a indicare gli eventuali complici. Come indicato da
Ademollo: "All'angolo della facciata delle Carceri Nuove in Via
Giulia a Roma c'è ancora il gancio a cui si applica la corda punitrice".
Il testo originale di Padre Labat descrive nel capitolo 9 questa tortura
molto usata a Roma nel Seicento.

8 - La veglia

La veglia è invece una tortura in cui la vittima viene tenuta sveglia
e torturata per dodici ore con sistemi dolorosi ma non mortali, come
l'uso di cunei appuntiti che tormentano i suppliziati nelle loro parti
intime. Il 9 maggio del 1697 abbiamo un esempio di tre giustiziati con
esecuzioni qualificate e due indiziati salvati dalla condanna a morte,
grazie alla loro resistenza alla tortura della veglia.

Il documento originale indica chiaramente l'uso di questa tortura.

9 - La flagellazione in pubblico

La flagellazione o frustata, si applica invece in diversi casi, ma con più frequenza, quasi per sollazzo del popolo, alle meretrici romane nel XVII secolo durante il Carnevale. Questa tortura si infligge specialmente quando le prostitute non rispettano, a differenza di tutto il popolo che si può mascherare, il divieto loro imposto di portare la maschera. La frusta è a volte sostituita dal bastone e rappresenta un grande divertimento per la plebe romana in festa. Il Bargello sceglie le prostitute più famose e più note le quali vengono denudate e fatte correre per Via del Corso mentre gli Sbirri le inseguono e le colpiscono con delle verghe, fra gli schiamazzi del popolo che si accalca intorno.

Il 10 febbraio 1635 gli "Avvisi di Roma" (manifesti o scritti appesi in vari luoghi della città con notizie o fatti importanti), riportano il caso di una persona frustata per le vie della città perché colpevole di falsa testimonianza e il cui compagno deve subire la stessa pena. Mentre il boia tenta di legargli le mani per frustarlo, l'uomo cerca di suicidarsi ferendosi con un coltello al collo. Il reo viene condannato per questo motivo a due anni di galera ma venti giorni dopo, appena guarito dalle ferite, viene frustato lo stesso.

Particolarmente celebre nel 14 febbraio del 1637 è la frustata della "Cecca-Buffona", una famosa prostituta romana trovata con la maschera lungo il Corso, in compagnia di un domestico dell'ambasciata Cesarea (austriaca). Tale è la sua notorietà e la sua frequentazione dell'alta società romana dell'epoca che a suo favore intercede l'ambasciatore austriaco a Roma.

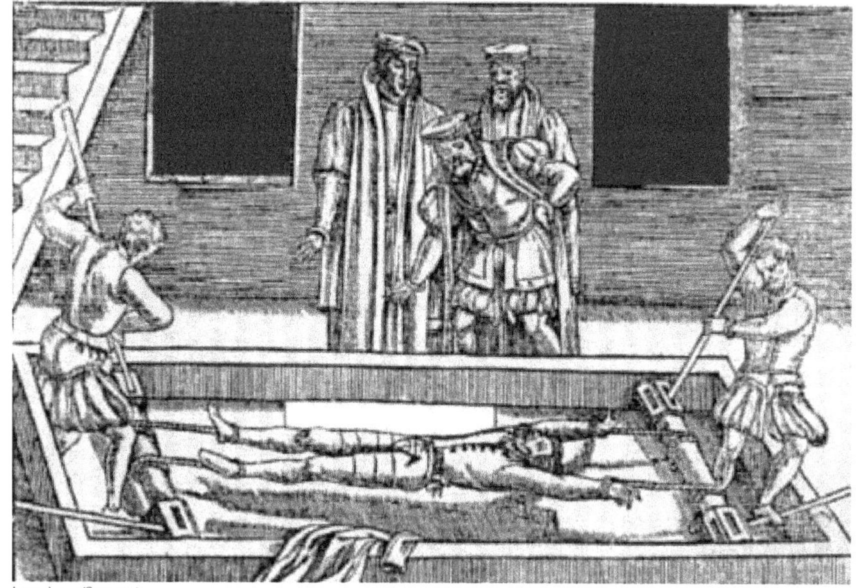

Anonimo (Stampa)

CAPITOLO 5

DA CLEMENTE VIII A URBANO VIII
DAL 1600 AL 1644

Papa Clemente VIII
(Ippolito Aldobrandini)
30 gennaio 1592 – 3 gennaio 1605

1 - Il pontificato di Clemente VIII

Eletto papa il 30 gennaio del 1592, Clemente VIII si adopera per debellare la piaga del brigantaggio che infesta le campagne fino alle porte della città. Nonostante la notoria sua severità dal punto di vista penale, non risolve il problema della criminalità di Roma e dello Stato Pontificio. La storiografia pone in evidenza invece la sua grande abilità diplomatica. In politica estera, il papa ristabilisce infatti un equilibrio tra la Spagna e la Francia.

A differenza della tradizionale politica favorevole alla Spagna, il nuovo papa vuole un riavvicinamento alla Francia che sta vivendo da decenni il problema religioso degli Ugonotti e Clemente VIII riesce a ottenere un'ottima intesa con il re Enrico IV da poco convertito al cattolicesimo.

Sotto Clemente VIII si assiste inoltre a un rafforzamento del potere centrale, attraverso una politica 'anti-signorile' e con l'istituzione, nel 1595, della Congregazione "Super baronibus status ecclesiastici" per controllare la nobiltà e i loro debiti. La congregazione ha la funzione di occuparsi dell'esecuzione delle sentenze pronunciate contro i nobili insolventi.

2 - Anno Santo del 1600

Nell'anno 1600, in occasione del primo Giubileo del XVII secolo, giungono a Roma ben 400 confraternite e una massa di credenti che secondo le fonti dell'epoca supera il milione di persone. Secondo altre fonti il numero è comunque di ben 536.000 visitatori.

Alle autorità di Roma viene dato ordine di provvedere alla

sicurezza delle strade; gli ospizi dell'urbe ricevono abbondanti sovvenzioni e i divertimenti carnevaleschi sono categoricamente proibiti. L'Anno Santo, come indicato nel volume "Istoria degli Anni Santi, dal loro principio fino al presente del 1750" di D. M. Manni, è purtroppo funestato da due alluvioni del Tevere che causano morti e grandi disagi sia alla popolazione che ai pellegrini. Un'altra drammatica inondazione di Roma, si verifica il 23 gennaio del 1606 come riporta l'abate F. M. Bonini nel libro "Il Tevere incatenato" del 1666.

3 - Le precarie condizioni dell'esercito pontificio

Lo Stato della Chiesa è sempre stato carente di un esercito regolare, stipendiato e organizzato, come dimostrato dal terribile Sacco di Roma a opera dei Lanzichenecchi nel 1527.

Ai tempi di Clemente VIII, la milizia pontificia è composta solo sulla carta da trentamila uomini. In ogni provincia dello Stato c'è infatti un colonnello al quale sono sottoposti i capitani e gli ufficiali subalterni, ma solamente al primo di questi viene regolarmente destinato uno stipendio fisso. Tra i militari vi sono anche le milizie provenienti dalla Corsica e dalla Svizzera. I soldati corsi, descritti come particolarmente rissosi e indisciplinati, nel Seicento sono in città protagonisti di diversi fatti di sangue. Un vero esercito, con tanto di paga per ciascun soldato, viene istituito solo quando si tratta di affrontare i banditi o di combattere contro i Turchi o i Saraceni.

4 - Delinquenza e repressione ai tempi di Clemente VIII

L'impiccagione è la forma di esecuzione più usata durante questo pontificato, mentre la decapitazione o mannaia, destinata ai nobili e ai prelati, viene applicata solo in tre casi. Le esecuzioni qualificate al contrario di quelle semplici sono molto più rare. È opportuno ricordare che nei primi anni del Seicento sono riportati raramente i reati dei giustiziati, ma c'è un probabile legame tra il notevole numero di condanne a morte e il consistente afflusso di pellegrini che giungono a Roma, in particolare durante i momenti di maggiore presenza di stranieri. Il Giubileo del 1600 detiene, con 37 esecuzioni capitali, il triste primato dell'anno con il maggiore numero di giustiziati di tutto il secolo.

Il numero di esecuzioni capitali dal 1600 al 1604 è di ben 107, con una media di circa 21 giustiziati l'anno. Il papa applica pene esemplari anche agli aristocratici, per il ripetersi di ogni sorta di delitto all'interno della nobiltà.

Nel 1602 viene decapitato il Sig. Gaetano Prospero a Castel Sant'Angelo e nel 1604 condannato a morte Romano Landi da Velletri, poi decapitato a Ponte degli Angeli e sepolto a San Giovanni dei Fiorentini.

Per quanto riguarda gli eretici impenitenti, vi è il rogo del giustiziato che viene arso vivo. L'esecuzione di Giordano Bruno del 1600 è stata descritta nel paragrafo dedicato agli eretici e proposta nella versione tratta dai Libri del Provveditore. Più frequente, come abbiamo visto, è invece l'impiccagione e rogo del giustiziato.

Nel 1600 sono impiccati e poi bruciati a Ponte, Fra Cipriano Bovolino di Vicenza, Menico Francioni di Roma e Francesco Moreno di Minervino.

5 - I fratelli Paolo e Onofrio Santa Croce e il matricidio

I testi dell'epoca riportano la drammatica vicenda di Onofrio Santa Croce che nel gennaio del 1604 viene "decapitato a Castel Sant'Angelo di notte ed esposto a Ponte degli Angeli per due ore". Lo storico Gaetano Moroni ritiene che Paolo Santa Croce, il fratello di Onofrio, avesse pochi anni prima ucciso la madre Costanza per aver mantenuto relazioni con altri uomini e macchiato l'onore del padre defunto. Di diverso avviso è lo storico Filippo D. Scolari che sostiene invece la tesi di un movente economico. Il giovane Paolo Santa Croce evita il patibolo con la fuga, morendo poi per cause non definite, anche se si sospetta che sia stato vittima di un assassinio. Il fratello Onofrio è invece catturato e decapitato per aver istigato il delitto. Compiuta l'esecuzione, la Camera apostolica incamera tutti i beni della famiglia Santa Croce. Il resoconto dettagliato ad opera di Lorenzo Manfredi, si trova nei numerosi manoscritti presenti nella Biblioteca Angelica di Roma.

Papa Leone XI
(Alessandro de' Medici)
1 aprile 1605 – 27 aprile 1605

1 - Il Pontificato di Leone XI

Il 1605 è l'anno della morte di Clemente VIII, della sede vacante e dell'elezione di Leone XI, papa per soli 26 giorni, dall'1 al 27 aprile.

Il pontefice si dimostra contrario al nepotismo, non nominando cardinale nessun giovane parente, anche se probabilmente ciò si deve al suo breve pontificato.

Dopo di lui nessun papa è durato così poco tempo. Alla sua morte c'è una nuova sede vacante e l'elezione di Paolo V. Nonostante sia un anno con ben due sedi vacanti e due conclavi, il numero di esecuzioni capitali non si discosta dalla media del periodo. In questo caso le risse tra le fazioni favorevoli a questa o quella famiglia nobiliare italiana, tipiche di queste delicate fasi, non incrementano il numero di giustiziati.

San Pietro (Stampa)

Papa Paolo V
(Camillo Borghese)
16 marzo 1605 – 28 gennaio 1621

1 - Il Pontificato di Paolo V

Quando nel 1605 Paolo V viene eletto pontefice, la situazione politica interna dello Stato della Chiesa si presenta piuttosto instabile. Infatti, benché il suo predecessore Clemente VIII abbia operato un'azione repressiva contro il brigantaggio, questo non è stato assolutamente debellato. Per quanto riguarda i rapporti con gli altri Stati italiani, nel 1606 il pontefice entra in disaccordo con la Repubblica di Venezia che non accetta l'ingerenza ecclesiastica e si oppone alla consegna di due sacerdoti all'Inquisizione di Roma. Paolo V emana contro Venezia la scomunica e poi l'Interdetto che proibisce la celebrazione dei Sacramenti nella Repubblica Veneta. Alla fine il papa, temendo un passaggio di Venezia al Protestantesimo, decide di togliere l'Interdetto. Paolo Sarpi, il dotto veneziano, è il simbolo dell'autonomia dello Stato laico e della lotta contro l'ingerenza della Chiesa nella politica di altre nazioni. Per questo viene condannato per eresia e alcuni sicari, giunti da Roma, cercano di ucciderlo.

Nell'amministrazione, il papa fa riordinare il nuovo Archivio del Palazzo Apostolico, sostituendo quello di Castel Sant'Angelo che a Roma si narra fosse infestato dai topi. Lo Stato della Chiesa promulga anche un editto che sancisce il divieto di usura del grano, condannando, con la pena di morte, chi specula sui prezzi di vendita. Questa politica repressiva dimostra come nello Stato pontificio, il sostentamento della popolazione romana dipenda dalla produzione interna. In base alla bontà o meno dei raccolti, vi sono variazioni nel prezzo della farina che il papa cerca di limitare. Durante il suo pontificato vengono realizzate anche opere straordinarie come la facciata della basilica di San Pietro, realizzata da Carlo Maderno nel 1612 e la ristrutturazione del Palazzo del Quirinale, trasformato in monumentale residenza del papa nel 1617.

2 - Distruzione e riutilizzo del patrimonio dell'antica Roma

Durante il pontificato di Paolo V, continua purtroppo a Roma la pratica di prelevare materiali dagli antichi monumenti pagani; ad esempio viene collocata davanti a Santa Maria Maggiore una statua della Madonna sopra una colonna romana.

Originaria della Basilica di Massenzio la gigantesca colonna viene asportata e riutilizzata. Inoltre in questo periodo viene realizzata la bella fontana dell'acqua Paola del Gianicolo detta "il Fontanone", smantellando il ben conservato tempio di Minerva nel Foro romano, di cui purtroppo restano visibili solo due colonne.

3 - Delinquenza e repressione ai tempi di Paolo V

Il papa si occupa innanzitutto di ristabilire la pubblica sicurezza e la sua azione ha due principali direttive: la lotta contro il brigantaggio e la lotta contro i fatti di sangue a Roma. Paolo V intraprende una lotta decisa contro i banditi, ma ci vuole tempo prima che raggiunga qualche risultato. È interessante rilevare come nella sua azione contro i briganti, il papa non avesse nessun riguardo per le persone altolocate complici dei malfattori.

Nel 1608 il Marchese di Rigano che accoglie nel suo castello un bandito, rischia l'esecuzione capitale e solo all'ultimo se la cava con una pena pecuniaria e un esilio di 5 anni. Paolo V è estremamente rigoroso anche contro i reati di usura. Nel 1606 alcuni Ebrei sono giustiziati per "usure sui granai".

Il papa interviene inoltre contro i fatti di sangue a Roma, mediante ripetuti divieti di porto d'armi.

Per quanto riguarda i reati contro il patrimonio, abbiamo un tentativo di furto alla libreria Vaticana, commesso il 20 settembre del 1618, così descritto: "A di 20. di Settembre furono sforzate et guaste le porte di Palazzo da gente che voleva arrobbare la Libreria Vaticana".

Durante il suo pontificato c'è una media di circa 21 giustiziati per anno. Il numero delle esecuzioni ha una costante diminuzione a partire dall'anno 1614.

Nel 1605 si esegue la condanna per "Lesa Maestà" di Gio. Batista Piccinardi. Presso questo scrittore cremonese trovano una biografia di Clemente VIII nella quale il papa è paragonato all'imperatore Tiberio, noto per la sua crudeltà. Sebbene il nuovo pontefice si esprimesse inizialmente per una pena più mite, tenendo conto che il "libello infamante" è stato divulgato solo a poche persone, finisce poi per lasciare libero corso alla legge, dando il suo assenso all'esecuzione capitale dello scrittore. Il provveditore di San Giovanni Decollato indica nei suoi documenti: "Sig. Gio Batista Piccinardi Cremonese, fu decapitato a Ponte e sepolto a Trinità dei Monti nel 1605".

Nell'anno 1607 c'è la decapitazione per "vizio nefando" di Carlo Vitelli, descritto dalla confraternita come un gentiluomo romano decapitato nelle carceri ed esposto a Ponte. Nel 1609 viene debellata un'intera banda che si è macchiata del reato di "vizio nefando" che è formata da elementi di diversa estrazione sociale e diverse origini.

Nei "Libri del Provveditore" questi condannati si trovano infatti raggruppati assieme per tipo di condanna, giorno e luogo in cui sono giustiziati, anche se con modalità di esecuzione diverse.

Il gruppo di scellerati è costituito dal romano Francesco Brunozzi, un nobile giustiziato con la decapitazione, dal napoletano Domenico di Bartolomeo, dai romani Costanzo Massaino e Orazio Fronzarello (di quest'ultimo nei libri della confraternita viene chiaramente indicato che è "condannato per sodomita") e dal bolognese Ferdinando Vitale.

È invece solo ipotizzabile anche la complicità con il resto della banda del fiammingo Adriano Pardo (il nome e cognome degli stranieri viene sovente modificato e italianizzato). Si tratta infatti di un altro giustiziato incluso nella stessa collocazione nei "Libri del Provveditore", anch'egli impiccato e arso, ma di cui manca il reato commesso.

Si può anche supporre che Adriano Pardo fosse in realtà un eretico di cui non abbiamo notizie o di cui il Provveditore non ha voluto indicare il reato di eresia.

Per le condanne di eretici effettivamente riportate, nel 1607 vi è l'esecuzione di Gio. Pietro di Tunisi, descritto come "neofito apostata, condannato ad essere bruciato vivo (e che) cominciando a bruciare diede segno di penitenza, che però quando fu scostato dal fuoco, tornò al suo errore, onde fu impiccato e poi bruciato per eresia a Ponte".

Nel 1609 vengono giustiziati Pietro Vincenzi di S. Massimo in Provenza che è bruciato vivo e Aniello Fortunati, un napoletano che doveva essere mandato al rogo nel 1606 e che "mentre stava in conforteria per essere giustiziato, venne ordine che fosse reso ai guardiani".

Dopo tre anni, questo napoletano è comunque giustiziato a Piazza Campo dei Fiori nell'anno 1609. Nello stesso anno abbiamo anche l'esecuzione, sempre per eresia, del veneziano Fulgenzio Manfredi, un frate osservante minore, impiccato e bruciato a Campo Vaccino, l'attuale Foro Romano.

4 - La pittrice Artemisia Gentileschi e il processo per stupro

La cronaca di Roma dell'epoca ci descrive negli anni 1611-1612 un caso particolarmente drammatico che vede protagonista Artemisia Gentileschi, una delle poche pittrici dell'epoca, vittima di uno stupro e di un ingiusto processo. La Giustizia e l'opinione pubblica risultano indulgenti con il suo aguzzino e ostili nei confronti della giovane vittima.

Nata a Roma nel 1599, figlia di Orazio Gentileschi, un mediocre pittore pisano, Artemisia, fin da giovanissima, mostra spiccate doti artistiche, collaborando in diversi dipinti del padre. A diciott'anni la giovane inizia a lavorare con il pittore Agostino Tassi, un conoscente del genitore, che violenta la ragazza. La vicenda finisce al Tribunale di Roma, in quanto il reo, già sposato, non può fare un matrimonio riparatore.

L'esito del processo risulta praticamente una farsa e Agostino Tassi sconta una detenzione di soli otto mesi nel Carcere di Torre Savella e poi, una volta condannato all'esilio, non si allontana mai da Roma. Alcuni nobili, indifferenti al fatto, vogliono solo che il pittore avanzi con i lavori che hanno a lui commissionato.

L'opinione pubblica invece non s'indigna particolarmente, in quanto la parola "stupro", viene usata nella Roma del Seicento, non per i casi di violenza sessuale, ma per indicare la perdita della verginità, a cui in genere si può trovare la soluzione facendo un matrimonio riparatore.

La ragazza nel processo viene sottoposta ripetutamente a umilianti visite ginecologiche e dichiara di non sapere che il pittore fosse già sposato e dichiara di aver avuto con lui più relazioni sessuali, solo perché convinta che presto si sarebbero maritati. Essendo però il Tassi un conoscente del padre di lei, il fatto che Artemisia non sapesse che fosse coniugato, viene interpretato come una prova che la ragazza stia mentendo e durante il processo, Artemisia è torturata e sottoposta a un duro linciaggio psicologico e fisico. Agostino Tassi, dal canto suo, è a tutti gli effetti un delinquente e nella sua miserabile vita, ha già commesso una sfilza di reati. Egli si è sempre beneficiato dell'appoggio dei nobili di Roma che sono cinicamente interessati solo ai suoi lavori di pittore e non tengono conto del fatto che sia un criminale.

Nel 1612, dopo il processo, il padre di Artemisia trova a Firenze un candidato per la figlia che lascia Roma e si sposa.

Nella città toscana la pittrice vive per circa sette anni, ha quattro figli e un marito che non l'ama e che porta avanti una vita dispendiosa a carico di lei. In pochi anni la donna s'indebita e deve andarsene, nonostante sia molto stimata come pittrice. A Firenze si narra che Artemisia si sia in realtà allontanata dalla città perché si è scoperto che ha un amante. Tornata a Roma vi dimora per circa dieci anni, apprezzata da un vasto pubblico di estimatori e artisti. In seguito, nel 1630 si trasferisce a Napoli e poi dal 1638 al 1642 lavora per quattro anni a Londra, dove suo padre è diventato pittore di corte. Nuovamente a Napoli, vi trascorre il resto della sua vita dipingendo.

Artemisia è stata una donna moderna e di vero talento che ha avuto al suo fianco solo uomini squallidi e mediocri.

5 - Altri casi di eresia

Nel 1611 si tiene l'esecuzione per eresia di Domenico di Giovanni Mauro di Milano che è "condannato ad esser bruciato vivo, ma quando fu legato nudo al palo in Piazza Campo di Fiore, mostrò pentimento e fu impiccato e poi bruciato come eretico relasso e apostata della religione cattolica all'Ebraismo".

È da notare come spesso il condannato dichiari il pentimento per evitare di essere bruciato vivo.

Nel 1615 c'è l'abiura di tre eretici che hanno commesso reati contro la religione, inganno e falsi miracoli. Il pentimento permette loro di evitare la condanna a morte. Il Primo di luglio del 1616 viene impiccato e successivamente messo al rogo a Piazza Campo de' Fiori, Francesco Maria Sagni, colpevole di eresia. In questo caso, si narra che tale è il suo pentimento, che la lettera da lui dettata al provveditore è stata letta dallo stesso papa Paolo V. Il confratello così descrive questa notizia: "L'originale della sopraddetta lettera, che io scrissi nella cappella, l'hebbe nelle mani la Santità di N.S.re Papa Paulo Quinto"

Papa Gregorio XV
(Alessandro Ludovisi)
9 febbraio 1621 – 8 luglio 1623

1 - Il Pontificato di Gregorio XV

Nel suo breve pontificato, dal 9 febbraio del 1621 all'8 luglio del 1623, Gregorio XV, consapevole della forte intromissione nella politica papale delle potenze cattoliche dell'epoca (Spagna, Francia e Austria), decide di limitare l'influenza dei loro cardinali durante i Conclavi. Il 12 marzo 1622, emana la bolla "Decet Romanum Pontificem", in cui si afferma la necessità di una maggioranza di due terzi dei cardinali presenti, per eleggere il nuovo pontefice e della clausura durante il Conclave. Il papa canonizza l'italiano Filippo Neri, sacerdote e fondatore della Congregazione dell'Oratorio e quattro spagnoli di cui due gesuiti: Isidro Agricola, Francesco Saverio, sacerdote della Compagnia di Gesù; Ignazio di Loyola, sacerdote e fondatore della Compagnia di Gesù e Teresa di Gesù, dell'Ordine Carmelitano. Curioso è il commento dei romani su quest'episodio e nella strade della Città Eterna si dice che il papa avesse canonizzato quattro spagnoli e un santo. Contro la stregoneria, il papa emana nel 1623 la bolla "Omnipotentis Dei", secondo la quale devono essere condannati a morte coloro che si sono alleati con il diavolo "apostasia al demonio" e causato la morte con sortilegi. Questo atto è ritenuto l'ultimo emesso da un pontefice contro la stregoneria.

2 - Delinquenza e repressione

La tendenza a una diminuzione delle esecuzioni capitali, già riscontrata negli ultimi anni del pontificato di Paolo V, si mantiene nell'anno di elezione del nuovo pontefice. Durante il suo pontificato vengono comunque praticate diverse esecuzioni con supplizio del giustiziato, ma non risultano a Roma condanne a morte per eresia. Nel 1621, anno dell'elezione di Gregorio XV, i giustiziati sono 11 e nel 1622 le esecuzioni 18.

Da quell'anno risultano quasi sempre specificati i reati dei condannati a morte. Questo dato è molto utile per tracciare un quadro completo della criminalità a Roma nel XVII secolo. Nel 1622 c'è un'esecuzione qualificata con l'attanagliamento, il taglio della mano destra dell'assassino e infine il suo squartamento a Piazza Navona insieme al suo complice.

Papa Urbano VIII
(Maffeo Barberini)
6 agosto 1623 – 19 luglio 1644

1 - Il Pontificato di Urbano VIII

Appena eletto pontefice, Urbano VIII si dedica al rafforzamento militare dello Stato della Chiesa e non bada a spese per fortificare numerosi porti tra cui Civitavecchia e Ancona e per rendere più sicure Roma e le principali città del suo Stato. Per evitare in caso di assedio di cadere in mano dei nemici, il pontefice rende inespugnabile Castel Sant'Angelo. Questa politica militare provoca nel piccolo Stato della Chiesa un rapido impoverimento delle finanze. Caratteristico di questo periodo è anche il ruolo politico del così detto "Cardinal nepote" che svolge importanti funzioni governative e di cui Francesco Barberini, nipote del papa, ne è un chiaro esempio.

2 - Distruzione e riutilizzo del patrimonio dell'antica Roma

"Travi di bronzo che da Urbano VIII, nell'anno 1627, furono convertiti in ornamenti della Basilica Vaticana, e in Artiglieria del Castello S. Angelo". Questa è una delle numerose testimonianze che descrivono la 'mutilazione' del Pantheon. Uno dei più meravigliosi edifici dell'antichità, conservato integro, grazie alla sua trasformazione in chiesa, viene 'spogliato' della copertura bronzea delle travi per utilizzarla, in massima parte, nella costruzione di 80 pezzi d'artiglieria e in minima parte, alla realizzazione del baldacchino del Bernini che orna l'interno della Basilica di S. Pietro. Il riutilizzo sacro del bronzo del Pantheon, pare sia stata una trovata per giustificarne l'asporto dalla sua sede originale, in quanto l'indignazione popolare è stata notevole.

3 - Anno Santo 1625, Guerra di Castro e crisi economica

L'Anno Santo del 1625 è caratterizzato da grandi opere di beneficenza e da un'intensa attività caritativa. L'afflusso dei pellegrini è grande, nonostante l'imperversare, in Europa e in molte zone d'Italia, di guerre e di gravi pestilenze come il colera. Avvicinandosi il Carnevale il papa proibisce, insieme con le maschere, ogni sorta di passatempo mondano.

Nell'anno 1628 si registra una nuova spaventosa inondazione del Tevere.

In questa occasione i due "Cardinal Nepoti", Antonio e Francesco Barberini, si distinguono per impegno e volontà. Finita l'alluvione, il papa ordina di far aprire una nuova arcata a Ponte degli Angeli che durante le piene fa quasi da diga.

Un altro avvenimento particolarmente significativo del suo pontificato è la guerra di Castro. Il conflitto ha come pretesto l'inadempienza dei debiti del Duca di Castro nei confronti dello Stato della Chiesa, ma è in realtà provocato sia dalla sfrenata ambizione dei nipoti del papa che se ne vogliono impossessare, sia dall'ostilità di Odoardo Farnese legittimo possessore di quei territori, nei confronti dei Barberini.

Le relazioni inizialmente buone tra Urbano VIII e il principe Odoardo Farnese, duca di Parma, si deteriorano in seguito al mancato appoggio del pontefice alla conquista del Ducato di Milano, da parte del principe. Il disappunto di Odoardo Farnese per la vicenda, preoccupa il pontefice per la vicinanza a Roma del Ducato di Castro e Ronciglione, in una zona strategica che si estende dalla Via Cassia alla Via Aurelia, fino al confine con il Granducato di Toscana. In questo conflitto sono coinvolti tutti gli Stati italiani e nel 1644, dopo alterne vicende, si conclude la pace tra il papa e il ducato di Parma.

La Guerra di Castro dura quasi 3 anni da settembre del 1641 al luglio del 1644 e benché la situazione politica dopo gli anni di scontri fosse praticamente rimasta immutata, dal punto di vista economico i danni provocati dal conflitto sono notevoli. Le campagne militari esauriscono le finanze del pontefice, numerosi sono i territori devastati, i sudditi vengono oppressi da nuove imposte e cresce la criminalità.

4 - Liberi pensatori contro la Chiesa di Roma

Durante il suo pontificato ci sono gli emblematici casi di due intellettuali del tempo, accusati di eresia dalla Chiesa: Tommaso Campanella e Galileo Galilei. Il calabrese Tommaso Campanella appartiene all'ordine dei domenicani ed è uno dei personaggi più emblematici della lotta di un libero pensatore contro l'oscurantismo controriformista e l'Inquisizione. La sua vita è tutta un susseguirsi di pubblicazioni, processi di eresia e lunghi periodi di prigionia. Il suo pensiero, pur non rinnegando il cattolicesimo, è ritenuto eretico e il suo libro intitolato "Philosophia sensibus demonstrata" gli procura, a soli 24 anni, il primo processo per eresia.

Nelle sue numerose pubblicazioni è evidente il suo pensiero basato sul panvitalismo, l'alchimia, l'astrologia e sulla sua idea di riforma politico-religiosa. Dopo aver tramato una congiura contro il governo spagnolo di Napoli, è condannato al carcere a vita. Rimasto in prigione per ben ventisette anni, scrive le sue principali opere e in particolare "La Città del sole", in cui il filosofo riflette la sua idea di società ideale e di buon governo. Nel 1629 viene fatto liberare da Urbano VIII che inaspettatamente gli dà il titolo di "magister" e consigliere di astrologia. Da Napoli, la Spagna vuole la sua estradizione che il papa rifiuta. Nel 1634 Campanella decide comunque di lasciare Roma per Parigi, dove vengono pubblicati i suoi scritti. La sua opera è molto vasta e tra i numerosi testi vi è anche una bella apologia di Galileo Galilei, scritta dopo il processo del grande scienziato pisano. Matematico e grande astronomo, Galilei è apprezzato dai suoi contemporanei e viene trattato con rispetto anche dalla stessa Inquisizione romana che lo accusa di eresia per aver sostenuto e dimostrato, grazie ai suoi calcoli e osservazioni, la correttezza della teoria copernicana della Terra che gira intorno al Sole. La Chiesa continua, a quei tempi, a ritenere la Terra un corpo celeste immobile al centro dell'universo. Si tiene dunque un clamoroso ed estenuante processo e alla fine, per evitare il carcere, Galileo, vecchio e con problemi di salute, ritratta le sue teorie e accetta le tesi sostenute dalla dottrina cattolica.

5 - Carlo Colonna e le risse tra nobili nelle strade di Roma

All'epoca di papa Urbano VIII, le condizioni della sicurezza pubblica diventano a Roma particolarmente gravi. Le dispute di precedenza per chi avesse diritto di passare per primo e i soprusi di ogni genere sono all'ordine del giorno. In quegli anni a Roma non solo gli ambasciatori, ma anche i nobili e alcuni cardinali si circondano di armati e prendono al loro servizio banditi fuggiti dagli Stati vicini. Persino i membri di due delle più antiche famiglie aristocratiche romane come i Caetani e i Colonna si scontrano con le armi a Roma, nell'anno 1634, per un banale diritto di precedenza di carrozze. Da questa rissa deriva una mischia disordinata di due squadre di spadaccini con morti e feriti. I testi originali della vicenda, nel capitolo 10, confermano la responsabilità di Carlo Colonna. Questo nobile è figlio di Filippo Colonna, Gran Connestabile (comandante dell'esercito) del Regno di Napoli.

Fin da giovane ha una vita movimentata e piena di comportamenti impulsivi e arroganti. Negli anni 1632 e 1633 combatte con l'esercito spagnolo nelle Fiandre dove, tra una battaglia e l'altra, ha un duello con il Duca di Lerma, un importante nobile spagnolo del suo stesso esercito.

Il giovane è più volte sul punto di scatenare con la sua rissosità una guerra tra le nobili famiglie romane ed europee, a cui con difficoltà riesce a porre rimedio Urbano VIII.

Nel 1635 il papa ricompone la pace tra le due famiglie nobili romane coinvolte nel duello, assolvendo Carlo Colonna dal reato di omicidio per lo scontro armato nelle strade di Roma contro i Caetani. Il giovane riparte allora nuovamente per combattere nelle Fiandre e ha un altro duello con il Conte di Megen e un travagliato fidanzamento con una nobile erede dei Principi di Chimay che viene interrotto dalla ragazza per i comportamenti inappropriati del giovane Colonna. La ragazza si fidanza in seguito con il Marchese Gonzaga a cui Carlo Colonna giura eterna vendetta, non riuscendo però mai a portare a termine i suoi loschi propositi.

Nel 1637, a causa delle sue intemperanze, lascia anche l'esercito e si trasferisce a Bruxelles dove si dedica al gioco d'azzardo. Improvvisamente, a 41 anni, decide di cambiare vita e prende i voti, diventando frate benedettino e modificando il suo nome in Egidio, in ricordo del giorno della festa di S. Egidio durante la quale, nel 1634, ha commesso il famigerato delitto. Celebre è la sua pessima figura durante il matrimonio di un suo nipote nel palazzo del Louvre in Francia in cui, davanti al Re Sole, Carlo Colonna celebra la cerimonia, parte in italiano e parte in francese, lingua che non conosce, tra le risate degli inviati. Ormai vecchio si meraviglia di non esser stato nominato cardinale e infine muore all'età di 81 anni.

6 - Il caso giudiziario di Andrea Casali

Nel 1639 vi è una vicenda che vede coinvolto in una losca trama e un curioso intreccio di vicende, Andrea Casali, un senatore bolognese. Di indole guerresca, il giovane Casali si arruola volontario con il contingente di soldati italiani che combatte a fianco della Spagna nelle Fiandre. Qui, secondo le fonti ufficiali, lo uccidono nel 1603 in battaglia e un suo compagno d'armi giunge dunque a Bologna con un testamento in cui Andrea Casali lascia il suo ingente patrimonio in eredità a un cugino.

I parenti di Bologna ricevono, pochi anni dopo, alcune lettere di una persona che sostiene di essere Andrea Casali, ma lo ritengono un impostore.

Trascorsi altri anni, arrivano ai familiari notizie di un individuo, schiavo ad Algeri che dichiara di essere Andrea Casali.

Nel 1634 questo prigioniero di Algeri viene finalmente riscattato dai frati della Madonna della Mercede e giunto a Roma, avvia una procedura per dimostrare la sua identità. Il presunto Casali racconta che è stato fatto prigioniero per cinque anni nei Paesi Bassi da Maurizio di Nassau e che una volta liberato si è recato a Barcellona per imbarcarsi per l'Italia.

In Tribunale dichiara inoltre che, durante la navigazione, i Saraceni che hanno assalito la sua nave, lo hanno rapito e portato ad Algeri dove solo dopo diversi anni è stato liberato dai frati. Il processo dura tre anni e il verdetto gli è sfavorevole per gli intrighi dei parenti. Incarcerato, Andrea Casali muore nelle prigioni di Civitavecchia, sostenendo la sua identità. Da: "Relazioni tragiche raccolte e messe insieme da Lorenzo Manfredi romano nell'anno 1752. Principiano dal 1530 sino al 1642. Manoscritti, ms.1587. Inc. Istoria lagrimevole di Andrea Casale, Bolognese. Fol. 183-186".

7 - La condanna e grazia del marchese Mario Frangipane

Il 14 novembre del 1640, accusano il Marchese Mario Frangipane, membro di una storica e nobile famiglia romana, di aver commissionato un omicidio nel suo feudo di Nemi ai danni di Carlo Manardi, fratello di un funzionario di Giustizia. La Curia Pontificia lo imprigiona in realtà perché ha un grande interesse a incamerare la sua eredità, in quanto il marchese è senza discendenza e ha nominato nel 1639 come suoi eredi, un ramo cadetto della sua famiglia che vive in Croazia.

Il 28 settembre del 1642 il papa concede la grazia al marchese, dopo due anni di prigionia e il cardinale Antonio Barberini lo nomina suo consigliere militare per la Guerra di Castro. A dimostrazione di accordi segreti, il Cardinale Barberini diventa alla morte di Mario Frangipane, suo erede universale.

Nel Seicento la concessione della grazia è chiaramente più frequente per i nobili e gli ecclesiastici, ma in questo caso c'è un intreccio di interessi, tra cui le mire dei Barberini sul patrimonio dei Frangipane e le necessità militari della Guerra di Castro.

Particolarmente interessanti sono le notizie del 26 settembre del 1642, due giorni prima della scarcerazione del Marchese Frangipane, in cui si descrivono con curiosi giudizi tutti i nipoti del papa.

8 - Delinquenza e repressione ai tempi di Urbano VIII

Nell'Europa centrale, durante la Guerra dei Trent'anni, diventano tristemente frequenti i processi e le esecuzioni per stregoneria. Urbano VIII, al contrario, è abbastanza tollerante e durante gli anni del suo pontificato non ci sono esecuzioni di streghe. In base alle informazioni raccolte, la pratica del rogo risulta comunque usata durante il suo papato.

Allo stesso tempo sorprende nella Giustizia pontificia, una crescente ricerca della spettacolarizzazione delle esecuzioni capitali con una diversificazione dei tipi di condanne inflitte ai giustiziati.

A Roma le pratiche della "mazzolatura", "scannamento", "attanagliamento" e "squartamento" del condannato, si combinano tra loro, creando delle variazioni sul tema del supplizio che sottintendono un'accurata e macabra ricercatezza. Risulta infatti sempre più 'in voga' l'uso della mazzolatura.

Nei 21 anni di pontificato c'è una media di circa 17 giustiziati l'anno, il che rappresenta un numero inferiore rispetto ai 21 giustiziati del pontificato di Paolo V.

Durante il Giubileo del 1625 a Roma si eseguono ugualmente esecuzioni capitali e il totale di 15 giustiziati è di poco inferiore alla media annua del suo pontificato; questo dimostra come durante l'Anno Santo, ci siano due fattori concomitanti: da una parte il grande afflusso di persone che incrementa il numero dei reati, dall'altra una maggiore clemenza da parte del sistema giudiziario. Questo fa sì che il numero dei giustiziati si mantenga stabile, nella media del periodo.

Nell'anno 1639 c'è addirittura un maggiore numero di esecuzioni qualificate, con supplizio del condannato, rispetto alle esecuzioni comuni; ciò si deve però all'eccezionale cattura e successiva impiccagione e squartamento di ben otto assassini e due grassatori, più che a un repentino irrigidirsi della Giustizia. Interessante, dal punto di vista sociale, è lo studio del numero delle esecuzioni capitali per decapitazione. Durante il pontificato di Urbano VIII si eseguono infatti ben dodici decapitazioni: tra queste spicca quella di Gio. Andrea Basiglio di Genova, decapitato nel 1628 per aver commesso dei furti nel Palazzo del Governatore di Roma.

Nel 1634 viene invece giustiziato con la decapitazione nel Cortile delle Carceri e sepolto in San Giovanni dei Fiorentini, il capitano Gio. Marcellino da Fabriano che, secondo le fonti della confraternita, "fu condannato per ferite fatte di suo mandato ed in sua presenza".

Nel 1635 è giustiziato per il delitto di "Lesa Maestà", Giacinto Centino di Ascoli che ha ordito una congiura ai danni del papa. La sua decapitazione si tiene a Campo dei Fiori per sentenza del Santo Offizio.

Sempre nel 1635 per aver preso parte alla stessa congiura, sono giustiziati con l'impiccagione e il rogo Diego Giavaloni di Palermo e Cherubino Serafini di Ancona, due frati minori osservanti.

Lo stesso anno viene anche giustiziato nelle carceri, per il reato di "scritture malediche", il veneziano Jacopo Amadei, mentre nel 1636 è decapitato nel Carcere Mamertino ed esposto in Piazza Campo dei Fiori, il marchese Francesco Manzoli per possesso di "libelli famosi", in particolare di un libro di critiche al pontefice.

Nel Diario del Gigli la vicenda si conclude con la descrizione di una serie di tragiche circostanze che coinvolgono gli accusatori del giustiziato ritenuto a Roma innocente .

Nel 1637 risulta decapitato a Ponte, Gio. Battista Masotti di Bergamo. Questo giustiziato non è un nobile o un alto prelato e deve essere quindi destinato all'impiccagione.

Curiosamente, grazie al versamento di 500 scudi da parte della Compagnia della Nazione Bergamasca viene decapitato. Si può quindi dedurre che a Roma nel Seicento, oltre ai nobili e all'alto clero, anche pagando si può ottenere l'esecuzione per decapitazione che è considerata meno infamante dell'impiccagione.

Per quanto riguarda l'uso del rogo durante il pontificato di Urbano VIII, nel 1629 è impiccato e poi bruciato a Ponte, Domenico di Mercurio di Roma, per il reato di "vizio nefando".

In precedenza, nel 1624 condannano per impiccagione due eretici: il prete Ferrari Ambrogio e Marco Antonio de Dominis, vescovo di Spalato. L'Inquisizione, scopre dopo la loro esecuzione che il vescovo ha finto di abiurare. Per questa ragione il corpo già seppellito, viene riesumato e bruciato a Campo dei Fiori.

L'altro giustiziato è invece un prete condannato a morte per celebrare la messa nonostante fosse stato dichiarato eretico.

Nel 1630 c'è l'abiura di ben otto eretici nella basilica di San Pietro, alla quale partecipa un grande numero di spettatori.

Uno di questi condannati è un famoso prete di Bologna, conosciuto e stimato da molti cardinali, il quale inganna una "pinzochera" (una suora laica), convincendola di essere santa. La narrazione segue con la descrizione dei discorsi fatti dal prelato che induce i suoi seguaci a peccare nel vizio della carne e prosegue con la spiegazione di un rituale magico da lui formulato ai danni del pontefice. Nel testo vengono nominati anche tutti gli altri condannati per eresia: tra questi vi sono due frati per celebrare la Messa senza essere consacrati come preti, un fornaio che benedice il suo cavallo con l'incenso affinché vinca alle corse e altri condannati per sposarsi con ben tre donne diverse contemporaneamente. Il prete bolognese viene infine impiccato e bruciato a Piazza Campo dei Fiori. Nei precisi documenti di S. Giovanni Decollato non si hanno notizie di questa esecuzione capitale. Infine la monaca laica è frustata per le strade di Roma e poi imprigionata, mentre condannano gli altri imputati "a tempo alla Galera".

Nel 1640 giustiziano con il rogo, per il reato di "eresia e apostasia", un vecchio portoghese chiamato Fernando Alvarez, la cui vicenda è stata descritta nel capitolo 4 dedicato ai reati.

Nel 1642 è la volta del frate Policarpo Angelico di Giulio e nel 1644 sono giustiziati sempre come eretici: Ferrante Pallavicini, Fra Camillo d'Angelo, Ludovico Domenico, Simone Cossio e Domenico da Sterlignano; purtroppo le scarse informazioni riguardanti molti eretici non permettono di approfondire l'eresia da loro commessa.

Il 10 agosto del 1629 impiccano a Piazza SS. Apostoli un giovane di diciott'anni che ha strozzato un avvocato settantenne. Al giovane prima dell'esecuzione tagliano per punizione la mano davanti alla casa della vittima. All'epoca si commettono spesso anche delitti efferati in ambiente ecclesiastico. Non è raro che veri e propri fatti di sangue si verifichino dentro le tranquille mura dei conventi, nelle abbazie e nei luoghi di culto consacrati.

Nel gennaio del 1633 viene descritta la cronaca dell'omicidio di una conversa ai danni di una monaca di famiglia nobile. Come spesso accade il fatto è "sistemato" dentro le mura del Convento.

Nel mese di marzo del 1635 avviene un altro fatto di cronaca: un giovane di Ferrara si innamora di una monaca del Monastero di S. Croce a Montecitorio. Per entrare nel convento e poter vedere l'amata, il giovane si nasconde in una cassa e muore soffocato. La storia nera riflette il gusto sensazionalista dell'epoca.

9 - Tumulti a Roma

Gli ultimi mesi del 1639 sono stravolti dalla presenza a Roma di Giulio Pezzola, un famoso brigante originario di Borgo Velino, un piccolo paese vicino Rieti che a quei tempi è sotto il dominio del Regno di Napoli. Assoldato dagli spagnoli, nel 1639 il Viceré di Napoli, il Conte di Medina, lo incarica di catturare a Roma il Principe di Sans che è a favore dei Francesi. Pezzola si stabilisce a Roma con ben 30 suoi compagni e la loro presenza desta molte preoccupazioni nella Giustizia pontificia che, a seguito dei suoi misfatti, lo scomunica e pone una taglia di 4000 scudi sulla sua testa. Gli autori Pastor e Gigli riportano diversi interessanti esempi di tumulti e problemi di sicurezza provocati dai francesi, dagli spagnoli e addirittura dagli stessi soldati del papa.

Nel giugno del 1643, durante la Festa del Corpus Domini "si attaccò, per causa leggiera, una rissa tra i Soldati, che alloggiano San Giacomo degli Incurabili, et furno morti doi, et feriti sette, et saria stato maggior male, se non fossero stati divisi da una grossissima acqua che piobbe".

Nei mesi di aprile e maggio del 1642 scoppiano a Roma diversi tumulti, scontri con rissa aggravata, ferimenti e uccisioni tra i soldati Corsi e le Corazze Bolognesi, due ordini militari del papa. Negli inseguimenti e sparatorie, sono coinvolti anche i soldati di Castel Sant'Angelo e ben 8 soldati sono impiccati.

Il 2 agosto del 1642 si tiene un incredibile scontro tra spagnoli, francesi e portoghesi. Oltre alla storica rivalità e inimicizia tra la Spagna e la Francia, in questo periodo si somma anche l'ira degli spagnoli per la secessione del Portogallo che due anni prima, nel 1640, ha riacquistato la sua indipendenza dopo 60 anni di unione con la Corona spagnola.

Il pretesto è l'invito a pranzo fatto dall'ambasciatore francese a Don Miguel, il nuovo ambasciatore portoghese. La reazione del diplomatico di Madrid, il marchese de Los Velez, è furiosa e vuole uccidere il diplomatico di Lisbona a tutti i costi. Il racconto, confermato dallo storico A. Muratori, è un vero intrigo internazionale nelle strade della Roma seicentesca con agguati, inseguimenti, archibugiate e uccisioni.

Alla fine l'ambasciatore spagnolo risulta ferito e quello portoghese si rifugia in una locanda dove preferisce passare la notte.

Nel mese di gennaio del 1644 si descrive la vicenda di alcuni soldati che rubano perché non ricevono la loro paga da mesi: "In questi tempi li soldati, che erano in Roma facevano di molti mali et rubbavano, et era cosa pericolosa di andare di notte perché si rubbavano in ferrajoli, et alcuni furno spogliati quasi in camicia, et molti di questi Soldati furno impiccati, ma tutti pubblicamente dicevano, che loro rubavani perché non havevano la paga già per quattro Mesi, et che si morivano di fame".

10 - Il brigante Fra Paolo

Nel mese di febbraio del 1644 arriva a Roma Fra Paolo, un altro famigerato brigante, descritto come "famoso ladrone et assassino facinoroso". La vita controversa di questo bandito è interessante sia per i suoi trascorsi delinquenziali che per gli appoggi politici e favori dopo il suo pentimento. Il brigante anconetano ottiene infatti una rendita mensile e la concessione di un Canonicato da alcune persone potenti come il Cardinale Barberini e il Granduca di Toscana. Grande è l'incredulità a Roma per un cambiamento così radicale del brigante Fra Paolo. La sua storia a Roma viene paragonata a quella di Giulio Pezzola, il bandito della Sabina precedentemente descritto.

CAPITOLO 6

DA INNOCENZO X A CLEMENTE IX

DAL 1644 AL 1669

Papa Innocenzo X
(Giovanni Battista Pamphili)
15 settembre 1644 – 7 gennaio 1655

1 - Il Pontificato di Innocenzo X

Il 15 settembre del 1644, dopo un Conclave di 37 giorni, il cardinale Giovanni Battista Pamphili, diventa papa con il nome di Innocenzo X. Alla morte di Urbano VIII, le casse dello Stato sono vuote, per le spese militari e in particolare per la Guerra di Castro. Ciò nonostante si deve a papa Innocenzo X la realizzazione di alcune delle più insigni opere dell'architettura barocca, come Piazza Navona, palazzo Pamphili e le tre fontane del Bernini. Per quanto riguarda la cronaca di Roma, per il 3 ottobre del 1644, solo pochi giorni dopo l'elezione del pontefice, i manoscritti conservati nella Biblioteca Apostolica Vaticana, riportano la notizia di violenze tra gli spagnoli al servizio dell'ambasciatore Juan Velasco de la Cueva, Conte di Sirvela, alcuni francesi, diversi romani e Nicolò Monteiro vescovo di Oporto. Durante il suo pontificato sorge il problema del rincaro della farina a causa delle carestie, in particolare quella del 1647.

Nelle provincie dello Stato Pontificio scoppiano sommosse che costringono Innocenzo X a far intervenire l'esercito, come nel caso della rivolta di Fermo dove viene ucciso Uberto Maria Visconti, il vice governatore della città. La rivolta scoppia perché la popolazione affamata vuole impedire la partenza di una nave carica di grano, diretta a Roma.

Questo dimostra come nei momenti di crisi, la capitale sia privilegiata, rispetto agli altri territori dello Stato Pontificio.

La repressione di questa sommossa è particolarmente violenta e scoraggia altre città dal sollevarsi.

Il 24 novembre si verifica una nuova alluvione del Tevere che per vent'anni ha dato tregua alla città eterna. A quei tempi già si parla di deviare il corso del fiume ma tale progetto viene scartato per i costi e le difficoltà tecniche.

Nel 1653 si ripropone per una seconda volta il problema della carestia, circoscritto solo al Lazio ma che crea comunque nuovi problemi di criminalità.

A dimostrazione della sua politica centralista, Innocenzo X, fin dalla sua nomina, decide di far pagare ai nobili tutti i loro debiti. Per questa ragione il papa entra nuovamente in conflitto con Odoardo Farnese, Duca di Parma e di Castro. Il duca si rifiuta infatti di soddisfare i creditori della sua banca ipotecaria romana chiamata dei Monti Farnese. Il pontefice decide allora di intervenire militarmente contro Ranuccio II, nuovo duca alla morte di Odoardo Farnese.

Il conflitto scoppia a seguito dell'uccisione di Cristoforo Giara, appena eletto vescovo di Castro e della cui morte si ritiene responsabile lo stesso duca.

Nel mese di luglio del 1649 il papa pone d'assedio la cittadina di Castro e circa due mesi dopo capitola la guarnigione dei Farnese posta a difesa della città. Sotto espresso volere del pontefice, Castro è dunque rasa al suolo (chiese incluse) e la sede episcopale spostata ad Acquapendente. Il duca Ranuccio II deve accettare un trattato con cui i feudi di Castro e Ronciglione vengono incamerati dallo Stato Pontificio.

2 - Anno Santo 1650

Nel 1650 si celebra il nuovo Giubileo, due anni dopo la fine della guerra dei Trent'anni. La situazione politica internazionale non è priva di tensioni, in particolare tra la Francia di Luigi XIV, in piena espansione e la Spagna di Filippo IV, in decadenza.

Nonostante i problemi internazionali, il numero di pellegrini confluiti a Roma durante l'anno Santo del 1650, ammonta a oltre 700.000 persone. Notevole è anche la partecipazione al Giubileo delle confraternite straniere e il papa per mantenere l'ordine pubblico proibisce la celebrazione del Carnevale e le feste a esso connesse come le cavalcate lungo il Corso, le giostre e le feste di Piazza Navona.

Il "Diario dell'anno Santo 1650" di G. S. Ruggieri descrive alcuni fatti pittoreschi avvenuti in quel periodo tra cui: la conversione di una prostituta, la storia di un pellegrino che viaggia a piedi dalla Germania a Roma con una croce pesantissima e la cronaca di diverse conversioni di eretici, turchi ed ebrei che nella suggestione di trovarsi a Roma durante l'Anno Santo, abbracciano la fede cattolica. In una delle numerose processioni dell'Anno Santo, si verifica a Piazza di Monte Giordano un episodio drammatico che vede coinvolta la Compagnia del SS. Crocifisso. Tale è il tumulto generato dallo scontro causato da alcuni malfattori che anche i cardinali e l'ambasciatore di Spagna fuggono spaventati. Nel trambusto i ladri, approfittando del panico collettivo, derubano i pellegrini che fuggono, mentre gli sbirri sparano archibugiate per disperdere la folla.

Altri episodi criminali si verificano durante il Giubileo, per "delazione di armi proibite" e risse davanti alle chiese. Le frequenti contese tra i nobili romani per questioni di precedenza e le scaramucce tra le soldataglie degli ambasciatori di Spagna e di Francia, non cessano nemmeno in questo periodo così significativo per il mondo cattolico e nel mese di maggio c'è infatti un nuovo tumulto tra l'Arciconfraternita della Madonna del Gonfalone favorita dai francesi e quella di San Marcello che è vicina agli spagnoli. Lo storico Pastor narra che la causa dello scontro sia da attribuire agli arruolatori spagnoli che aggrediscono alcuni pellegrini francesi durante la processione. Nel Seicento gli arruolatori dei vari paesi sono infatti molto frequenti in tutta Europa e vengono inviati, in particolare durante eventi e grandi celebrazioni popolari, per arruolare soldati. In questo caso gli arruolatori spagnoli hanno un diverbio con alcuni pellegrini francesi e vengono alle mani persino nel bel mezzo di Piazza San Pietro. La reazione dei pellegrini francesi e dei romani è particolarmente violenta contro questi arruolatori che vengono colpiti e bastonati fino all'intervento degli sbirri del pontefice che imprigionano i più violenti.

3 - Donna Olimpia, la papessa di Roma

Olimpia Maidalchini, nata nel 1594 è stata la cognata di Innocenzo X. Sposata in seconde nozze con Panfilo Pamphili, fratello maggiore del papa, ha da questo secondo matrimonio, due figlie e un figlio e poi resta vedova. Secondo l'opinione dell'epoca, la donna è di grande intelligenza e molto influente sul nuovo pontefice.

Le immagini la ritraggono poco femminile e poco attraente ma, dal punto di vista finanziario, porta, al momento del suo matrimonio, una grandissima dote alla famiglia Pamphili. A Roma Donna Olimpia è molto nota per la sua avarizia e infatti sulla statua di Pasquino, famosa per gli scritti satirici, appaiono alcune celebri "pasquinate" nei suoi confronti. Il popolo romano la soprannomina "Donna Pimpa" o la "Pimpaccia" e famoso è il gioco di parole che viene trovato scritto in un cartello affisso sulla statua parlante: "Olim-Pia, Nunc Impia". In latino significa: "solo una volta pia, ora empia".

Ma se si modificano le parole latine in "Olimpia, nunc Impia" significa anche: "Olimpia ora empia".

In uno scritto riportato nel capitolo 10 di questo volume, vi è una descrizione interessante del suo carattere scritta dai contemporanei. Alla morte di Innocenzo X, fonti storiche narrano del clamoroso rifiuto di Olimpia di pagare le spese della sepoltura del cognato pontefice. Il corpo del papa esposto a San Pietro viene poi riposto per molti giorni in un'umida cantina della sagrestia. Secondo alcuni racconti popolari dell'epoca, la salma di Innocenzo X è stata divorata dai ratti e alla fine, solo per compassione, il maggiordomo del pontefice compra un modesto feretro e un sagrestano paga le spese della sepoltura nella chiesa di S. Agnese. Eletto il nuovo pontefice, Donna Olimpia, è immediatamente esiliata e muore l'anno dopo, lasciando agli eredi la cifra per allora immensa di ben due milioni di Scudi.

4 - Delinquenza e repressione ai tempi di Innocenzo X

L'11 aprile del 1646 si verifica a Roma un fatto di cronaca nera degno di nota. Anche se si tratta di un comune omicidio ai danni di uno sconosciuto, è interessante l'editto emanato per trovare il colpevole, in cui si legge: "con la taglia di molte centinaja di Scudi, et liberatione di banditi a favore di chi manifestava chi fosse".

La Giustizia pontificia, oltre alla ricompensa per la cattura, concede la liberazione del collaboratore di giustizia e dei suoi complici.

Il 25 giugno del 1646, abbiamo un ennesimo esempio di rivalità e odio tra i francesi e gli spagnoli che si scontrano e uccidono frequentemente per le strade di Roma.

La storia è pittoresca e crudele allo stesso tempo e riflette la cronaca dell'epoca, fatta di un mix di delitti, onore e religione.

Il racconto descrive l'iniziale atteggiamento provocatorio di uno spagnolo ai danni di alcuni francesi.

Le conseguenze di tale atto sono raccapriccianti ed esagerate come risulta nel resoconto in cui si narra che i francesi vengono uccisi, nonostante le loro suppliche di pietà, e i loro corpi occultati all'interno della chiesa di San Giacomo degli Spagnoli, dentro una tomba.

Un caso di criminalità comune è invece quello dell'omicidio di una donna che viene assalita il 22 luglio del 1646 all'Acqua Acetosa. La storia narra di un delinquente che dopo l'aggressione, le ruba gli anelli e le chiavi di casa. La vittima riesce a recarsi fino all'ospedale di San Giacomo dove, prima di morire per le ferite, riesce ad avvisare la Corte che immediatamente invia gli Sbirri nella sua casa dove trovano l'omicida intento a rubare. Colto in flagrante, il colpevole confessa il suo delitto e viene giustiziato appena 6 giorni dopo.

Il 21 dicembre del 1647 le cronache di Roma narrano del fallito tentativo di omicidio da parte di sei sicari ai danni del Monsignor Lomellino, Tesoriere della Camera, Governatore di Roma e futuro cardinale. Il movente dell'attentato resta ignoto.

Nel febbraio del 1648 si ha invece la notizia di un terribile litigio scoppiato nel convento di San Silvestro a Campo Marzio. Anche se inizialmente si crede che si tratti solo di una divergenza di opinioni circa la possibilità di fare una rappresentazione religiosa, il risultato di questo fatto è molto cruento, con l'uccisione di una monaca che viene gettata in un pozzo.

Nel giugno del 1648, per quanto riguarda gli eretici, si ha la condanna e abiura di ben sei prigionieri del Santo Offizio dell'Inquisizione. Si tratta di un prete parrocchiano, di due frati zoccolanti francescani, di una "bizoca" (pinzochera, donna bigotta), di una vecchia e di una giovane definita "zitella". Le donne sono imprigionate e gli uomini condannati a remare nelle Galere.

A luglio dello stesso anno si verifica l'evasione di otto prigionieri, già condannati a morte che, prima si rifugiano a casa dell'ambasciatore di Francia e poi, cercando di fuggire da Roma, vengono ripresi dalla giustizia pontificia. Tali sono le proteste dell'ambasciatore francese, che i delinquenti sono riconsegnati al diplomatico d'oltralpe. Frequenti sono nella Roma del Seicento anche gli episodi di grande devozione popolare, con apparizioni, miracoli, false reliquie e predicatori che spesso si rivelano autentici truffatori.

La Chiesa medievale è molto tollerante nei confronti di queste furbesche speculazioni, in quanto ritiene che la diffusione dei simboli sacri, fomentasse lo spirito religioso.

Dal Rinascimento e in particolare dopo il Concilio di Trento e la Controriforma, i controlli di autenticità si fanno giustamente più severi.

Diversi sono comunque i casi discutibili che coinvolgono e sconvolgono, sia la credulità popolare romana, sia uomini di cultura, nobili e prelati.

Nel 1649 si narra di un episodio che fa gridare a un nuovo miracolo di Sant'Antonio.

Solo l'anno seguente viene finalmente scoperto l'inganno che vede coinvolti una monaca, alcuni frati e un truffatore. Ad incrementare ancora i disagi e la pericolosità del territorio dello Stato Pontificio a sud di Roma che all'epoca è già endemicamente flagellato dal brigantaggio, contribuisce la repressione spagnola della rivolta di Masaniello del 1647 a Napoli.

Negli anni successivi, per evitare la forca, bande di insorti si rifugiano entro i confini dello Stato Pontificio, dimostrando la tipica usanza dei briganti di sconfinare per sfuggire alla legge. A partire dal 1650, molti di questi rivoltosi, detti "masanielli" giungono a Roma e sono arruolati dall'ambasciatore francese che estende il diritto di asilo e di inviolabilità oltre al suo palazzo, anche alle case vicine dove alloggiano questi 'banditi'.

5 - La condanna a morte di Monsignor Mascambruno

Nell'anno 1652 l'opinione pubblica romana è sconvolta da uno nuovo scandalo che vede coinvolto Francesco Canonici Mascambruni, detto "Monsignor Mascambruno" che ha un'importante carica pubblica dello Stato Pontificio. Si tratta infatti di un sottodatario di Innocenzo X che viene condannato a morte. La Dataria è nella Roma del Seicento, l'antica agenzia delle entrate pontificia e Francesco Canonici Mascambruno, sfruttando la fiducia del pontefice, è accusato di aver "strappato" la firma del papa e falsificato, a fine di lucro, dei documenti. Scoperto il reato, il sottodatario viene processato assieme ai suoi complici. Mascambruno è degradato il giorno prima dell'esecuzione nella chiesa di San Salvatore in Lauro, decapitato nelle Carceri ed esposto a Ponte, per il reato di "falsificazione di bolle pontificie".

Interessanti alcune considerazioni degli studiosi che hanno approfondito questo caso giudiziario.

Lo storico Gian Paolo Brizzi riferisce la notizia che Francesco Canonici ha accumulato nel corso della sua carriera ben 120.000 scudi e che l'inchiesta è iniziata alla fine del 1651 per volere di monsignor Fabio Chigi, il futuro papa Alessandro VII. Il movente dell'azione contro Francesco Canonici, secondo lo storico Galeazzo Gualdo, è la sua prevista e imminente nomina a cardinale che rappresenta un ostacolo alla carriera ecclesiastica di Fabio Chigi. Infine secondo lo storico tedesco Pastor, i problemi dell'accusato si devono anche alla forte inimicizia di Donna Olimpia nei suoi confronti. Monsignor Mascambruno durante il processo si difende egregiamente da tutte le accuse e alla fine sono necessarie false testimonianze per condannarlo a morte.

Questa vicenda dimostra chiaramente il grado di intrighi e trame che circondano l'ambiente dei papi nella Roma del Seicento. La punizione anche per i suoi presunti complici che probabilmente solo sotto tortura lo accusano, è esemplare. Condotti su dei carri per le principali strade di Roma, sono impiccati a Ponte Sant'Angelo e le loro ceneri gettate nel Tevere, in segno di totale disprezzo. La caduta del Mascambruno, rappresenta l'ascesa politica di Fabio Chigi che nel 1655 diventa il nuovo pontefice.

6 - Altri fatti di cronaca ai tempi di Innocenzo X

Il 22 Giugno del 1652, c'è un nuovo avvenimento che sconvolge l'opinione pubblica dell'epoca: il Conte Beroaldo Bolognese, un nobile che abita presso Montecitorio, viene ucciso da alcuni sicari. Si tratta di una vendetta perché egli ha, in precedenza, cercato di uccidere il Principe di Caserta e questi si vuole a sua volta, vendicare. Giunti a Roma, gli assassini del principe entrano nella dimora del Conte dove infine arrivano gli sbirri allarmati dalle grida del suo servitore. I sicari uccidono il caporale della polizia e usciti da Porta San Giovanni, fuggono a Nettuno e si imbarcano per Napoli.

Il 27 ottobre del 1652 abbiamo invece il resoconto di un fatto di cronaca popolare con l'uccisione di una donna che ha denunciato e fatto imprigionare un uomo per una truffa di denari. Il delitto è quindi di un tipico caso di vendetta privata in cui la vittima è ammazzata in pieno giorno con una spada, davanti agli occhi atterriti dei passanti.

Nel 1654, la crescente spettacolarizzazione delle esecuzioni capitali, introduce l'uso di fare supplizi durante il Carnevale.

Tale pratica è considerata assai discutibile anche dai cronisti e scrittori dell'epoca come il Gigli che così commenta nel suo diario: "Il 9 Febbrajo 1654 primo Lunedì del Carnevale, si fece una Giustizia insolita et furno fatti morire quattro malfattori, tra i quali vi fu il figlio di un conte Soderini. Nel Giovedì grasso furno parimente fatti morire alcuni malfattori, cosa insolita di farsi in quei giorni allegri". Secondo l'uso così introdotto, si va dunque perfezionando questa usanza di giustiziare il primo giorno di Carnevale i condannati più illustri, dando dunque il via ai festeggiamenti con un violento supplizio.

Nel mese di ottobre del 1654, si diffonde a Roma la notizia di un clamoroso furto nel palazzo di Donna Olimpia, la cognata del papa che volendo indossare dei gioielli per la visita di Innocenzo X, si accorge di essere stata derubata. Il servitore, sospettato ma non colpevole, subisce la terribile tortura della veglia senza mai confessare. Il vero ladro si fa poi avanti, confessando in una lettera a Donna Olimpia il suo furto.

7 - Esecuzioni capitali durante il pontificato di Innocenzo X

Nel 1644, anno della morte di Urbano VIII e dell'elezione di Innocenzo X, le esecuzioni capitali sono 19 e il numero di giustiziati dal 1645 al 1654 è di 158 con una media di circa 16 esecuzioni l'anno. Durante il pontificato di Innocenzo X assistiamo ad una leggera riduzione della media annua dei giustiziati, ma a un incremento delle esecuzioni più impressionanti e violente. In questo periodo risulta preponderante l'uso dell'impiccagione e successivo squartamento del giustiziato.

Tale pratica è eseguita a Roma per ben 40 volte, durante i dieci anni di pontificato, mentre si riscontrano solo due casi di impiccagione e rogo: quelli di Claudio Borgognone e di Giuseppe Brugnardello di Chiavari condannati nel 1652 per la "falsificazione di lettere apostoliche".

Per quanto riguarda invece le decapitazioni, abbiamo un'esecuzione nel 1647 quando viene giustiziato Angelo Calcagnini, un sacerdote genovese che, come riportato dal provveditore di San Giovani Decollato, " fu prima degradato in San Salvatore in Lauro e poi decapitato in Piazza Madama per la detenzione di forme atte a fare monete false e per il furto di argenti nella chiesa di San Luigi".

Nel 1648 viene invece decapitato Cesare Codronchi, un capitano bolognese che ha commesso un omicidio.

L'anno successivo è invece la volta del letterato Gio. Camillo Zaccagni per il delitto di "Lesa maestà". Circa questo supplizio, avvenuto il 4 Gennaio 1649, lo scrittore Gigli descrive molto criticamente papa Innocenzo X ed evidenzia la sua diversa politica giudiziaria rispetto al predecessore: "dall'uno e dall'altro di questi delitti fu da papa Urbano che benissimo lo conosceva facilmente assoluto et benignamente condonata la pena, soggiungendo che un huomo di tante lettere et virtù merita di esser compatito, il che non gli avvenne hora con papa Innocentio dal quale non sono apprezzate altre lettere, né scienza alcuna, se non la legale". Teodoro Ameyden in un suo foglio intitolato "Avvisi del Gennajo 1649", racconta il medesimo fatto, ma lo fa cercando di attenuare e minimizzare le colpe della giustizia papale.

Nell'anno 1650 viene decapitato nel Cortile delle Carceri e poi esposto a Ponte, il nobile Camillo Colonna , "per aver commesso furti con violenza e uomini armati". Si tratta di un avvenimento particolarmente sconvolgente per la Roma del Seicento, in quanto i Colonna, rappresentano una delle più importanti famiglie nobili romane.

Piazza di Ponte

Papa Alessandro VII
(Fabio Chigi)
7 aprile 1655 – 22 maggio 1667

1 - Il Pontificato di Alessandro VII

Fin dal primo anno di pontificato, Alessandro VII costituisce una congregazione di tredici cardinali per risolvere l'indebitamento dei comuni dello Stato Pontificio, ma già dopo soli 13 mesi dall'inizio del suo pontificato, deve affrontare la piaga della peste. Si tratta della terribile peste bubbonica orientale. L'epidemia scoppia a Roma nel mese di maggio del 1656 e giunge a Roma da Napoli, nonostante le misure precauzionali adottate.

Alessandro VII segue personalmente l'evolversi della situazione e per affrontare l'epidemia istituisce un'apposita congregazione sanitaria e incarica dei commissari di impedire ulteriori occasioni di contagio dal territorio di Napoli. Tutto questo viene fatto senza però intralciare il regolare rifornimento di viveri che giungono a Roma costantemente dal Meridione. Per questa ragione otto porte rimangono aperte a Roma durante la peste, anche se rigorosamente sorvegliate. Per contrastare l'epidemia, vengono nominati degli appositi commissari, delegati alla vigilanza igienica dei quindici distretti di Roma e viene dato ordine alla popolazione, pena la morte, di denunciare ogni caso di peste. Un editto del Governatore di Roma, datato 28 giugno 1656, proibisce di entrare nei recinti di Trastevere e di asportare oggetti di ogni tipo, ragion per cui il popolare quartiere, durante l'epidemia, rimane per un certo periodo completamente isolato dal resto delle città.

Per quanto riguarda invece i malati di peste, viene eretto un Ospizio nell'Isola di San Bartolomeo (Isola Tiberina) per dividerli dal resto della popolazione, mentre per la quarantena dei convalescenti, è costruito un lazzaretto nei pressi di S. Eusebio. Le vittime della peste vengono seppellite presso San Paolo fuori le mura e nella sepoltura si osservano, oltre alle più severe norme igieniche, anche le pubbliche preghiere che il papa ordina di recitare per placare l'ira divina.

Secondo la cronaca dell'epoca, il papa mostra un grande coraggio continuando a concedere le usuali udienze e mostrandosi per la città, tanto in lettiga come a piedi. Dall'alto di San Pietro in Montorio il pontefice dà la sua la benedizione a coloro che sono licenziati dal lazzaretto e si recano per la quarantena a San Pancrazio.

Grazie alle misure prese a Roma con la massima diligenza, la peste non si manifesta in modo così spaventoso come a Napoli e la quiete e l'ordine della città non sono eccessivamente turbati durante l'epidemia.

A Napoli ci sono stati su un totale di 450.000 abitanti ben 200.000 morti per la pestilenza che rappresentano il 44% della popolazione partenopea.

A Roma, dalla fine di maggio del 1656 fino all'agosto del 1657, su 120.000 abitanti, cadono vittime del contagio circa 15.000 persone, ovvero il 12,5% della popolazione.

Come se non bastasse, appena tre anni dopo la fine dell'epidemia, il 5 novembre del 1660 si verifica una delle più spaventose alluvioni del Tevere che abbiano mai flagellato Roma.

Il Cardinale e Governatore di Roma, poco prima dell'esondazione che già si prevede eccezionale per la piena crescente del fiume, ordina di far accumulare più farina possibile in luoghi sicuri dalla furia delle acque. Dopo l'allagamento di ben due terzi della città, si narra che lo stesso Governatore di Roma, essendo un esperto nuotatore, di notte cercasse di prestare soccorso alle persone in difficoltà, ma che più volte fosse stato fermato da alcuni cavalieri suoi amici per il pericolo causato dalle forti correnti del fiume.

La popolazione colpita si rifugia sui tetti e sugli alberi e viene aiutata e sfamata con l'uso di zattere. La cronaca dell'epoca racconta che i romani non colpiti dall'alluvione si recano in posti panoramici per godere la macabra vista del fiume in piena che porta via oggetti, animali e persone, mentre alcuni individui senza scrupoli con delle barche cercano di raccogliere e rubare le cose che il fiume in piena trasporta.

2 - Distruzione e riutilizzo del patrimonio dell'antica Roma

Nel 1665 papa Alessandro VII, per facilitare la corsa dei cavalli che lungo il tragitto della Via Lata (l'odierna Via del Corso) trovano una strettoia provocata dalla presenza di uno splendido arco romano detto di Adriano, ordina di farlo demolire.

Non sono comunque messe in discussione le straordinarie meraviglie artistiche realizzate durante il suo pontificato. La città vede progressivamente ridimensionato il suo ruolo di sede della politica internazionale ma riesce a riconfermarsi come capitale mondiale dell'arte e della cultura.

Artisti straordinari come Caravaggio, Bernini, Borromini e Pietro da Cortona, realizzano nella Città Eterna opere straordinarie e immortali. Non è un caso che l'Accademia di Belle Arti di Francia a Roma, fondata da Colbert nel 1666, sia riservata solo ai vincitori del prestigiosissimo "Prix de Rome".

3 - Delinquenza e repressione ai tempi di Alessandro VII

In questo periodo il papa fa un accordo con il granduca di Toscana per combattere la piaga del brigantaggio, particolarmente grave nella zona di frontiera tra i due Stati dell'Italia centrale.

Per quanto riguarda invece la delinquenza urbana, è storicamente provato come gli ambasciatori di Francia e di Spagna dessero in questo periodo protezione ai loro sostenitori, complici e sicari che praticamente impuniti, commettono i delitti e poi si rifugiano nel quartiere o zona dell'ambasciata dei loro protettori.

Alessandro VII ha per questo motivo un'accesa polemica con la corte di Parigi, in quanto l'ambasciatore francese, dando costantemente asilo e rifugio a diversi criminali, compromette l'ordine pubblico della città di Roma.

Nell'anno 1655 si ha notizia della curiosa condanna di alcuni romiti e di un negromante che con arti magiche riescono a trovare un tesoro. Immediato l'intervento della Santa Inquisizione che in questo secolo castiga duramente la negromanzia e gli alchimisti.

4 - Le Avvelenatrici

Merita invece un particolare approfondimento la vicenda delle "Avvelenatrici" che hanno suggestionato molto l'opinione pubblica dell'epoca e rappresentano ancora oggi un emblematico esempio di criminalità femminile nelle cronache di Roma.

Negli anni 1659 e 1660 giustiziano in città con l'impiccagione ben sei donne condannate a morte per il reato di avvelenamento.

Queste esecuzioni sono un evento eccezionale, sia rispetto al quadro generale dei reati commessi a Roma nel Seicento, sia perché non è facile in quel periodo scoprire l'avvelenamento delle persone.

Nell'anno 1659 vengono impiccate a Piazza Campo dei Fiori le romane Laura Crispoldi, Graziosa Farina e Giovanna de Grandis e le palermitane Girolama Spara e Maria Spinola, condannate, secondo le fonti dell'epoca "per la fabbricazione d'acqua avvelenata e vendita di esse ad altre donne al fine di ammazzare i mariti".

Nel 1660 è invece giustiziata la romana Cecilia Rossi Verzellini, "condannata per aver comprato acqua venefica per far morire il suo genero". Secondo le fonti storiche dell'epoca, in particolare quelle del Cardinale Pallavicini nella "Vita di Alessandro VII" e grazie anche alle ricerche realizzate da A. Ademollo nel libro "I misteri dell'Acqua Tofana", pare che la siciliana Giulia Tofana, con l'aiuto di un ecclesiastico chiamato Padre Girolamo, abbia portato a Roma la formula e gli ingredienti necessari per "la fabbricazione dell'acquetta", termine con cui a Roma in quel periodo chiamano questo veleno. In tutta la vicenda la figura dell'ecclesiastico è comunque avvolta nel mistero in quanto, al momento del processo indetto contro le "Avvelenatrici", Padre Girolamo scompare senza lasciare traccia. Giovanna de Grandis, una popolana romana, è la dispensatrice del veleno presso la gente umile e la palermitana Girolama Spara, legittima erede della conterranea Giulia Tofana, si occupa di 'servire' invece l'aristocrazia. In seguito a numerosi casi di morte misteriosa, avvenuti a partire dal 1658, il Bargello e gli sbirri vengono a conoscenza, grazie alla collaborazione di una donna, dell'identità delle due avvelenatrici e si adoperano per la loro cattura. Per imprigionare Giovanna De Grandis, il Bargello escogita lo stratagemma di mandare una donna a comprare "l'acquetta" per uccidere il proprio marito, in modo da cogliere l'avvelenatrice in flagrante, al momento della consegna del veleno.

Giovanna De Grandis è finalmente catturata e sottoposta a interrogatorio e finisce per confessare tutto, facendo i nomi dell'ecclesiastico e di Girolama Spara. Per catturare quest'ultima, il Governatore di Roma ordina al Bargello che la moglie, fingendosi nobile, con il titolo di Marchesa Romanini, vada dall'avvelenatrice per farsi dare il veleno. La moglie del Bargello, riuscita nel suo intento, dà appuntamento alla donna a casa sua per la consegna "dell'acquetta". Qui l'aspettano nascosti gli sbirri che, al momento opportuno, catturano Girolama Spara e una sua complice che si chiama Graziosa Farina.

Tutte e sei le donne sono quindi accusate nel processo e giustiziate come indicato dalla Confraternita di San Giovanni Decollato. Per quanto riguarda invece gli altri casi portati a giudizio, vengono scagionate Elena Contarini e Anna Maria Conti che negano l'avvelenamento dei rispettivi mariti e anche Elena Ferri, il cui marito è invece morto di febbri maligne.

Mancano invece all'appello, secondo le fonti, diverse dame dell'aristocrazia che evitano la condanna per segreto ordine del pontefice.

La giustiziata Giovanna de Grandis infatti confessa, durante il suo interrogatorio, di aver propinato del veleno anche alla nobile Maria Caterina Aldobrandini per uccidere il marito, il Duca di Ceri. Papa Alessandro VII, venuto a conoscenza di queste rivelazioni, ordina che, nonostante molte prove inconfutabili, Maria Caterina Aldobrandini non sia più nominata nel processo delle Avvelenatrici. Per quanto riguarda le cronache dell'epoca, abbiamo anche il resoconto di Giacinto Gigli che il 5 luglio del 1659 riporta nel suo Diario l'esecuzione di 5 donne a Piazza Campo dei Fiori, "Le quali negli anni del contagio havevano dispensato caraffe di acqua distillata con veleni di arsenico et solimato per far morire la gente, con la quale acqua molte donne ne furono murate nelle carceri dell'Inquisitione".

I testi dell'epoca, riportati nel capitolo 10, descrivono con abbondanza di particolari l'esecuzione delle avvelenatrici. Lo storico Ademollo menziona anche l'esecuzione del 1660 per lo stesso reato di Cecilia Rossi Verzellini.

Durante il supplizio di questa donna, ha luogo un curioso incidente: il suo confortatore, il principe di Palestrina (membro della famiglia Barberini), dà ordine al boia che la condannata soffra il meno possibile e si rivolge perentorio al carnefice chiedendogli di far presto; ma a tali richieste il boia replica molto sgarbatamente.

L'insolente risposta fa talmente infuriare il principe che, immediatamente dopo l'esecuzione, il carnefice viene arrestato, condotto in giro per Roma, frustato e infine condannato alla Galera.

5 - L'assalto dei soldati corsi al palazzo Farnese

Nel 1662, in occasione dei negoziati per formare una Lega antiturca, Luigi XIV invia a Roma il duca di Créqui. L'ambasciatore francese giunge in città l'11 giugno con un grande seguito che comprende ben duecento uomini armati. Il Créqui deve, solo in apparenza, fingere un interesse a concludere col papa e con i principi cattolici un'alleanza per combattere i Turchi, anche se in realtà ha ricevuto dal Re Sole l'ordine di boicottarla. Il diplomatico del Re Sole è anche incaricato di provocare il papa, appoggiando le storiche pretese della famiglia Farnese su Castro e quelle della famiglia D'Este su Comacchio.

Il Duca di Parma è dunque ben lieto di mettere Palazzo Farnese a disposizione dell'ambasciatore francese. Giunto a Roma, Créqui pretende la cosiddetta "libertà di quartiere" che estende l'immunità diplomatica anche ai palazzi circostanti a quello dove lui risiede e dichiara inoltre di non tollerare il passaggio dei soldati corsi del papa nelle vicinanze di Palazzo Farnese.

In effetti nel Seicento la caserma dei soldati corsi si erge tra San Paolino e Trinità dei Pellegrini e i soldati del papa, recandosi alle Carceri Nuove di Via Giulia, devono necessariamente passare accanto a Palazzo Farnese. L'ambasciatore di Luigi XIV presenta anche un'ulteriore protesta perché nelle immediate vicinanze del palazzo si è svolta un'azione giudiziaria a lui non gradita. È da tener presente che la sua scorta armata si comporta in modo provocatorio nei confronti dei soldati corsi, la cui furia, scoppia improvvisamente la notte del 20 agosto del 1662. Quello stesso giorno infatti presso Ponte Sisto, un soldato corso è stato ingiuriato e gettato a terra dal seguito dell'ambasciatore Créqui.

La notizia dell'onta inflitta al loro camerata giunge velocemente nella vicina caserma dei corsi e infiamma così tanto i loro animi che, travolti dalla rabbia, disubbidiscono ai loro comandanti, circondano palazzo Farnese e lo prendono a colpi di archibugio. L'ambasciatore francese che osa sporgersi da una finestra, si espone a pericolo di vita e anche la carrozza dove si trova la moglie di ritorno dalla Messa, viene assalita dalla soldatesca infuriata che uccide un paggio del suo seguito. Mentre la moglie dell'ambasciatore terrorizzata si rifugia nel vicino palazzo del Cardinale D'Este, protettore degli interessi dei francesi, la forza armata pontificia, per ordine del Governatore di Roma, cardinale Imperiali e di Mario Chigi, Comandante delle truppe del papa, giunge numerosa sul luogo della battaglia, costringendo i corsi a ritirarsi da Palazzo Farnese. L'incidente certamente provocato dai francesi, diventa un caso internazionale in quanto i soldati corsi hanno oltrepassato ogni misura, trasgredendo gravemente le norme dell'immunità diplomatica.

Alessandro VII nomina sia una Commissione speciale per punire i colpevoli, sia una Congregazione di Cardinali che si deve occupare delle soddisfazioni per l'ambasciatore francese. La caserma dei corsi è trasferita in un'altra parte della città e Mario Chigi che già il 21 agosto ha arrestato i colpevoli, manifesta all'ambasciatore francese il suo proposito di punirli in modo esemplare.

Il 29 agosto viene posta una taglia per l'arresto dei pochi colpevoli ancora a piede libero e ordina che i fuggitivi non siano protetti dall'immunità locale delle chiese. Due soldati corsi vengono infine impiccati, mentre molti altri duramente puniti.

I rapporti tra lo Stato della Chiesa e il Regno di Francia si fanno a questo punto particolarmente tesi.

Diversi sono in realtà i punti di attrito tra la Francia e il papa: i problemi per l'alienazione da parte della Francia dei territori pontifici di Avignone, i "fattacci" di Roma tra l'ambasciatore Créqui e i soldati corsi e infine la politica di Luigi XIV a favore dei Farnese, contro l'occupazione pontificia di Castro. A ciò bisogna aggiungere anche la strana non belligeranza o forse per meglio dire alleanza strategica, della Francia di Luigi XIV con l'Impero turco, proprio quando Venezia e l'Austria stanno sostenendo enormi sforzi per contrastare l'avanzata ottomana.

Il trattato di Pisa, siglato per ricomporre la disputa diplomatica del Créqui e le altre questioni, obbligano il pontefice a far costruire un umiliante monumento a forma di piramide accanto alla caserma dei corsi, con cui si rende pubblico il grave reato commesso all'ambasciatore francese, da parte dei soldati del papa.

Il comandante della Guardia, Mario Chigi, fratello del pontefice, viene esiliato per volere dei francesi che solo nel 1668 permettono la demolizione dell'infame monumento. Per l'epoca questo fatto rappresenta una gravissima offesa.

Créqui, famoso per i suoi atteggiamenti odiosi e per la sua passione per il gioco d'azzardo, è finalmente destituito dal suo ruolo di ambasciatore.

6 - Esecuzioni capitali durante il pontificato di Alessandro VII

Nel 1655 anno della morte di Innocenzo X e dell'elezione di Alessandro VII, le esecuzioni capitali sono 9.

Il numero di giustiziati durante il suo pontificato ha una media annua di circa 10 esecuzioni e anche le decapitazioni sono particolarmente rare.

Nel 1656 l'anno della grande epidemia di peste a Roma ci sono tre decapitati. Il primo di questi, è Gio. Giacomo Fello, un sacerdote abruzzese di Celano, giustiziato a Piazza Montanara per il reato di "trasporto di oggetti da una casa infetta dalla peste ad una ancora illesa dal contagio".

Lo stesso anno si esegue l'esecuzione di Flaminio Pariano, giustiziato all'Arco di Adriano (non ancora demolito dal papa) per "aver liberato dei malati di peste o presunti tali che sono stati isolati nelle proprie abitazioni".

La terza decapitazione è quella di Giovanni Pocavena, decano dei Mazzieri del papa, condannato per assassinio e giustiziato a Ponte assieme al fratello Antonio Pocavena che viene invece impiccato.

Durante il pontificato di Alessandro VII abbiamo i primi due casi di giustiziati con l'archibugio di tutto il secolo che coincidono con il periodo della grande epidemia di peste a Roma.

Nel 1665 viene invece impiccato e bruciato a Ponte, Nicolò Teobaldo di Lorena per la falsificazione di Bolle Pontificie. È da sottolineare che questo giustiziato è l'ultimo condannato al rogo a Roma nel Seicento, anche se è importante ricordare che nei successivi due secoli tale pratica continua ad essere usata per giustiziare i condannati a morte.

Arco di Adriano (Via Lata). Stampa

Papa Clemente IX
(Giulio Rospigliosi)
20 giugno 1667 – 9 dicembre 1669

1 - Il Pontificato di Clemente IX

Giulio Rospigliosi, prima di essere eletto papa, è stato un apprezzato diplomatico e un ottimo segretario di stato durante il pontificato di Alessandro VII .

Anche il re Filippo IV di Spagna stima il suo lavoro di legato pontificio a Madrid, nonostante le costanti difficoltà di politica estera tra il Vaticano, la Spagna, il Portogallo e la Francia.

Tutta Europa considera dunque Giulio Rospigliosi il migliore candidato al soglio pontificio e anche il cardinale Antonio Barberini appoggia la sua elezione.

Il nuovo pontefice, come indicato da Gaetano Moroni nell'opera intitolata "Dizionario di erudizione Storica ecclesiastica da San Pietro sino ai nostri giorni", inizia il suo breve pontificato con la riduzione dei tributi che gravano sui sudditi, tra cui in particolare l'odiosa tassa sul macinato, anche se nell'editto papale risulta ancora il nome del suo predecessore che ha già stanziato i soldi per l'estinzione di questa gabella. A lui si deve la collocazione dei dieci splendidi angeli di marmo sul Ponte Sant'Angelo, che collega Castel Sant'Angelo con l'attuale scomparsa Piazza di Ponte, dove si svolgono nel Seicento la maggior parte delle esecuzioni capitali. Lo storico Ranke scrive che "era l'uomo migliore e più buono che si potesse trovare. Più che attivo, era pieno di buone intenzioni; lo si paragonò a un albero ricco di rami che porta in abbondanza foglie e forse anche fiori, ma non frutti; aveva però in alto grado quelle virtù morali che consistono nell'assenza di vizi, e cioè purezza di costumi, modestia, moderazione. Fu il primo papa che favorì i propri nipoti in modo davvero molto limitato".

Il fenomeno del nepotismo, ovvero la concessione ai parenti dei nuovi papi di onori e cariche prestigiose, continua quindi in forma ridotta, durante il suo breve pontificato e non assume quelle caratteristiche esagerate messe in atto delle famiglie Barberini, Pamphili e Chigi. Camillo Rospigliosi, il fratello del papa, è nominato capo delle Forze armate dello Stato della Chiesa.

A questo pontefice si deve anche un profondo rinnovamento dell'amministrazione interna dello Stato.

Sotto il profilo dottrinale, il suo intervento si rivela determinante per risolvere il problema del Giansenismo.

Papa Urbano VIII con la bolla "In Eminenti" e Innocenzo X con la bolla "Cum Occasione", hanno già condannato questa corrente.

Anche il predecessore di Clemente IX, papa Alessandro VII emana nel 1656 la bolla "Ad sacram beati Petri sedem" in cui condanna le cinque proposizioni eretiche contenute nel libro "Augustinus" e non riuscendo a risolvere il problema, nel 1665 sottoscrive una seconda bolla intitolata "Regiminis Apostolici" che è stata firmata da tutti i vescovi francesi ad esclusione di cinque vescovi dissidenti.

Nel 1668 Clemente IX proclama la Pace della Chiesa e nel 1669 emana la Bolla "Venerabilis Frater", detta Pace Clementina. In essa si pone ufficialmente fine al problema giansenista, anche se tale corrente rimane ancora molto seguita da esponenti della Chiesa.

Il 2 agosto del 1667 si diffonde a Roma la clamorosa notizia del suicidio di Francesco Borromini, uno dei più grandi architetti del Barocco. Questo grande artista dal carattere schivo e ombroso, ha vissuto per anni un'acerrima rivalità con Gian Lorenzo Bernini, l'acclamato e popolare architetto e scultore.

La cronaca narra che Borromini si sia suicidato in casa, con una spada.

Nel 1669 con il Breve (un documento meno importante della Bolla) "In ipsis pontificatus nostris primordiis", il papa costituisce un nuovo dicastero chiamato la "Congregazione delle Indulgenze e delle Reliquie" in cui una commissione di cardinali deve giudicare se le indulgenze della sede apostolica e le reliquie dei luoghi di culto siano autentiche e anche sorvegliare su tutte le nuove richieste che vengono fatte.

2 - Clemente IX poeta e autore teatrale

Fin da giovane, Giulio Rospigliosi ama le Belle Lettere e prima di diventare pontefice è un assiduo frequentatore dei Circoli culturali della sua amica Cristina di Svezia.

La sua opera letteraria, specialmente nel settore delle liriche per drammi musicali, è favorita dal mecenatismo di Urbano VIII e dall'apertura di un teatro attualmente scomparso che è usato esclusivamente dalla nobiltà e l'alto clero, adiacente Palazzo Barberini.

Celebre è l'opera intitolata "Sant'Alessio" il cui libretto, scritto dal futuro Clemente IX, viene rappresentato nel 1632 con scenografia del Bernini e musica di Stefano Landi.

Dal 1631 Giulio Rospigliosi scrive i libretti per ben 12 melodrammi. La musica lirica, ovvero la prima opera moderna, nasce a Firenze grazie alla Camerata dei Bardi alla fine del Cinquecento, ma grandissimo è stato il contributo di Giulio Rospigliosi alla consacrazione dell'Opera romana. "L'Egisto" (1637-1639), tratto dal "Decameron" di Boccaccio, è infatti la prima commedia musicale della storia.

Durante il pontificato di Innocenzo X, quando i Barberini vengono esiliati, il teatro del loro palazzo chiude. Alla fine del Seicento il teatro si trasforma in magazzino e poi viene demolito.

L'attività teatrale del futuro papa, si interrompe per circa dieci anni e in questo periodo svolge la sua attività di legato pontificio a Madrid e si ritiene che sia stato ispirato dallo straordinario teatro spagnolo del "Siglo de Oro" di Lope de Vega e Calderón de la Barca.

L'ultimo suo libretto per il melodramma è "La Comica del cielo o la Baldassarra" che viene rappresentato nel Carnevale del 1668 quando Giulio Rospigliosi è già diventato papa Clemente IX.

Nella "Baldassarra" si narra la conversione di una famosa attrice spagnola che, dopo aver vissuto nella dissolutezza, si ravvede e dedica la sua vita alla penitenza e alla preghiera.

3 - Delinquenza e repressione ai tempi di Clemente IX

Durante il suo pontificato peggiora la crisi economica dello Stato della Chiesa, provocata sia dagli scarsi raccolti, sia dalle ingenti spese economiche sostenute dal papato per aiutare Venezia nella sanguinosa guerra contro i turchi che da decenni cercano di conquistare l'isola di Creta, allora dominio della Serenissima.

Gli sforzi finanziari del papa non impediscono purtroppo la finale conquista dell'isola da parte ottomana, causata anche da una scarsa coesione dell'esercito degli Stati cristiani andati in soccorso dell'isola. Questi problemi economici e di carenza di cibo si riflettono a Roma con un aumento dei mendicanti e vagabondi che vivono solo degli aiuti e sussidi del pontefice. Nel 1667, anno della morte di Alessandro VII e dell'elezione di Clemente IX, le esecuzioni capitali sono quattro. Nei successivi due anni di pontificato, il numero di esecuzioni capitali ha invece una media inferiore ai 5 giustiziati l'anno.

CAPITOLO 7

DA CLEMENTE X A CLEMENTE XII

Dal 1670 al 1700

Papa Clemente X
(Emilio Altieri)
29 aprile 1670 – 22 luglio 1676

1 - Il Pontificato di Clemente X

Dopo la sua incoronazione e come conseguenza del Trattato di Lisbona del 1668 che sancisce la pace tra il Portogallo e la Spagna, lo Stato delle Chiesa finalmente inizia ad avere rapporti diplomatici continui anche con il Regno di Portogallo. Determinante per l'elezione di Emilio Altieri al soglio pontificio è l'appoggio del Cardinale Decio Azzolini e del suo gruppo di cardinali "indipendenti" nominati lo "Squadrone volante".

Il pontefice diventa famoso per aver delegato tutte le sue attività ad un nipote adottivo. Il cosiddetto "Cardinal Nepote" si chiama Paluzzo Paluzzi degli Albertoni che, a causa della veneranda età del nuovo pontefice, viene da questi adottato il giorno stesso della sua elezione. Il Cardinal Nepote assume il ruolo di plenipotenziario di Clemente X e i romani dicono all'epoca di avere due papi, uno di nome e l'altro di fatto.

2 - Le vicende di Francesco Borri, affabulatore e guaritore

Il 20 giugno del 1670 viene estradato da Vienna a Roma per una condanna di eresia del 1661, Francesco Giuseppe Borri, uno dei personaggi più singolari e popolari dell'epoca. Figlio di una nobile e facoltosa famiglia, il Borri è alchimista, esperto di medicina e promotore di un movimento cattolico che propone la sottomissione mondiale al papa, anche con l'uso della forza.

Questo carismatico personaggio è per circa vent'anni molto popolare e benvoluto nelle Corti europee, ma nel 1670, coinvolto in un'azione violenta, viene riportato a Roma e incarcerato a Castel Sant'Angelo.

Per la sua precedente condanna come eretico, non è però mandato al rogo, grazie all'intervento dello stesso Cardinale Borromeo.

Durante la prigionia, si narra che spesso venisse fatto uscire dal carcere per curare malati illustri, grazie alle sue leggendarie doti mediche.

A Roma si dice che abbia curato un ambasciatore francese e un cardinale.

Il popolo romano del Seicento partecipa a questi eventi con incredibile entusiasmo, seguendo con straordinario interesse il successo dei suoi interventi medici.

3 - Anno Santo 1675

Come descritto da Ruggero Caetano nel libro intitolato "Le memorie dell'Anno Santo 1675", il Giubileo inizia con il classico colpo di cannone da Castel Sant'Angelo il primo gennaio. Vi sono quell'anno frequenti tumulti durante le processioni, spesso per antiche rivalità o per banali diritti di precedenza.

Il 24 maggio la Compagnia della Morte di Rocca Secca e la Compagnia del SS. Sacramento di San Pietro di Campagnano Romano si scontrano selvaggiamente presso la Fontana di Trevi, con feriti e un morto.

Un altro violento scontro si tiene a San Giovanni Laterano, tra la Compagnia della SS. Trinità di Sutri e Trevi e la Compagnia del SS. Crocifisso di S. Marcello di Barga e Genazzano.

Durante gli Anni Santi vengono riportate, nelle cronache dell'epoca, numerose conversioni al cattolicesimo di eretici e maomettani.

Questi fatti sono all'epoca considerati di grande importanza.

Il 13 Aprile del 1675, in occasione del Sabato Santo, nella Cappella del Santo Battesimo di Costantino e nella Basilica di San Giovanni Laterano, si convertono due Turchi e due Ebrei.

Nel dicembre 1675 lo storico Caetano riporta la conversione di altri tre turchi: "Ne la chiesa della Santissima Trinità dei Pellegrini, tre Turchi mediante l'acqua del Santo Battesimo, cambiarono la Maomettana con la Cattolica Fede".

4 - Delinquenza e repressione ai tempi di Clemente X

Durante il pontificato di Clemente X, si assiste a un forte calo del numero delle esecuzioni capitali; queste non sono così frequenti come ai tempi di Clemente VIII e di Paolo V e rappresentano un avvenimento sempre meno abituale nella società romana dell'epoca. Solo il numero delle decapitazioni rimane invariato. Per le esecuzioni qualificate, è ormai evidente l'uso sempre più comune della mazzolatura e squartamento del condannato. Il forte calo delle esecuzioni semplici è invece da collegarsi alla riduzione del numero di giustiziati per il reato di furto. Si conferma quindi una tendenza, dalla seconda metà del Seicento, a un uso ridimensionato della pena di morte, mentre il tipo di esecuzione applicata ai pochi giustiziati resta invece impressionante per crudeltà.

Nel 1670, anno del Conclave e dell'elezione di Clemente X, le esecuzioni capitali sono 4. La media di esecuzioni durante il suo pontificato è di circa 6 giustiziati l'anno. Si assiste inoltre per la prima volta nel secolo, al sorpasso delle esecuzioni qualificate (con più supplizi) rispetto a quelle semplici.

Per quanto riguarda le decapitazioni, il 14 Giugno del 1670 viene tagliata la testa a un pronipote del Cardinal Baronio, per aver ucciso un coltivatore di vigne. Nel 1672 è degradato e decapitato a Ponte il prete Domenico Mezzagra di Velletri, trovato in possesso di una "staffa" per fabbricare monete false e per il furto sacrilego di lampade d'argento nella Basilica di San Pietro, con le quali probabilmente vuole fare le monete.

Nell'anno 1672 abbiamo un picco di esecuzioni qualificate per la cattura di vari "grassatori", tutti provenienti dai paesi vicino Roma.

Nel 1675 viene decapitato a Piazza del Popolo, Carlo Palazzi di Cesena, giustiziato per furto. Il provveditore di San Giovanni Decollato specifica la sua appartenenza al ceto nobiliare.

Papa Innocenzo XI
(Benedetto Odescalchi)
21 settembre 1676 – 12 agosto 1689

1 - Il Pontificato di Innocenzo XI

Benendetto Odescalchi, curiosamente ha una vocazione religiosa tardiva e diventa sacerdote nel 1640 all'età di 29 anni e in 5 anni diventa Cardinale Diacono.

Grazie alla sua politica finanziaria, Innocenzo XI ottiene che il tesoro dello Stato, oltre ad un avanzo annuale di trecentomila scudi, giunga a disporre di un milione di scudi in contanti.

Questo risultato è raggiunto dal pontefice senza alcun riguardo per la capacità tributaria del popolo e senza la giusta tutela delle forze produttive.

Nel 1677 il pontefice prende misure contro l'accattonaggio e l'usura, pratica quest'ultima in uso sopratutto tra gli Ebrei, ma non solo. Tuttavia bisogna dare a papa Innocenzo X il merito di proteggere questi ultimi quando nel 1686 sono minacciati dalla popolazione.

Il papa vuole inoltre una buona amministrazione della giustizia, praticata con rigore inflessibile, anche se non riesce a sopprimere del tutto il fenomeno della corruzione.

Innocenzo XI è stato proclamato beato da Pio XII nel 1956.

Il suo pontificato si caratterizza dunque da una politica moralizzatrice in cui si limitano anche gli spettacoli teatrali. Anche il Carnevale romano che rappresenta un evento molto importante nella Roma del Seicento, è sospeso per ben tre anni e ridotto nelle manifestazioni pubbliche.

Quando infine viene limitato anche il gioco del lotto, il pontefice riceve il soprannome di "papa minga".

In lombardo, essendo la famiglia Odescalchi originaria di Como, "minga" significa "niente, mai" e dimostra come il papa fosse molto austero e restrittivo.

A differenza dei suoi predecessori, è infatti decisamente contrario al nepotismo che favorisce i parenti e i nipoti del pontefice con cariche pubbliche dello Stato della Chiesa.

Il papa ha infatti come Segretario di Stato il Cardinale Olderano Cybo Malaspina, di cui è intimo amico. La stretta relazione di intesa tra i due valse a Innocenzo XI diverse pasquinate.

2 - Livio Odescalchi, l'esuberante nipote del papa.

Innocenzo XI nega il ruolo di "Cardinal Nepote" a Livio Odescalchi che comunque eredita tutto il patrimonio privato della famiglia e trascorre una vita a dir poco esuberante. Riceve nel 1689 il titolo di principe del Sacro Romano Impero dall'imperatore d'Austria Leopoldo I e nel 1713 la carica onorifica del "Tosón de oro" da Carlo III di Borbone, re di Spagna. Questo nipote del papa tenta di diventare re di Polonia, alla morte di Giovanni III Sobieski, senza successo per l'opposizione del re di Francia Luigi XIV.

Dal punto di vista culturale Livio Odescalchi acquista tutta la grande collezione d'arte di Cristina di Svezia e dopo la sua morte offre la sua protezione all'Accademia degli Arcadi. Ha una vita ricca e movimentata, non diventa mai religioso, non si sposa e non ha figli.

La discendenza della famiglia continua infatti con Lucrezia Odescalchi, sorella di Innocenzo XI.

3 - Delinquenza e repressione ai tempi di Innocenzo XI

Nel 1679 è giustiziato a "Campo Vaccino" (Foro Romano), Giuseppe Vigilante per un furto commesso ai danni del vescovo di Anagni. Le altre tre decapitazioni sono tutte del 1685; in questo stesso anno risultano infatti decapitati l'arciprete Gio. Francesco di San Giustino, per aver fabbricato e spacciato monete false e i fratelli, Niccolò e Bernardino Missori di Roma, per aver commesso un omicidio. La vicenda dei Missori narra che il 18 aprile del 1684, i due fratelli hanno prima bastonato e pochi mesi dopo ucciso con un colpo di archibugio una persona sospettata di delazione nei loro confronti. Interessante è la lunga relazione del supplizio dei Fratelli Missori scritta dalla marchesa Massimi e riproposta nel capitolo 10.

Durante il pontificato di Innocenzo XI, la pratica della mazzolatura, usata fino ad allora per i delitti più gravi, diventa il tipo di esecuzione capitale qualificata più frequente.

Nel 1676, anno della morte di Clemente X e dell'elezione di Innocenzo XI, le esecuzioni capitali sono 8. La media di esecuzioni capitali durante il pontificato di Innocenzo XI è di 5,6 l'anno. Si conferma la tendenza al calo di esecuzioni e nel 1687 si assiste per la prima volta in tutto il secolo a un intero anno di pontificato senza esecuzioni capitali. In quasi tredici anni ci sono ben 5 decapitazioni, fatto significativo in quanto, come abbiamo più volte sottolineato, si giustiziano con questo tipo di esecuzione i nobili e il clero.

L'8 giugno del 1688, è decapitato, dopo la sua morte, il bandito Filippo Scarione. È un fatto di cronaca particolare in quanto il criminale, ferito dagli sbirri, è già morto nelle Carceri. A questo punto l'esecuzione capitale si esegue lo stesso e la sua testa viene esposta in pubblico. La sua esecuzione è descritta come un esempio di resistenza alla Corte da parte del condannato a morte. Si tratta di situazioni particolarmente delicate per la sicurezza pubblica, in quanto nel Seicento il popolo romano che segue passionalmente i casi giudiziari e assiste alle esecuzioni, partecipa in modo molto emotivo a favore o contro il condannato. Innocenzo XI è stato sicuramente il papa più austero e attento alla spesa pubblica del XVII secolo. Durante il suo pontificato non si costruisce a Roma nessun nuovo monumento significativo e complessivamente vi è una forte riduzione delle spese superflue.

Secondo lo studioso Antonio Menniti Ippolito, l'ambiente cupo del periodo pare che abbia determinato un abbandono della città, come evidenziato dal calo demografico nel censimento del 1681. Secondo altre fonti invece tale diminuzione è da attribuirsi a una fortissima epidemia di tifo che colpisce Roma nel 1679.

Papa Alessandro VIII
(Pietro Vito Ottoboni)
6 ottobre 1689 – 1 febbraio1691

1 - Il Pontificato di Alessandro VIII

Pietro Vito Ottoboni diventa pontefice con il nome di Alessandro VIII all'età di ben 79 anni. Considerando il fatto che la speranza di vita nel Seicento è di 45 anni, la sua elezione è vista a Roma di probabile breve durata. La scelta nel Conclave di un papa così anziano, fa infatti parte di una strategia messa in atto dai cardinali, per evitare di scegliere un capo della Chiesa Cattolica in grado di decidere in forma troppo autonoma, duratura e indipendente. Solo papa Clemente X, eletto agli 80 anni, sorprende i cardinali elettori per la sua inattesa longevità e riesce a governare per ben sei anni di pontificato. Alessandro VIII è pontefice per soli sedici mesi e la sua elezione rientra ancora una volta nei loschi piani del Conclave.

Juan Antonio Llorente nel suo libro "Il Ritratto dei Papi", commenta senza troppi eufemismi, la sua elezione nel seguente modo: "Duplice era lo scopo che si proponevano i cardinali eleggendo dei vecchi decrepiti: quello cioè di sceglier persone incapaci d'agire da sè, ovvero esposte a morir prontamente. Ed a questo sistema davasi il nome d'opera dello Spirito Santo!"

Pietro Ottoboni, di famiglia nobile veneta, è nominato cardinale nel 1652 e due anni dopo diventa vescovo di Brescia. Il futuro papa è particolarmente deciso nella lotta contro i seguaci del Quietismo o Molinismo che, assieme alla corrente del Giansenismo, rappresentano i due movimenti religiosi nati in seno al Cattolicesimo che Roma ha contrastato durante tutto il secolo. Nel precedente pontificato di Innocenzo XI, Pietro Ottoboni è stato Segretario e membro della Congregazione del Santo Offizio.

Il nuovo papa fa durante il suo breve pontificato una politica meno austera dei suoi predecessori, riaprendo i teatri e abbassando le tasse. Il giorno della sua incoronazione organizza una grandiosa "Girandola". Si tratta di un grande gioco pirotecnico di cui si ha notizia fin dall'anno 1481. A quel tempo questo spettacolo si tiene in occasione di eventi straordinari, come l'elezione di un nuovo pontefice o il matrimonio di membri di famiglie reali europee, ma fino ai nostri giorni è stato possibile veder la "Girandola" a Roma il 29 giugno per la festa dei Santi Pietro e Paolo, patroni di Roma.

95

La tradizione vuole che la macchina pirotecnica più spettacolare l'abbia ideata Michelangelo, altri citano invece il Bernini, autore anch'egli di famose scenografie.

Alessandro VIII, a differenza di Innocenzo XI, è anche estremamente generoso con la sua famiglia e dà ai suoi parenti cariche importantissime, degne del più estremo dei nepotismi.

Il popolo romano ama il nuovo pontefice ma negli ambienti del Vaticano desta un certo imbarazzo quando Alessandro VIII, a differenza del suo predecessore, nomina non uno ma ben due suoi pronipoti: Giovan Battista Rubini e il giovanissimo Pietro Ottoboni.

2 - I due Cardinal Pronipoti

Giovan Battista Rubini, nato a Venezia nel 1642, ha come nonna materna, Cristina Ottoboni, sorella di Alessandro VIII. A soli vent'anni Giovan Battista si laurea in Diritto Civile e Canonico all'Università di Padova. Nel 1683 diventa sacerdote e dopo appena un anno viene nominato vescovo di Vicenza. Lo stesso mese dell'elezione al soglio pontificio del suo prozio, Giovan Battista Rubini diventa cardinale, segretario di Stato e vice cancelliere della Santa Romana Chiesa.

Il "pro-nepotismo" del vecchio papa raggiunge però il suo culmine con la nomina a cardinale diacono del ventiduenne Pietro Ottoboni, nipote di Agostino Ottoboni, fratello di Alessandro VIII. Il padre del giovane Pietro, Carlo Ottoboni è famoso solo per aver dissipato il patrimonio di famiglia al gioco e l'elezione del figlio a cardinale, dà respiro economico alla famiglia indebitata. Il neo cardinale ventiduenne riceve dal prozio il titolo di vice cancelliere che gli consente di risiedere nel palazzo della Cancelleria e inoltre anche i titoli di soprintendente generale dello Stato e di legato di Avignone.

Il cardinale per quasi cinquant'anni svolge comunque un'intensa e apprezzata attività culturale sia nel campo delle Lettere che delle Arti.

Nel 1689, anno della morte di Innocenzo XI e dell'elezione di Alessandro VIII, non vi sono esecuzioni capitali. Durante il breve pontificato di Alessandro VIII risultano solo 4 esecuzioni nel 1690.

Papa Innocenzo XII
(Antonio Pignatelli)
12 luglio 1691 – 27 settembre 1700

1 - Il Pontificato di Innocenzo XII

Meno di un anno dopo la sua elezione, il nuovo papa promulga una bolla contro il nepotismo, riproponendo così come Innocenzo XI, una maggiore sobrietà, in totale contrapposizione al suo predecessore Alessandro VIII.

Spesso la scelta del nome da parte del nuovo papa è un chiaro segnale della volontà di voler proseguire una linea politica simile a quella del suo omonimo predecessore.

Il pontefice cerca di limitare anche la vergognosa vendita di cariche ecclesiastiche che, con l'esborso di ingenti quantità di denaro, consente esclusivamente alle classi sociali più altolocate la possibilità di fare carriera ecclesiastica.

A partire dal 1693, il pontefice si dedica con particolare dedizione all'assistenza pubblica dell'infanzia abbandonata, dei poveri, degli invalidi e degli anziani che sono all'epoca assistiti a San Michele a Ripa, a Ponte Sisto e a Palazzo Lateranense presso la Basilica di San Giovanni.

Fa inoltre ampliare e sviluppare il grande comprensorio di San Michele a Ripa Grande che è già stato più volte ristrutturato e ingrandito durante i precedenti pontificati. Si tratta di un vero e proprio policentro di accoglienza e assistenza, in cui i bambini indigenti vengono educati e avviati ai mestieri, gli orfani accuditi e gli anziani accolti in un ospizio; infine vi è anche il carcere minorile e quello femminile.

Le enormi cifre di denaro che la maggior parte dei pontefici dell'epoca destinano ai propri parenti, vengono devolute da Innocenzo XII in opere di carità per i meno abbienti, dedicando ben 140.000 scudi l'anno al loro mantenimento.

Nonostante questo grande sforzo di aiuto sociale, lo stesso non riesce a debellare completamente la piaga dell'accattonaggio che affligge la Roma del Seicento.

Durante il suo pontificato, la città subisce anche alcune drammatiche calamità e viene colpita da una nuova violentissima epidemia di tifo petecchiale, da una disastrosa inondazione del Tevere nel gennaio del 1695 e infine da un violento terremoto.

Nel 1697, Innocenzo XII, contrario ad un uso troppo liberale del teatro, decide di far chiudere il Teatro di Tor di Nona, l'ex prigione pontificia che è stata trasformata in teatro nel 1670 per volere di Cristina di Svezia e dell'ambiente culturale romano che gravita intorno all'ex regina.

2 - Delinquenza e repressione ai tempi di Innocenzo XII

Nel pontificato di Innocenzo XII, l'ultimo papa del Seicento, si conferma la tendenza, messa in atto già dai precedenti due pontefici, di un uso sempre più limitato delle esecuzioni capitali.

Un caso particolarmente eclatante è quello dell'esecuzione capitale di un fratricida. Per la giustizia pontificia, come per il diritto romano, l'omicidio della sorella non è considerato un reato così grave come il parricidio o il matricidio; per questo motivo l'omicida è condannato a morte ma non punito con un'esecuzione capitale qualificata. L'esecuzione di Angelo del Contado di Camerino, impiccato a Ponte nel 1698 per aver ammazzato la sorella con il fine di ereditare i suoi beni viene così descritta: "Mercoledì 5 Febbraio del 1698 Domenico del q.m. Angelo da Callio del Contado di Camerino, impiccato di mattina a Ponte S. Angelo per haver ammazzata la sorella a causa di ereditare la robba. Non passò avanti la Nostra chiesa". Anche la Confraternita di San Giovanni Decollato, riporta la seguente descrizione: "Domenico Antonio d'Angelo della Diocesi di Camerino, impiccato a Ponte per omicidio nel 1698".

Durante il pontificato di Innocenzo XII, la mazzolatura diventa il tipo di esecuzione capitale qualificata più comune. Placido Eustachio Ghezzi nel suo "Diario" riporta la descrizione dell'esecuzione qualificata con uso di mazzatello o mazzuola di Domenico di Pietri Silvestri di Urbania. Egli assistite assieme a una prostituta romana a cui offre un posto sul palco, all'esecuzione precedentemente descritta del fratricida Angelo del Contado di Camerino, ma dopo l'esecuzione, uccide a scopo di rapina la donna che lo accompagna. Le Confraternite non riportano questa esecuzione capitale.

Nel 1691, anno della morte di Alessandro VIII e dell'elezione di Innocenzo XII, le esecuzioni capitali sono 8.

Durante il suo pontificato la media è di 5 esecuzioni capitali l'anno di cui tre sono decapitazioni.

Nel 1695 sono giustiziati per omicidio Antonio Bevilacqua e Carlo Maria Campana, due frati minori conventuali, degradati e poi decapitati nel cortile delle Carceri Nuove. Entrambi i frati, menzionati sia dalla Confraternita di San Giovanni Decollato che nel Diario del Ghezzi, vengono condannati perché seguaci del Quietismo.

Il 26 febbraio del 1697 abbiamo il curioso caso di un ex sbirro giustiziato con l'impiccagione. Il testo originale è il seguente: "Francesco Antonio della Colombella di Perugia, impiccato in Ponte S. Angelo per assassino di strada, era stato sbirro; et essendo stato male nelle Carceri, fu tirato su le forche con la girella (carrucola), passò avanti la nostra chiesa essendo il primo giorno di Carnevale".

Il 17 agosto dello stesso anno, la cronaca descrive il caso di Gio. Battista Fronzoni che, dopo esser stato ostile al pentimento, all'ultimo istante si ravvede grazie a un deciso intervento di un membro della confraternita. Nel testo si nota il compiacimento per il buon lavoro fatto dai confratelli.
Nel 1698 viene decapitato a Piazza del Popolo, Guido Franceschini d'Arezzo. Nel Diario del Ghezzi viene descritta la sua decapitazione per omicidio, insieme con l'impiccagione di ben quattro suoi complici.

La narrazione mette in rilievo l'interesse che la vicenda suscita nella popolazione romana, disposta a pagare tre scudi pur di assicurarsi la vista del patibolo da un posto 'panoramico'. La descrizione del delitto d'onore commesso da questi malviventi, giunti a Roma per vendicare l'onta subita da Guido Franceschini, è riportata integralmente in appendice.

Nel 1699 abbiamo l'ultima esecuzione capitale del Seicento: "Sabato 8 agosto del 1699 Ludovico Luchetti da Valle Cuppola impiccato anzi mazzolato e squartato di mattina à Ponte S. Angelo per haver assassinato un Velettaro (tessitore) nella macchia di Viterbo. Questo è cognato del già giustiziato il 7 giugno del 1698. Passò avanti la nostra chiesa dove si fermò".

Roma chiude il secolo mal governata dai prelati e molto sfruttata dai nobili. Dopo due secoli in cui la città è stata protagonista della cultura europea, inizia una nuova fase di decadenza

Nel Settecento, la Città Eterna non sarà più capace di dettare nuove tendenze culturali e risulterà estranea all'Illuminismo.

Chiusa in un Neoclassicismo che dona ancora a Roma alcune gemme artistiche, svilupperà solo nell'ambiente romanesco e popolare, una straordinaria e vitale creatività.

Castel Sant'Angelo (Stampa)

PARTE 4

ARCHIVI STORICI E TESTI ORIGINALI DELL'EPOCA

RUBRICELLA GENERALE

DI TUTTO CIÒ CHE SI CONTIENE
NE GIORNALI DEL PROVVEDITORE
DELLA VENERABILE ARCHICONFRATERNITA

DI S. GIOVANNI DECOLLATO

DETTA DELLA MISERICORDIA
DI ROMA.

Compilata dal Fratello Guido Bottari Archivista.

CAPITOLO 8

GLI ARCHIVI STORICI

1 - L'Elenco dei giustiziati e i Libri del Provveditore

Una delle fonti del libro è il materiale della Confraternita di San Giovanni Decollato, in cui sono elencati i giustiziati assistiti dalla compagnia dall'anno 1497 al 1870. Per tutto quel periodo la confraternita trascrive in appositi libri o giornali, le esecuzioni capitali, le spese che sostiene per l'occasione e i testamenti dei giustiziati che spesso donano alla Compagnia tutti i loro beni. Le fonti dello stesso Archivio di Stato indicano che l'operazione per la catalogazione e trasferimento del materiale della confraternita eseguita dalla Regia Sopraintendenza, negli Archivi delle Provincie romane, dura molti anni. La procedura ha ostacoli ideologici e politici tipici dell'epoca risorgimentale. Dopo l'unificazione italiana infatti, con la legge del 3 agosto 1862 sono disciplinate, per la prima volta in Italia, le istituzioni di beneficenza pubblica. La confraternita dopo il 1870 non risponde né alla richiesta di uniformarsi alla nuova normativa in materia di opere pie che impone l'esatta compilazione di un inventario, né al successivo sollecito dettato dalla legge del 1875. L'archivio viene inoltre sottratto dagli stessi confratelli e nascosto nei locali del Collegio Bandinelli. Il 23 aprile del 1876 giunta notizia della scomparsa del materiale al Questore di Roma, in breve tempo i documenti vengono ritrovati e ricollocati nella loro sede originale. Il 16 aprile 1878, il delegato municipale Luigi de Sanctis, effettua con il provveditore della confraternita Giovanni Ricci, il primo sopralluogo in archivio per redigere un inventario. Crispi, allora presidente del consiglio, ordina poi nel 1889 con un provvedimento, l'ispezione dell'Archivio di San Giovanni Decollato, avocando allo Stato l'intera serie dei "Libri del Provveditore" che non sono però trasferiti e rimangono nella stessa sede. Nel 1891 una successiva ispezione dell'Archivio viene compiuta dall'incaricato del ministero Achille Pognisi, (autore tra l'altro anche di due interessanti libri intitolati "Un secolo di supplizi in Roma per causa politica" e "Giordano Bruno e l'archivio di San Giovanni Decollato").

Achille Pognisi sottolinea il cattivo stato di conservazione delle carte che ha già causato diverse perdite di documenti.

I "Libri del Provveditore" della confraternita sono finalmente consegnati dall'Avvocato Jacopo Grassi, segretario della stessa, al Commendatore Enrico De Paoli, sovrintendente dell'Archivio di Stato, il 23 novembre del 1891.

Anche lo storico Luigi Firpo in "Esecuzioni capitali di Roma (1567-1671)" conferma che nel 1891, con non poche difficoltà, sono stati scorporati e versati nell'Archivio di Stato di Roma (dove tuttora costituiscono un autonomo fondo) i documenti della Confraternita di San Giovanni Decollato riguardanti la giustizia.

La consegna conclusiva del materiale si esegue il 5 dicembre 1891: si tratta di 29 volumi intitolati "Giustizie", 7 volumi contenenti i testamenti dei giustiziati e 3 pacchi di carte diverse.
L'anno seguente, il 20 giugno 1892, la rubrica alfabetica dei giustiziati è copiata e restituita alla confraternita.

L'archivio che la confraternita attualmente custodisce, è solo la copia della parte del fondo trasferito all'Archivio di Stato nel 1891, quali: "Libri e Giornali del Provveditore" (14971870); "Testamenti" (1497-1582; 1841-1870); "Fascicoli Personali" (15251870); "Corrispondenza" (1525-1868); "Repertorio dei giustiziati" (1499-1870).

Inoltre sono stati digitalizzati i seguenti documenti: "Capitoli et Ordinationi della Venerabile Compagnia della Misericordia di Roma" (1518, 1581); "Rubricella generale de giornali della Ven. Arciconfraternita di San Giovanni Decollato dall'anno 1499 all'anno 1870" (sec. XVIII); "Manuale del confortatore" di Pompeo Serni (anno 1659); "Vitruvio. De Architectura" (sec. XVI).

La difficile procedura per il trasferimento del materiale è un'ulteriore conferma di quanto in quegli anni i rapporti fossero particolarmente aspri tra il nuovo Stato italiano e il Vaticano e le informazioni di questo Archivio venissero considerate di grande importanza politica.

In effetti, anche ai nostri giorni, i "Libri del Provveditore" sono una fonte di grande interesse storico e hanno la funzione di rivelare l'andamento della giustizia nello Stato della Chiesa dell'epoca nei confronti dei delitti contro la religione: eresia e furti sacrileghi; contro le istituzioni: lesa maestà, libelli famosi e scritti polemici e infine quelli contro le persone e le cose: furti, omicidi e rapimenti.

Con riferimento quindi ai "Libri del Provveditore", nel Tomo I dell'Inventario 285, redatto da Maria Luisa San Martini Barrovecchio (marzo 1971), c'è un elenco di 40 volumi così distribuiti: 1) Libri del Provveditore della confraternita. 2) Registri delle ultime volontà dichiarate al cappellano che si dividono in due gruppi: a) Fascicoli di carte sciolte relative agli interessamenti dei carcerati; b) Registro con gli ordini ricevuti dalla confraternita dai vari tribunali per l'esecuzione delle sentenze.

I "Libri del Provveditore" del XVII secolo sono attualmente così distribuiti nell'Archivio di Stato: Il volume 21 è privo delle prime 108 pagine. Mancano purtroppo anche, nell'arco di un secolo, ben 73 anni di documenti relativi alle esecuzioni capitali avvenute a Roma nel Seicento.

Lo studioso Luigi Firpo, forse non a torto, esclude la perdita per incuria di un parte così cospicua della documentazione in un archivio come quello di San Giovanni Decollato, sempre gelosamente custodito e inaccessibile fino all'intervento del Capo del governo Francesco Crispi, alla fine dell'Ottocento quando ordina di trasferire il materiale della confraternita all'Archivio di Stato.

Il dubbio sulla scomparsa intenzionale di molti "Libri del Provveditore", a causa dell'incompletezza della documentazione requisita alla confraternita, si fa ancora più concreto poiché nel materiale prelevato è inclusa, nel tomo II dell'Inventario 285, una rubrica particolarmente interessante per stimare e considerare i numerosi dati mancanti.

Il titolo della rubrica è: "Nomi dei giustiziati assistiti negli ultimi momenti dell'Arciconfraternita di San Giovanni Decollato, anche detta della Misericordia, in Roma, desunti dai Registri del Pio Sodalizio, depositati nell'Archivio Romano di Stato il 23 Novembre del 1891 e che principiano coll'anno 1499 e terminano col 1870, ultimo della dominazione pontificia".

L'Inventario 285 Tomo II è strutturato in ordine alfabetico per nome e con ciascuna lettera in ordine cronologico. Dopo il nome segue il cognome o patronimico, il luogo di origine del giustiziato, il tipo e il luogo di esecuzione, l'anno e il reato; in fondo è riportata la segnatura dell'antica collocazione nei "Libri del Provveditore", utile anche per indicare se vi sono più esecuzioni nello stesso giorno. Nell'Inventario sono annotate le esecuzioni dei condannati giustiziati insieme e l'eventuale loro legame di complicità e parentela.

Per quanto riguarda i primi 19 anni del Seicento si nota che il tipo di reato è specificato solo 74 volte su un totale di ben 434 esecuzioni capitali; solo dal 1620 si riscontra un notevole incremento di informazioni sul crimine commesso e il reato del giustiziato risulta in 832 su 881 esecuzioni capitali eseguite a Roma dal 1620 al 1699.

2 - I due fondi del Tribunale del Governatore di Roma

Questi fondi provenienti dall'Arciconfraternita di San Girolamo si trovano dal 1874 presso l'Archivio di Stato. Quello del Tribunale Civile è formato da 605 buste e volumi che vanno dal 1621 al 1816 e ha l'inventario 278/I, realizzato da E. Aleandri Barletta.

Il fondo del Tribunale Criminale è invece costituito da ben 3558 volumi che vanno dall'anno 1505 al 1816 con i seguenti 6 inventari: 279-280-281-282-283-284. L'inventario 279 è un sommario e il 280 tratta il XVI secolo. Per il Seicento vi sono i seguenti inventari compilati da A. Bertolotti e F. Marconi con lo spoglio dei singoli processi: il 281 (16001619); il 282 (1620-1639); il 283 (1639-1659) e il 284 (1660-1666). M. L. Barrovecchio e P. Augusto hanno realizzato e aggiornato l'inventario 278/II che è diviso in 4 tomi. Il primo ha 159 buste e registri della Congregazione delle visite alla carceri (1528-1870); il secondo ha 107 registri con le querele (1592-1791), 541 registri con le denunce di furti (1604-1809) e 474 volumi con le investigazioni (1510-1644); il terzo ha 47 registri e volumi con i Decreti della Congregazione Criminale (1657-1871) e 44 registri con le sentenze (1550-1815); il quarto ha 113 registri con i testimoni della difesa (1513-1719) e 29 volumi con le Relazioni dei Birri (1591-1743).

3 - L'Inquisizione e l'Archivium Sancti Officii Romani

I documenti dell'Archivio del Santo Uffizio dell'Inquisizione sono andati in diverse occasioni distrutti. Il Censimento degli Archivi Inquisitoriali in Italia del SIUSA (Sistema Informativo Unificato per le Soprintendenze Artistiche) indica che già nel 1559, l'Inquisizione romana, dopo solo 17 anni dalla sua istituzione, è stata incendiata dal popolo. La prima sede della Congregazione è in via di Ripetta e in quell'occasione viene bruciato gran parte dell'archivio. La sede è allora trasferita nel palazzo dove attualmente si trova la Congregazione per la Dottrina della Fede. La Santa Inquisizione, come indicato dal SIUSA "aveva il potere di imporre la censura sui libri, di esercitare il controllo sulla stampa, di risolvere le questioni matrimoniali e rispondere a dubbi in materia sacramentale. I Cardinali ad essa preposti si impegnano inoltre nell'affrontare le grandi controversie teologiche (Immacolata Concezione, Giansenismo, infallibilità pontificia, ecc.); nel combattere i crimini contro la morale (poligamia, stupro, sodomia, stregoneria, superstizione, usura) e i casi di falso misticismo e di affettata (simulata) santità".

Nel 1809, durante l'unione di Roma all'Impero napoleonico, l'archivio è trasportato a Parigi e nel 1816 dopo la Restaurazione, in occasione del ritorno degli archivi a Roma, il Delegato Apostolico riceve il mandato di distruggere le parti di documentazione non strettamente indispensabili all'attività amministrativa. In quell'occasione, sono bruciate quasi integralmente le serie Criminali (i Processi, la serie "Sponte Comparentes", parte dei "Diversorum" e le "Sentenze") e si salvano solo alcuni processi importanti, tra cui quello di Galileo Galilei. Nel 1849, durante la Repubblica Romana, il complesso dei documenti subisce ulteriori trasferimenti e perdite.

Solo nel 1868, la parte di documentazione necessaria all'amministrazione corrente, è ricollocata nel Palazzo del Sant'Uffizio, mentre le serie chiuse più antiche rimangono custodite nel Palazzo Apostolico sino al 1901, quando si recupera e si riordina tale materiale archivistico che va a formare la cosiddetta "Stanza Storica". Nel XX secolo l'attività, la giurisdizione e le responsabilità della Congregazione sono modificate e rinnovate. Nel 1917 Benedetto XV sopprime la Congregazione dell'Indice e ne trasferisce le funzioni alla Congregazione del Sant'Uffizio.

Nel 1965, Paolo VI ridefinisce le competenze e la struttura della Congregazione. Il suo attuale nome è "Congregatio pro Doctrina Fidei". Infine con la Costituzione Apostolica "Pastor Bonus" del 1988, Giovanni Paolo II affida alla Congregazione per la Dottrina della Fede il compito di "promuovere e tutelare la dottrina sulla fede e i costumi in tutto l'Orbe cattolico". Da allora, sotto la direzione di mons. Alejandro Cifres, vi sono stati cambiamenti per quanto riguarda l'archivio della Congregazione, la consultabilità delle carte, le nuove accessioni, l'inventariazione e la serializzazione dei fondi, il restauro e la conservazione materiale delle carte. Nel 1998 è stato aperto agli studiosi l'archivio storico della Congregazione. Dal 2003 il limite di consultabilità delle carte, inizialmente fissato al gennaio del 1922, è stato ampliato sino al febbraio del 1939, termine del pontificato di Pio XI.

BANDI GENERALI

Da osseruarsi di commissione
di Nostro Signore

A L E S S A N D R O PP. VII.

CAPITOLO 9

EDITTI E BANDI DEL GOVERNATORE

1- Del modo che si tiene nella liberazione del prigioniero per la festa della Decollazione del nostro protettore San Giovanni Battista o altri tempi secondo i casi che siano appropriati per detta liberazione

È di solito conforme commanda il capitolo 24 che la prima giornata del mese di agosto il nostro p. governatore sedente, deputi tre uomini di nostra compagnia, che visitino tutte le carceri di Roma e piglino in nota tutti li prigioni che vi troveranno, che sino condannati a morte, ed atti ad ottenere la grazia della liberazione, da quali si facciano dare un memoriale, in cui si contenga tutto il fatto della causa dei loro delitti per i quali sono stati condannati a morte e, se possibile, vedano il processo, se confronti con il memoriale, e sopra ogni altra cosa intendino se hanno la pace e se è buona vera e reale, e procurino aver fede autentica di ciò, et assicurati del tutto, riferischino in corpo di compagnia la verità.

Usata questa diligenza, il governatore fa intimare una congregazione nella quale i medesimi deputati senza passione alcuna, riferischino fedelmente tutti i casi ad uno ad uno di quelli che hanno trovato, e legghino i loro memoriali con narrare tutte le circostanze principali de fatto e tutti quelli che hanno la pace (essendo casi proporzionati) si mandino a partito, e quello che avrà più fave nere s'intenda c'abbia vinto e sia liberato, dichiarando che quando ci fosse un solo caso, quello debba vincere per due terzi delle fave nere et essendovi qualcuno di nostra nazione, debba essere anteposto agli altri, avendo però li sopraddetti requisiti... (Serni)

2 - Da Clemente VIII il privilegio di liberare durante il Venerdì Santo un condannato a morte

Fra l'altre gratie che la nostra Archiconfraternita ha ottenuto da Nostro Signore Papa Clemente VIII è che ha concesso privilegio in forma di breve che possa, et abbia facoltà ogni anno nel giorno del Venerdì Santo ovvero della Commemoratione dè morti, deliberare un prigione condannato a morte, come appare in esso breve, et però conviene sopra de ciò fare un ordine particolare di quanto intorno a tal materia si doverà osservare et insomma faranno le cose sequenti.

Che se della Compagnia vi sarà alcun fratello ch'abbia bisogno d'esser liberato per questa strada, si preferisca ad ogni estraneo, et solo li Santissimi Primicerio, et Guardiani senz'esplorar la volontà della congregatione generale, o segreta, haveranno da deliberar sopra de ciò.

Se nella Compagnia ve ne fusse più d'uno in simil necessità, si proponghino il primo da chiederlo in 144 grazia Nostro Signore, et in caso che non ne fusse concesso, si facc'istanza per il secondo, et poi susseguentemente per il terzo et quarto, di maniera che qual di essi ebbe manco voti di congregatione, sia anco posteriore in esser dimandato.

Questa gratia della liberazione del prigione si doverà domandar per uno delli doi giorni suddetti, et quando per quelli non vi fusse occasione, dimandarlo per il giorno della Natività della Gloriosa Vergine nostr'Advocata, una delle feste principali della nostra Archiconfraternita, overo in altre festività, acciocché tal gratia ogni anno sia adempita, et non resta vacua per benefitio di tal prigione condennato, et honore della nostra Archiconfraternita, et per quest'effetto il Camerlengo deverà ricordare un mese avanti al SS. Primicerio, et Guardiani questo negozio. Quest'opera pia se facci per mera carità, e non per premio temporale, acciocché sia più grata a Iddio. Et perché li SS. Primicerio, et Guardiani conoscono li bisogni della Compagnia; dopo fatta stia in arbitrio loro di accettare o dimandare qualche elemosina dal prigione liberato, et questo sin tanto che piacerà a sua Divina Maestà di accrescerla in modo, che non habbi bisogno di tal subvenimento. Ma s'el prigione sarà dè nostri fratelli non doverà essere astretto, né ricercato pagare cosa alcuna, sol che la spesa della cera, o altra che per tal effetto si farà, nel resto si lasci al suo beneplacito se vorrà dare, o no, elemosina alcuna alla Compagnia. Li Vesperi, et Messe che in tal solennità si diranno si cantino solo di Canto fermo che si faranno per il medesimo effetto, si fuga parimente ogni fausto, et ostentatione superflua, et particolarmente de musica, ma con molta devotione, et quiete li fratelli anderanno dicendo il Te Deum laudamus;

li salmi Benedictus Dominus Israel, et Magnificat, alla piana, et all'uso Cappuccino che sarà di maggior edificatione nostra, et de gl'altri il tutto a laude, et gloria de Dio, et della sua Santissima Madre, pregandola che siccome nel giorno della sua santissima Natività la nostra Compagnia la prima volta uscì fuori, et in uno medesimo, si è ottenuto la tal prima gratia della liberatione del pregione, così si degni esserci sempre propitia, impetrando dal suo Santissimo figliuolo, a i vivi libertà di spirito, et a morti, quiete perpetua. (S. G. Decollato)

3 - Bando contro i Banditi all'epoca di Innocenzo X

Poiché l'esperienza ha fatto conoscere l'ardire che da di delinquere la facilità che hanno i delinquenti di sfuggire le meritate pene; et all'incontro non conviene togliere il dovuto premio a quelli che con beneficio della quiete pubblica perseguitano li Banditi et persone facinorose, l'Em.mo Card. Camillo Panfili ordina et comanda, per ordine espresso di U. S. Se un Capo Bandito sarà vivo in mano alla Corte un altro Capo simile o se ammazzerà et consegnerà la testa alla Corte, conseguirà la remissione di sé stesso, et pur quando non voglia liberar sé stesso, la nominatione di un altro Bandito. Così pure, avrà lo stesso privilegio un Bandito ordinario che darà alla Corte o ammazzerà altro bandito: sarà libero lui o potrà nominare altro Bandito da liberare.E se tre o più banditi uccideranno altri Banditi... avrà gli stessi diritti rispettivi. E se un non Bandito ucciderà Banditi ecc. potrà nominare uno o più banditi. Si dichiara però che la remissione promessa avrà effetto dopo la deposizione.E perché non tutti gl'homicidiali, ladri, crassatori et simili scellerati sono banditi, o condannati non havendo la Corte (particolare notizia dei nomi et cognomi loro, si dichiara... che questo Editto o Bando comprende, non solo li banditi et condannati. Capitalmente per qualsivoglia delitto stiano in contumacia secondo lo stile della Corte, ma anche quelli che sono notoriamente homicidiali, ladri, crassatori, coloro che fossero trovati in fragrante delitto capitale (come i suddetti) et coloro che vanno svaligiando et taglieggiano viandanti, o vanno in campagna con armi con banditi, o fanno conventicole con banditi». (Bandi del Governatore Dalla Biblioteca Casanatense)

Articolo 12 - Falsificare lettere e sigillo. Et chi ardisce falsificare et murare in qualsivoglia modo sigilli, instrumenti, libri, lettere, atti, et altre scritture in tutto o in parte incorra nella pena della galera per cinque anni, et anco della vita ad arbitrio di Sua Eminenza havuta consideratione alla qualità della falsità, della persona, et altre circostanze. (Bandi del Governatore)

Articolo 20 Armi. Parimente vuole, ordina e comanda che a nessuna persona come di sopra ardisca, dopo il presente giorno portare, né far portare senza autorità legittima alcuna sorte d'armi offensive o difensive, sotto pena di perdita di quelle, et di tre tratti di corda in pubblico, e di Scudi 25 se sarà di giorno, et di pena duplicata se sarà di notte. (Bandi del Governatore)

Articolo 21 Piombarole, mazze, bastoni e sassi. Dichiarando, che sotto nome d'armi offensive s'intendano anco comprese piombarole, mazze, et anco essendo di notte bastoni et sassi, derogando et annullando tute le licenze fino al presente giorno concesse, et ottenute che non sono conforme al Bando delli 4 marzo 1638. Avvertendo ogn'uno che le pene di portar l'armi come di sopra, non s'hanno mai da confondere con le pene del delitto che si commettesse con dette armi.(Bandi del Governatore)

Articolo 22 Archibugetti, pugnali et cortelli. Ricorda parimenti sua Eminenza la prohibitione di portare, o tenere in casa, fare o accomodare Archibugetti prohibiti la canna de' quali sia più corta di due palmi della canna de' Mercanti, sotto pena della vita, confiscatione dei beni et altre pene contenute nel Motu proprio di Pio IV et V. S. meme. Che ordina si proceda anco per inquisitionem et in ogni miglior modo. Et medemamente la prohibitione sotto le medesime pene di portare Pugnali, Cortelli, et altre armi comprese in detta Bolla di Pio V delle quali pene saranno esenti li Artigiani, che veramente per uso del loro essercitio portassero cortelli o altri instrumenti et li contadini che portassero cortelli spuntati et minori del palmo col manico. (Bandi del Governatore)

Articolo 23 Bocche da fuoco. Parimente prohibisce Sua Eminenza, che nessuna persona come di sopra ardisca o presuma portar bocche di fuoco per le Città, Terre e Castelli, loro Borghi, né anco fuori in Campagna, né per loro territorij, sotto le pene contenute nel bando sotto il 4 Marzo 1638 quale sarà posto nella fine di questi. (Bandi del Governatore)

Articolo 24 Sparare archibugi contro altri. Prohibendo come di sopra che nessuno habbi ardire di scaricare o tirare Archibugi di qualunque forte, ò a ruota ò senza, contro alcuno; sotto pena della vita, et confiscatione dei beni se sarà con offesa, ma non offendendo in modo alcuno, ancorché l'archibugio non pigliasse fuoco, incorra nella pena della galera per cinque anni, et confiscatione della metà de' beni, e se l'archibugiata sarà tirata da persona che sia in campagna, strada o qualunque altro luogo, etiam fuori dalla casa, nella casa propria di colui, contro chi è scaricato l'archibugio, in chiesa o luogo sacro, o in Palazzo, o innanzi ai Giudici, Magistrati e Offitiali, ancorché senza offesa incorra nella pena della vita, e confiscatione de' beni (Bandi del Governatore)

Articolo 25 Armi ritrovate appresso a qualcuno. Dichiara inoltre Sua Eminenza che se di notte fussero ritrovate armi di qualsivoglia forte dal bargello, o suoi Officiali nel far la cerca per la città, ò luoghi di Stato, tanto dentro, quanto fuori, appresso qualcuno che giacessero in terra per sei piedi lontane da lui, dette armi s'intendino essere di colui appresso a chi saranno trovate. et incorra nella pena di tre tratti di corda e maggiore ad arbitrio del Giudice. (Bandi del Governatore)

Articolo 31 Libelli famosi. E perché è cosa chiara e manifesta a tutti, quanto siano gli inconvenienti che sogliono avvenire per la pubblicazione de' Libelli famosi, desiderando Sua Eminenza, ovviare a quelli che con ogni opportuno rimedio, ordina et comanda che nessuna persona ardisca fare, o attaccare o far attaccare in qualsivoglia luogo o tempo Libelli Famosi, o Pasquinate di qualsivoglia forte, o maniera, ancorché in detti Libelli o Pasquinate si esponesse la verità, scriver o dar lettere o memoriali senza nome che contenghino ingiura o diffamatione d'altri, o scrivere o far scrivere scrittura in prosa o in versi, o altra forme che contenghino alcuna forme di maldicenze o detrattione o calunnia i Principi o di presone graduate, Ecclesiastiche o secolari, o d'altre persone private, etiam sotto pretesto di facetie, o altri colori in qualsivoglia lingua o idioma, etia con cifre o figure, o quelli attaccare, o dare ad altri acciocché vadino per mano di molti, ad effetto che si pubblichino o divulghino, o vero esemplare, o ritenere simili Libelli o Pasquinate, sotto pena in tutti li suddetti casi della vita, confiscatione de beni et perpetua infamia; secondo la qualità della persona, o almeno della Galera ad Arbitrio di sua Eminenza. (Bandi del Governatore)

Articolo 40 Usare il nome della Corte. Ancora comanda Sua Eminenza che nessuna persona come di sopra tanto di notte come di giorno ardisca o presuma a casa d'altri sotto il nome di Corte, o usarli nome di Corte, ancorché non seguisca altro, sotto pena della galera per cinque anni, et seguendone furto, latrocinio, o rubbarie, insulto o violenza o altro cattivo effetto, la pena sarà anco della forca, et confiscatione dei beni ad arbitrio di Sua Eminenza. (Bandi del Governatore) Articolo 41 Ricusare di dar pegni alla Corte. Che non sia persona alcuna che ardisca di vietare o ricusare di dar pegni che li saranno dimandati dalli essecutori, Sbirri, Balivi, Vicarij et altri offitiali per qualsivoglia causa, ancorché si pretendesse l'essecutione, o pegno esser ingiusto; sotto pena di tre tratti di corda in pubblico et altre pene corporali et pecuniarie ad arbitrio del Giudice, secondo la qualità de' casi, et delle persone. (Bandi del Governatore)

Articolo 42 Offendere magistrati et offitiali della Corte. Item vuole et comanda sua Eminenza, che alli Magistrati, et altre persone pubbliche, si porti quella reverenza, et rispetto che se li devono, et che perciò non sia persona alcuna come di sopra tanto insolente, et presuntuosa, che abbi ardire di offendere per occasione dell'offitio alcuni Signori Antiani, Conservatori, Priori, massari, Vicarij, o altri offitiali, che saranno per li tempi o sono di presente nelle Città, Terre, Castelli, o altri luoghi dello Stato Ecclesiastico; sotto pena se l'offesa sarà con arme, con sangue o senza, della Galera, et altre ad arbitrio di Sua Eminenza, secondo la qualità della persona, et dell'offesa, anco fino alla pena di forca inclusive, et in ogni caso della confiscatione de' beni, et se con parole ingiuriose o mentite, o con pugni o altro in pena di cento scudi, et di tre tratti di corda in pubblico e della Galera ad arbitrio di Sua Eminenza, et le offese tali seguiranno in persona di Cancellieri di Comunità, Camerlenghi,depositatij, et altro offitiali simili, incorrano i delinquenti nella pena della confiscatione della metà dei beni, et altre corporali a proportione delle sudette, et ad arbitrio del Giudice dichiarando che questo s'intenda tanto durante il loro Offitio, quanto dipoi, quando l'offesa sia fatta dopo l'offitio per causa, ovvero occasione di detto offitio. (Bandi del Governatore)

Articolo 45 Offese di giudici, et loro officiali, e resistenza alla Corte. Et acciò alla Giustitia si porti quel rispetto, che si conviene, e li Giudici, Offitiali, è altri Amministratori di essa siano tuttavia stimati, et honorati, come si conviene, tanto nella Città, quanto in ogni altro luogo dello Stato, Sua Eminenza vuole; che se sarà alcuna Università, e particolare persona di qualsivoglia stato, e grado, che fusse tanto ardita d'ammazzare, ferire, perseguitare,pigliare, ritenere, e in qualsivoglia altro modo percuotere, offendere, e insultare alcun Superiore, Governatore, Luogotenente, Auditore, Podestà, e altri Giudici, Depositario, Fiscale, Cancelliere, e altro Notaro Criminale, Barigello, Sbirro, Balivo, o altro Ministro Criminale per conto della giustitia, e loro offitio, etiam per cause civili, incorra, in pena della vita, confiscatione di tutti li beni, e di ribellione, e di altre pene contenute nella Bolla della fel.mem. di Sisto V sotto la Data delli 27. di Giugno 1585. come se quì fossero specialmente espresse. Ricorda parimente Sua Eminenza la prohibitione di far resistenza alla Corte, di romper le Carceri, e di far qualsivoglia altr'atto prohibito nella stessa Bolla di Sisto V. sotto le medesime Pene, la quale si dichiara, che habbia luogo non solo quando si tratti di cause, e persone di Banditi Capitali, ma anco in qualsivoglia caso, ove la Corte proceda per qualunque titolo criminale. (Bandi del Governatore)

Articolo 47 Corrompere offitiali. E se alcuno per sè ò per altri direttamente, corrente, ò indirettamente tenterà corrompere Offitiale alcuno di giustitia (ancorché l'effetto non segua) caschi in pena di 200. Scudi, e tre tratti di corda in pubblico. (Bandi del Governatore)

Articolo 50 Veleni. Item se alcuno con veleno procurerà in qualunque modo l'attossicare qualsivoglia persona, debba subito come traditore esser condennato in pena di morte naturale, dichiarando che nella medema pena incorrerà ciascuno che preparerà à questo fine, se bene per questa preparatione non ne sarà seguito effetto alcuno, nella qual pena della vita incorreranno li Spetiali ancora, o altri che scientemente gli haveranno per qualsivoglia via dato il veleno, o robbe da farlo, et ciascun altro, che se ne sarà impacciato, dando in qualsivoglia modo aiuto, consiglio, favore, o qualche pravo documento, o avvertimento, somministrando instrumento o altro a questo effetto. (Bandi del Governatore)

Articolo 51 Spetiali. Et acciocché li Spetiali o altri non si possino scusare sotto pretesto d'ignoranza, ordina et dichiara che alcuno possa vender veleno, né robbe da componerlo, né quelle dare in modo alcuno senza licenza di qualche Medico del Collegio, o salariato nel og da darseli in scriptis con sottoscrizione di un testimonio degno di fede, sotto pene corporali et pecuniarie ad arbitrio del giudice. (Bandi del Governatore)

Articolo 52 Bevande. Et perché non solo la sete della morte, o robba altrui causa de' disordini, che nascono da' veleni ma anco qualche altra sfrenata voglia, e di qui è che alle volte si vien a causar la morte altrui con bevande, od altro destinato ad altro fine, vuole Sua Eminenza, e dichiara che in qualsivoglia modo succeda la morte, o aborto animato per veneficio, ancorché fosse destinato ad altro effetto, che questo, o in qualsivoglia altro modo, il delitto sia tenuto per doloso assolutamente, et come tale debba esser punito in pena della morte naturale, et confiscatione de beni, et non essendo l'aborto seguito, incorra la pena della Galera, e confiscatione de' beni. (Bandi del Governatore)

Articolo 53 Latrocinij, Cappeggiamenti, e furti simili. E se persona alcuna come sopra sarà così perversa che di notte, o di giorno ardisca levare, o rubare per forza altri per strada tanto dentro, quanto fuori delle Città, Terre, Castelli, Borghi et altri luoghi, denari, ferrajoli, panni, o qualsivoglia altra robba benché di poco valore con offesa, ancorché leggiera ancorché non toccasse realmente la persona, incorra in pena di vita e della confiscatione de' beni etiam per la prima volta: ma se sarà senza offesa, incorra nella pena della Galera, e confiscatione de' beni, se però il fatto non fosse aggravato da violenza, o da qualche altra circostanza ad arbitrio di Sua Eminenza, nel qual caso si possa ancor per la prima volta venire all'essecutione della pena della vita, volendo che la minor età in questi delitti non suffraghi, purché il delinquente sia maggior di vent'anni.
Nella medema pena della vita incorrerà qualsivoglia persona, che ad effetto di estorcere denari, o altra cosa farà ricatto con prendere, o far prendere alcuna persona in casa propria, o in altro luogo, e in quella condurrà via, o riterrà, o farà condurre, o rimanere in qualsivoglia luogo. Similmente incorrerà in pena della vita chi conciterà in qualsivoglia modo persona alcuna per farsi dare mandare, o portare

denari, o altra cosa purché segua l'effetto, et il denaro, o roba ascenda alla somma di Scudi cinque, e non ascendendo il denaro, o robba a la detta somma, e non seguendo l'effetto, incorra in pena della Galera per anni dieci, et anco perpetua ad arbitrio di sua Eminenza. (Bandi del Governatore)

Articolo 54 Furti. E per provvedere, e riparare li Furti, Sua Eminenza comanda che non sia persona alcuna come di sopra, che presuma rubbare ad alcuno denari, o qualsivoglia altra sorte di cose, o robbe, sotto pena per la prima volta, del quadruplo della cosa rubbata, oltre alla restituzione alla parte et di esser posto pubblicamente alla Berlina, quando però il furto fusse minore di dieci scudi, et quando fusse sopra dieci scudi s'intenda esser incorso in pena della pubblica frusta, et la seconda volta della galera per dieci anni, et per il terzo furto, quando però tutti ascendessero a Scudi venti, in pena della forca, oltre alla refettione del danno, et del quadruplo, et se alcuni farà furto notabile, etiam per la prima volta incorrerà la pena della Galera, et in questo caso il furto s'intenderà notabile ogni volta che passerà il valore di Scudi cento; non derogando però alle pene statuarie de' luoghi alle quali le presenti s'intendano venir argumentative, et non diminutive, etiam che delli primi siano stati puniti, o gratiati; Dichiarando che nella medema pena incorrerà chi sarà complice, o darà aiuto, favore o scientemente ricetterà o comprerà robbe rubbate. (Bandi del Governatore)

Articolo 55 Chiave false o grimaldelli. Et quelli che fossero trovati dalla Corte con chiavi false et grimaldelli, così in casa come fuori, tanto di giorno, quanto di notte, caderanno la pena di tre tratti di corda, et in concorso di altri furti, questa inventione gli sarà contata per uno. (Bandi del Governatore)

Articolo 56 Scalare o rompere Muri, Porte o altro per rubbare Avvertendo che, nella medesima pena della forca, et confiscatione de' beni incorrino quelli che per rubbare, scaleranno case, botteghe, et ogni altro luogo con scale, o altri instrumenti di qualsivoglia sorte, ovvero romperanno, o faranno altra violenza in qualsivoglia modo, a muri tanto principali quanto altri non principali della casa, porte, finestre, tetti et ogni altra parte de' luoghi sopraddetti, o entreranno per tale effetto per finestre, et senza scale o qualsivoglia altro modo, oltre la via ordinaria delle porte, purché il furto passi la somma di dieci Scudi, et se il furto sarà minore, o non ci sarà venuto ad altro atto, che allo scalare, o rompere alcuno de' luoghi sudetti incorreranno nella pena della Galera nella quale incorreranno quelli che per rubbare adopereranno chiavi adulterine o Grimaldelli. (Bandi del Governatore)

Articolo 57 Monetarij. Prohibisce ancora Sua Eminenza che non sia persona alcuna maggiore di vent'anni come di sopra tanto ardita, et sfacciata, che posto il timor di Dio, et della Giustitia ardisca di battere o far battere, gettare, o far gettare in qualsivoglia modo, et con qualsivoglia sorte di strumenti, forme cugni o getti, alcuna sorte di moneta falsa, scientemente d'oro e d'argento, o d'altra materia o in qualsivoglia luogo, né tampoco spenderla, o farla spendere, sotto pena della morte naturale, et alla confiscatione di tutti li suoi beni, aggiungendo che nell'istesse pene incorrano anco chi batteranno monete false d'oro e d'argento, o d'altra materia con arme, o con insegna etiam di principi estranei, o inventati a capriccio, et i loro complici, et fautori, et acciocché un così grave, et pernicioso delitto, nel qual principalmente si offendono il Principe, et gli Sudditi non resti impunito, promette Sua Eminenza l'impunità a qual si sia, che lo dedurrà a notitia sua, o della Corte, purché non sia il principale, il quale in dubbio, si presumerà che sia il Padrone, o inquilino della casa, o luogo nel quale si lavorerà. (Bandi del Governatore)

Articolo 58 Tosatori di Moneta. Nella qual pena Sua Eminenza, che incorreranno anco quelli che toseranno o in qualsivoglia modo levaranno con qual si sia sorte d'instrumenti, o acque forti, alcuna particella d'oro e d'argento, a monete d'oro e d'argento, ancorché non schietto, o per mercantia, o studiosamente per se, o per interposta persona, spenderanno scientemente, o introdurranno in questa iurisditione monete così fatte, ancorché fussero quattrini: dichiarando, che s'intenderà averli spesi o introdotti studiosamente chiunque ne haverà spesi, introdotti o fatti portare in una, o più volte la quantità di venti Scudi schietti, o di cinquanta mescolati con altri quattrini o moneta. (Bandi del Governatore)

4 - La tortura della Corda

La più comune delle torture era la corda chiamata anche la regina dei tormenti. E difatti è dolorosissima. Un uomo vi muore se lo si lascia sottoposto troppo a lungo; ne uscirebbe storpiato se si trascurassero le precauzioni necessarie, prescritte onde evitare tali conseguenze. Prima d'applicarla i medici e chirurghi visitano accuratamente il paziente per vedere se non ha né aperture, né ernie, né altri difetti congeneri, o disposizione a produrne, perché in questi casi si applica una tortura di altro genere, per evitare il pericolo che gli esca l'intestino e che soccomba per lo strangolamento che ne seguirebbe. Trovatolo capace a subire la corda, il disgraziato vien condotto nella camera della tortura. Il giudice accompagnato da alcuni assessori, dal cancelliere, dai medici e dai chirurghi, lo interroga sui particolari del fatto che si vuole chiarire, sia che l'imputato sia confesso o persista nella negativa la si applica. Nel secondo caso per avere una confessione di sua bocca; nel primo affinché confermi tra i tormenti, ciò che ha confessato negli interrogatorii ciò imponendo la legge per lo accertamento della verità. E trattandosi di semplice conferma i tormenti sono più brevi e più miti. Si spoglia l'imputato, non lasciandogli di tutti i suoi indumenti che i calzoni. Il bargello aiutato dagli sbirri, gli prende la mano sinistra e gli volge dolcemente il braccio dietro il dorso, mentre colla destra gli palpeggia la spalla manca all'articolazione, come per avvezzare la giuntura al movimento che le si fa fare. Quindi si fa mettere il piede sinistro del torturando contro il muro, in modo che possa sostenersi senz'essere fatto a brani se lo si spingesse con soverchia violenza. Un birro prende allora il braccio destro del paziente e lo mantiene nella posizione in cui l'ha messo il bargello, mentre il bargello stesso avendogli fatto stendere il braccio dalla sua parte lo avverte di abbandonarvisi completamente e maneggiando ancora l'articolazione della spalla sinistra, prende colla propria destra la destra del torturando e gli rovescia d'un tratto il braccio indietro. È qui che si chiarisce l'abilità del bargello, perché se le braccia del paziente vengono rivoltate con saggio accorgimento soffre meno e non corre il pericolo di rimanere storpiato. Rivoltate le braccia sul dorso, il bargello gli lega insieme i due pugni, fra la mano e l'articolazione dell'avambraccio. Si adopera a quest'uopo una legatura fortissima e morbida ad un tempo, composta di parecchi grossi fili, o di tre piccole cordicelle flessibilissime avviluppate in un involucro di pelle tenera e pieghevole, che formano una corda di nove o dieci linee di diametro; poi attaccata all'anello che ha formato con questa legatura la corda grossa, destinata a tener sospeso in aria il paziente, abbraccia questo a mezzo le cosce e lo solleva, mentre gli sbirri tirano la grossa fune passata sopra una puleggia infissa sul soffitto e lo abbandonano nel vuoto, colla maggior delicatezza possibile, affinché riesca meno doloroso il dislocamento delle spalle e non ci sia pericolo di storpiarlo. In quel momento il torturato soffre orribilmente, perché il peso del corpo disloca le spalle e gli rompe le braccia al di sopra del capo. Egli deve rimanere in siffatta posizione un'ora, e menoché non cada in uno stato di debolezza, dichiarato pericoloso dai medici, o che per la confessione della sua colpa e la promessa di ratificare la confessione stessa fuori dei tormenti, i giudici non abbrevino la durata del supplizio. Ci sono stati pur non dimeno degli imputati, e ne fui io medesimo testimonio, che si beffarono della tortura, dei giudici e dei testimoni, perché erano così ben preparati che provavano poco o nessun dolore. Bisogna però avere per ciò delle reni molto gagliarde. Un tale, sentendo il bargello che lo teneva sollevato, abbandonare la corda fece uno sforzo per modo che riuscì a collocarsi colla testa in basso e i piedi in alto, senza dislocazione delle spalle e per tal modo soffriva poco o punto. Tuttavia sudava molto e di quando in quando emetteva de' gridi, per farsi credere straziato. Così potè rimanere sospeso per un'ora senza confessar nulla. I giudici compresero che erano stati gabbati e dissero al bargello che egli aveva aiutato il paziente a prendere quella posizione. Il bargello rispose che egli aveva fatto onestamente il suo dovere e si lagnò d'essere stato sospettato d'avervi mancato. L'ora era intanto passata e si dovette distaccarlo, né molto si ebbe a fare per rimettergli a posto le braccia poiché non erano state slogate. Io credo che quel galantuomo avesse imparato il suo mestiere da un bravo maestro. Perché non ce ne dovrebbero essere, come in Ispagna, per applicarsi la disciplina? Il giorno seguente si ripetè l'esperimento, ma con esito eguale e dopo mezz'ora dovette essere distaccato, non potendosi prolungare il supplizio oltre questo spazio di tempo, la seconda volta. Così se la scappò per mancanza di prove. Ma siccome tutti non hanno la sessa robustezza di reni e la stessa disinvoltura, coloro che subiscono codesta tortura penano molto più che non si sappia immaginare. Dopo pochi minuti sono inondati di sudore e hanno frequenti svenimenti. Si richiamano in sensi soffondendo loro il viso con un po' d'acqua della Regina d'Ungheria, avvertendoli il bargello di non far movimenti, i quali facendo oscillare la corda, produrrebbe loro più acuti dolori. Benché questa tortura sia molto tormentosa si usa tutta l'umanità possibile verso coloro che devono sopportarla. La camera in cui la subiscono è ben chiusa, i giudici, i medici e i tormentatori, rimangono silenziosi e non fanno il più piccolo movimento. Si compiange il disgraziato e per tema che il movimento dell'aria aumenti le sue pene si prendono tutte le precauzioni; onde il paziente goda della calma più completa.(Padre Labat S. Inquisizione)

5 - La tortura della Veglia

L'imputato viene spogliato tutto nudo e rasato, gli si attaccano le braccia dietro il dorso, come abbiamo veduto per la corda. Lo si fa cadere per terra e gli si legano i piedi ad un lungo e grosso bastone, distaccati un dall'altro quanto più è possibile. Quindi tre o quattro uomini lo sollevano all'altezza di quattro piedi; mentre essi lo tengono disteso, si ferma la corda che gli lega le braccia ad un gancio, infisso nel muro a circa sei piedi d'altezza, e si mette sotto le natiche del paziente un tronco di 4 piedi d'altezza, in mezzo al quale sorge un cavicchio alto quattro o cinque pollici, largo da nove o dieci linee, sul quale si appoggia l'osso sacro del paziente: è sovr'esso che deve riposarsi senza muoversi; è sovr'esso che deve gravare il suo corpo per tutto il tempo che dura la tortura. S'egli scivola giù da questo perno, sente subito i dolori della corda che gli disloca le spalle, perché non ha sostegno: lo si rimette tosto su questo doloroso cavicchio, ove deve tenersi in equilibrio il corpo, con sofferenza indescrivibile. Si dice che le prime tre o quattro ore sono le più difficili a sopportarsi, perché i sensi trovandosi ancora nella piena vigorezza, sono più suscettibili del dolore, di quanto si trovano affievoliti, prostrati, ottusi, per adoperare un termine tecnico. Di consueto in queste quattro prime ore il paziente si scarica e questo gli serve di sollievo; se non lo fa c'è da temere per la sua vita. Qualunque cosa gli accada in quello stato di dolore non gli si porge altro sollievo, che alcune goccie d'acqua della regina d'Ungheria, soffiatagli sul volto, dopo averlo avvertito, affinché non faccia de' bruschi movimenti per la sorpresa, i quali aumenterebbero le sue pene.In tale stato suda abbondantemente per effetto della contrazione in cui si trova e dei dolori che soffre. Il sudore della parte superiore della testa gli cala sulle nari e si dice che gli cagioni una inquietezza e un prurito insopportabile. (Padre Labat Santa Inquisizione)

Anonimo, Rissa (Stampa)

CAPITOLO 10
CRONACHE DI ROMA DEL SEICENTO
DOCUMENTI DELL'EPOCA

Inverno 1600
Due alluvioni del Tevere

Funestò l'animo del pontefice, e di tutta Roma l'accidente del Tevere, che, escrescendo oltremodo la notte dopo a' 20. di Dicembre, venne ad inondare buona parte della Città, e del suo territorio, colla sommersione di molte persone. Fra i lenitivi di sì fatto duolo, uno fu che molti Cardinali, Aldobrandini in ispecie, per tutta la Città, chi in barca, chi a cavallo, dispensarono alle povere genti pane, danari cd altro, massìme a quelle sequestrate nelle case. E facendo l'istesso rigonfiamento nei dì primo di Gennaio seguente, altrettali furono i rimedi, e ripari. (Manni) tta Roma l'accidente del Tevere, che, escrescendo oltremodo la notte dopo a' 20. di Dicembre, venne ad inondare buona parte della Città, e del suo territorio, colla sommersione di molte persone. Fra i lenitivi di sì fatto duolo, uno fu che molti Cardinali, Aldobrandini in ispecie, per tutta la Città, chi in barca, chi a cavallo, dispensarono alle povere genti pane, danari cd altro, massìme a quelle sequestrate nelle case. E facendo l'istesso rigonfiamento nei dì primo di Gennaio seguente, altrettali furono i rimedi, e ripari. (Manni)

17 Febbraio 1600
Giordano Bruno di Nola, eretico impenitente

A hore due di notte fu intimato alla Compagnia che la mattina si dovea far giustizia d'uno a Ponte, et però alle 6 hore di notte, radunati li confortatori e cappellano in Sant'Orsola, et andati alla Carcere di Torre di Nona, entrati nella nostra cappella, fatte le solite orationi ci fu consegnato il sottoscritto a morte condennato videlicet. Giordano del quondam Giovanni Bruni, frate apostata di Nola di Regno, eretico impenitente il quale esortati dai nostri confratelli con ogni carità e fatti chiamare due padri di San Domenico, due del Gesù, due della chiesa Nuova e uno di San Girolamo, i quali con ogni affetto e con molta dottrina mostrandoli l'error suo, finalmente stette sempre nella sua maledetta ostinatione, aggirandosi il cervello e l'intelletto con mille errori et vanità, et anzi perseverò nella sua ostinatione che da ministri di giustizia fu condotto in Campo di Fiore e quivi spogliato nudo e legato a un palo fu bruciato vivo, accompagnato sempre dalla Nostra Compagnia, cantando le letanie e li confortatori sino all'ultimo punto confortandolo allassar la sua ostinatione, con la quale finalmente finì la sua misera et infelice vita. (Dai Libri del Provveditore)

9 Giugno 1600
Francesco Moreno da Minervino

A hore una di notte fu intimata la nostra Compagnia che la mattina seguente si doveva far giustizia; però il Provveditore fece chiamare il nostro cappellano, confortatori in S. Orsola, qual insieme con li sacristani et il fattore, alle 6 hore andorno alle carceri di Tor di Nona, qual entrati nella nostra cappella, fatte le solite orationi, ci fu consegnato l'infrascritto a morte condannato Don Francesco Moreno da Minervino, diocesi di Bari, il quale dopo essersi confessato dal nostro cappellano, chiese perdono a Dio di tutti i suoi peccati e a ciascheduno che fossi stato offeso da lui e perdonando a ciascheduno che l'havessino offeso. In quanto alle cose sue ne dispose com'a piè si dice. In prima cosa haver fatto testamento per gli atti di messer Cesari Ianzio notaro capitolino alli 19 e 20 di maggio prossimo passato, qual sta nella strada dell'Illmo Signor Cardinale Bianchetti, al qual lo rettifica in tutto e per tutto, eccetto quel che qua appie si dice in ogni meglior modo et e vi aggiunge per essecutore di detto testamento, non mutando l'altro nominato in detto testamento, Don Vincenzo Canciani parochiano di Santa Maria in Pubbliculis alias Santa Croce. Anco disse haver in casa sua una brocca di rame, qual vale uno scudo: vuole che si dia al signor Jacomo Fusanio nella via di contro a San Pantaleo in Parione. Item disse che in Tor di Nona vi ha una coperta di lana nova quel vole che si dia a Fate bene fratelli. Item disse che in dette carceri ci ha un matarazzo, quattro tavole di abete nuove; anche vuole che le tavole si diano a detti Fate bene fratelli, perché l'hanno imprestati. Item che in Sala Regia, vi ha due banchetti. La maggior parte è di maestro Bernardino tornitore, accanto alla casa sua, dietro al Signor Cardinale Arigoni vuole che se li renda. Item disse che Anselmo guardiano di dette prigioni li levo uno scudo d'argento quando venne prigione. Anco disse di haver data in casa sua una coperta di dobletto di quattro teli, vuole che se li dia per l'amor di Dio. Item disse che vuole che dia a Maestro Prospero Ferracocci accanto al cortile delli Matriciani una piastra fiorentina per tanto che li deve etc. Disse che il sciugatore che al collo è de Fate benefratelli, et il ferraiolo è di Giovan Battista cantore matriciano al detto cortile: vuole che se li renda loro.In quanto a quel che lui ha disposto nel suo testamento che lassa li sua libri alle persone nominate nel detto testamento, li revoca e vole che si vendino e del retratto si dia per l'amor di Dio. Altro non volse dire. Alle qual cose furono presenti messe Alamanno Sincelli nostro cappellano, messer Giovan Battista Toti, Cosimo Acciaioli e Stefano Martini confortatori, Cesari Mangile, Domenico Sogliani sacristani, Pietro Falconi fattore e io Francesco del Sodo provveditore che scrissi. Alle 9 hore si disse la Santa Messa, in la qual si comunicò con gran devotione et alle 11 fu condotto dalli ministri della giustizia in Ponte, dove ivi fu appiccato e abbruciato, qual fu accompagnato processionalmente dalla nostra Compagnia cantando sempre le lettanie, al ultimo il Miserere con l'oratione per li morti. Tornati con il solito silentione (sic) in Sant'Orsola, fatto la rassegna, aricordato l'obbligo, ogni uno fu licenziato e si fece le pie spese: A sacristani e fattore: Scudi baiocchi 45. Per greco e confetti: Scudi – baiocchi 17 e ½. Per un viaggio: Scudi – baiocchi 7 e ½. Per far levare la cenere: Scudi – baiocchi 40. Totale: 1 Scudo e 10 baiocchi. (Dai Libri del Provveditore) 25 giugno del 1600 - Nunzio Servadio Domenica alle 22 hore, a dí 25 di giugno del 1600 fu intimato alla nostra Compagnia della Corte che la mattina seguente si doveva fare giustizia; donde il nostro provveditore fece chiamar il nostro cappellano, confortatori, sacrestani e fattore con il padre Artemio Vannini di San Girolamo della Carità, qual alle 5 hore con il solito silenzio s'andò alla carcere di Campidoglio et ci fu consegnato l'infrascritto per dover morire di giustizia: Nunzio alias Servadio hebreo. Al qual non si mancò con ogni opportuno remedio et diligentia ad esortarlo a ricognoscere la vera fede cristiana con molti esempi e delle Scritture, qual stetti sempre ostinato nella sua perfidia, se ben dette segno di pentimento di convertirsi alla nostra fede con dir il Credo, confessar la Santissima Trinità e la Santa Chiesa Cattolica, basar la tavoletta, ma tutto visto che era falso, solo per allungare la vita, alle x hore fu condotti dalli ministri della Corte per la via solita a Piazza Giudea, accompagnato dal nostro prete, confortatori, provveditore, ma in cappa tanto esortandolo sed in vano lavoraverunt. Ivi fu appiccato, e alle 21 hore il nostro Provveditore con li sacrestani e il fattore si trovarono al detto loco per pigliar il capestro (sic) per reporselo come l'altri e alla suddetta notte vi fu Messer Alemanno, nostro cappellano, messer Artemio suddetto, messer Antonio Maria Corazza, messer Luca Ducci, messere Francesco Grifoni, messere Giovan Battista Toti confortatori; Cesare Mangile, Domenico Sogliani sacristani, Piero fattore et io Francesco del Sodo provveditore che scrissi. (Dai Libri del Provveditore)

10 Maggio 1601
Giovani Tommaso Caraffa e Onorio Gostanzio Giustizia

Venerdì sera a ore una di notte fu fatto intendere alla nostra Congregatione che la mattina seguente si doveva far giustizia di due condannati a morte in Torre di Nona e perciò a ore 5 fatti chiamare il prete e confortatori et raunati nel Oratorio di sant' Orsola col Provvveditore si andò a dette carceri et entrati nella nostra cappella per fare le solite orationi ci fu consegnati li infrascritti: Frà Giovan Tommaso Caraffa Cavaliere Jeorosolimitano et generale Napolitano et Frà Onorio Gostanzio dell'Ordine di San Francesco Conventuali, quali condotti all'altare et fatto oratione dissono volere morire da buon cristiani et pigliare questa morte per penitenzia de loro peccati. Il detto Frà Giovan Tommaso di poi la confessione chiese perdono a tutti quelli che l'havessino hofeso. Lasso che si mandi 3 sua lettere a Napoli a Marzio Caraffa suo padre. Disse di essere debitore al sig. Giovan Vincenzo Somarco di scudi 120. Disse di essere debitor a Antonio da Corinaldo di scudi 30. Lasciò scudi 100 alla madre di Francesco Uasallo da Rocca d'Evandro per scarico della sua coscienza. Alli eredi del signor duca Alfonso d'Este scudi 200 dem.ti. Dichiara che Giovan Battista Frescaio da Besegne da lui que relato lo solve per la verita e per lui a Marzio Caraffa suo padre. Commette, lascia a Belluccia Ciciliana scudi 24 per tanti li deve. Lassa scudi 13 a uno dottore di Casa del Nero quale fu in prigione seco nella Vicaria di Napoli per servizio di Cesare. Lassa scudi 15 al sig. Cavaliere Fabrizio di Gino per dare a quello lì presto li cavalli. Lascia scudi 1 e baiocchi 40 a Domenico Paoli prete carcerato in torre di Nona havuti da lui. Lascia tal carico oltre all'havante (in precedenza) scritto a suo padre et fratelli a Giovan Vincenzo di Marco suo zio et che faccia dire 50 messe per l'anima sua et 50 per l'anima di Francesco suo servitore et 100 scudi di limosina alla madre sopraddetta del d.o Francesco. Et detti ordini vuole che si eseguisci di quello che li toccasi della dote della madre a lui aspettante, per quella parte che li tocca, et esecutore lassa detto suo zio. Et fu fatto con la presentia di Pietro Paolo Bruillo, Giovan Battista Teti, et sagrestani et fattore della nostra Compagnia con messer Alamanno nostro cappellano. Il retro scritto fra Onorio Gostanzi disse perdonare a tutti quelli che l'havessino offeso et non havere altro che dire. A hore 9 si disse la santa messa alla quale si communicorno con grande devotione; tutto con la presentia del nostro cappellano et di messer Cosimo Acciaioli provveditore. A hore 10 ci furno condotti alli ministri di giustizia in Ponte accompagnati dalli nostri fratelli, processionalmente cantando letanie et ivi al cavalier fu tagliata la testa et al frate impiccato et abbruciato et a una ora di notte furno levate le ceneri dal nostro solito fachino et portate a San Giovanni Decollato al solito luogo. (Dai Libri del Provveditore)

22 Ottobre 1613
Giovanni Mancini

Giovanni, figlio del quondam Gio. Mancini, alias Cortese de Terra Case Massime, diocesi di Bari sacerdote, martedì a dì 22 Ottobre 1613. Giustitia. Fu circa a 2 hore fatto intendere alla Compagnia nostra dalla Corte del Monsignor Governatore di Roma, come la mattina seguente si doveva fare giustizia d'uno condannato a morte carcerato nelle carceri di Tor di Nona; però alla 7 hore, radunati in S. Orsola il cappellano, confortatori, Proveditore, sacrestani et fattore, con silentio andiamo alle dette carceri et giunti in cappella dopo le solite nostre orationi da quelli guardiani ci fu consegnato l'infrascritto a morte condannato. Giovanni, figlio del quondam Giò Mancini, alias Cortese de Terra Case Massime, diocesi di Bari, relasso dalla Santa Inquisizione di Roma per sacrilegio commesso per havere celebrato messa et consacrato senza essere sacerdote, ma solo laico. Il quale dopo l'essortatione fattali dalli confortatori per la salute dell'anima sua a sopportare con patientia et in pena de' suoi peccati la morte che dalla giustizia gli era preparata, domandò di volersi confessare per morire da bono cristiano et nel gremo di Santa Chiesa Cattolica Apostolica Romana, senza la quale nessuno christiano si può salvare. Dopo la sua confessione fatta dal nostro cappellano, disse di volere anco comunicarsi per essere accompagnato dal ajuto di Nostro Signore Iesu Christo et certificarsi del suo santo nome, pianse il suo peccato et offesa fatta a S. D. Maestà, domandò misericordia et remissione de suoi gravi peccati conoscendo la gravezza loro tuttavia fidava in quella infinita misericordia et usare la charita verso il prossimo, disse di perdonare volentieri a quelli che l'havevano offeso et lui similmente domandava perdono a quelli che fussino in qualsivoglia modo stati offesi da lui e per scarico di sua coscientia fece una descolpatione d'alcuni alla Santa Inquisitione, la quale sottoscritta da lui fu consegnata da me Pietro Alluminati Proveditore al signor Marcello Filonardi fiscale della detta Santa Inquisitione questo d'infrascritto, nel resto disse di non havere che dire altro. Alle 14 hore si celebrò la Santa Messa dal nostro cappellano et il detto si comunicò con molta devotione et humiltà seguitando poi nelle sue devote orationi tanto venne l'hora che dalli ministri della giustizia si faceva istantia di spedire; in questo comparse la Compagnia nostra la quale seguitando la giustizia si comparse in Campo di Fiore dopo d'haver fatto l'horationi al nostro Crocefisso. Il ministro di giustizia l'appiccò ad un palo e dopo esser spirato, l'anima sua la quale sia in gloria, dal medesimo ministro fu abbruciato circa le 16 hore, questo di 23 di detto li fratelli della Compagnia, dopo di havere cantato il miserere ecc., et il nostro cappellano l'oratione ecc., poi si ritornò a S. Orsola fatto la rassegna ciascuno fu licentiato et ricordato il loro obbligo ecc. si ordino al nostro facchino Pietro Badini, che la notte andasse per quelle ceneri le quali da lui furno portate et messe nelle tombe dove ordinariamente si sotterrano l'altri giustitiati, et furno fatte lappresso spese et prima: Sacrestani: Scudi – Baiocchi 30. Per greco e confetti: Scudi – Baiocchi 25. Fatture: Scudi – Baiocchi 25. Per far levar la cenere: Scudi – Baiocchi 40 Totale: 1 Scudo e 20 baiocchi. (Dai Libri del Provveditore) 29 giugno 1614 Furto nella chiesa della Minerva A di 29. di Giugno furono arrubbati nella chiesa della Minerva tutti le vezzi, collane, et altre gioje, che stavano attorno all'immagine della madonna del Rosario.(Gigli)

12 Luglio 1615
Heretici abiurati

A di 12. di luglio di Domenica fu fatta nella Minerva l'abiurazione di tre Heretici. Furono questi una Sor Giulia Bizoca, et il suo Confessore della Religione dei Ministri degli Infermi, et uno

Avvocato, tutti e tre Napolitani, et persone nobili. Furno questi la mattina alle sette hora condotti dalle prigioni della Inquisizione in una carrozza a sei cavalli alla chiesa della Minerva, così coperti, che non fu, chi si avantasse d'haverli potuti vedere. Le porte della chiesa della Minerva furno tenute serrate sino che furno giunti tutti li Cardinali, et alle 12. hora poi fu aperto, et fu letto il lor processo con tanto concorso di Popolo, che è cosa incredibile da raccontarsi. Questa Sor Giulia mentre era in Napoli era tenuta da tutti per Santa, et si haveva acquistato grandissimo credito, con un concorso grandissimo di persone, massime di donne et Vergini, et molte delle più principali, di modo che comunemente era da tutti chiamata la Beata Giulia. Ma era questa un lupo vestito di pelle di pecora, anzi un demonio in forma di Santo. Il suo Confessore gli scopriva li peccati di coloro, che si erano confessati da lui, et ella poi con bella occasione palesava a ciascuno i propri peccati, come che Dio glie l'havesse manifestati, tal che colui restava attonito, et credeva vivamente che in altro modo ella non li potesse sapere, che per divina rivelatione, allora Lei esortava quel tale a pentirsi delli errori fatti, et avveniva facilmente pentito et compunto domandava perdono a Dio, et proponeva di mutar vita, et raccomandavasi a Lei, che pregasse Dio, che li perdonasse. Da poi costei quando gli pareva, chiamando a se quel medesimo gli diceva come Iddio gli haveva revelato che li haveva perdonato li peccati commessi, et che l'assicurava che doveva esser salvo, et però che per l'avvenire gli dava libertà di coscienza. et in oltre, che Dio gli haveva fatto sapere, che voleva quanto prima che si riempissero le Sedie del Paradiso, onde però era necessario di moltiplicare, per il che gli permetteva il congiungersi carnalmente insieme con quante, et quali persone più gli piacesse. Hora le finte apparenze di Santità di costei et la destrezza diabolica, con la quale queste cose proponeva, indusse moltissime persone, et massime delle più facili ad essere ingannate, come massime sono le Donne a prestargli fede come veramente ad una persona santa, et illuminata da Dio. Onde avvenne, che fece incorrere in grandissimi errori gran numero di persone e molte Vergini, et Donne ancora delle principali di Napoli, et fra le altre sue finzioni mostrava di haver nelle mani le Stimmate, et quando andorno li sbirri per prenderla ella disse di voler fare orazione, et finse di andare in estasi, et aprendo le braccia gli furon vedute le mani piene di fiori, et di lì a poco riaprendole fu visto che ne gocciava sangue. Finalmente scoperti tutti li inganni haverebbe senza dubbio havuto grandissimo castigo, ma li grandissimi favori, che l'ajutorno gli mitigarono la pena.

Onde Lei, et il Confessore, et l'Avvocato, il quale da se stesso si era fatto Vescovo furno prima murati, et poi Lei dall'Inquisizione fu messa nel Monastero delle Convertite. (Gigli)

22 Gennaio 1616
Iacobo d'Elia di San Lorenzo, giustizia di un Ebreo

Venerdì ad 22 Gennario 1616 fu fatto intendere dalli ministri di Monsignore Governatore a hore due in circa alla nostra Compagnia, come la mattina seguente, che fu sabato, si doveva far giustitia di un carcerato che stava nelle prigione di Corte Savella. Però fatto chiamare il nostro cappellano, confortatori, sagrestani, fattore, raunati nel oratorio di S. Orsola, dove ci fu fatto venire ancora un frate di Santo Domenico, predicatore delli Ebrei, essendo da giustitiarsi un Ebreo, e fatta venir ancor il P. Iacomo Volpone e il P. Agostino Boncompagni della chiesa nuova.. Si dichiara come il predicatore fu preso di ordine di N.S., li altri dua furno presi per consiglio di Monsignor Governatore. Radunati tutti nell'Oratorio della Pietà, di là partimmo insieme alla volta di Corte Savella a 6 ore di notte; arrivati nella prigione si fecero le solite oratione, e preparatione, e dalli guardiani di detta prigione ci fu consegnato linfrascritto condennato a morte Iacobo d'Elia da Santo Lorenzo Ebreo. Qual esortato dalli nostri confortatori a farsi Cristiano, rispose che era Ebreo et che volea morir Ebreo, dopo che quel che poco di discorso, furno chiamati il detto Predicatore e li altri padri, e perché nella Cappella ci era un buon fuoco gli fu detto che andasse a discorrer nella Cappella, e perché il detto Ebreo non ci voleva mai andare, restorno nella stantia avanti la cappella dove fu fatto portare un buon caldano di fuoco. Il detto Ebreo domando di volersi confessare alla sua usanza, come fanno quando stanno per morire, per questo chiese tre Ebrei il che subito gli fu negato. Si attaccò discorso in materia di conversione. Dopo un lungo discorso, si venne in comun sententia, che lui dovessi pregar Dio,che lo illuminassi, così fecero li nostri in ginocchione, e l'Ebreo in ginocchione ancor lui, levatisi e messisi a sedere, si cominciò a disputare, rispondendo sempre l'Ebreo, il quale con li stessi suoi argomenti fu convinto in ogni cosa, si messe in una ostinatione diabolica, si prese espediente di lasciarlo con quelli Padri, et un dei nostri li altri tutti d'accordo andorno in Cappella l'inno Veni

Creator Spiritus, dopo questo si fecero molte orationi secrete per un pezzo.

Et perché l'ora si avvicinava, gli fu domandato, se voleva dir qualche cosa: lui dette a me Provveditore giuli tredici per darli a Lione, suo figliolo, disse che lasciava erede sua moglie. Venuta che fu l'alba, il p. Volpone disse messa in cambio del nostro cappellano, il Sig. Pietro Strozzi domando licentia di andar via innanzi di, gli fu data, et andò ad accompagniarlo il fattore, venne l'ora del uscire delle prigione. Nacque un poco di disputa del modi di andar ad accompagniarlo, et non si trovando in scritto esempio di accompagnare un Ebreo senza Cristiani, furno mosse molte ragioni, se si doveva portare il Croce fisso, o no, atteso che altre essendosi giustiziati Ebrei, sono andati in compagnia di Cristiani, fu risoluto, e messo in esecuzione, che per rispetto dei fratelli con il sacco si portasse il Crocefisso, però che non si facessero oratione pubbliche, ma ogniuno facessi oratione privatamente. Così si andò senza cantar le litanie, et che li Confortatori portassero la tavoletta sotto il braccio. A 15 hore e 1/2 più presto più fu menato fuora il detto Jacob dal ministro giustitia a piedi accompagniato dalla nostra Compagnia con il Crocifisso alzato, senza dir le litanie, ma ogni uno segretamente facesse oratione, lui messo in mezzo dalli confortatori, tenendo sempre la tavoletta sotto il braccio, et dal predicatore, et dalli altri due Padri arrivati che furno a piazza di Ponte, posorno il Crocefisso..et un confortatore, sali la scala stando ancor l'intorno tutti li altri padri; lo scrivo perché nacque disputa se si doveva portare il Crocefisso, o no, questo di subito data la spinta si partì immediatamente la Compagnia, senza aspettar che morisse. Il giorno dopo pranzato per esser Ebreo ci si andò a spiccarlo e così i panni rimasero. (Dai Libri del Provveditore)

1 Luglio 1616
Francesco Maria Sagni

Venerdì al primo di Luglio 1616 a ore 24 fu fatto intendere dalla Corte di Monsignore Governatore di Roma alla nostra Compagnia, come la mattina seguente si doveva far giustitia di un eretico, che era nelle prigioni di Tor di Nona et che la giustitia si doveva fare a 7 hore di notte. Radunati tutti li confortatori, il nostro cappellano, il provveditore, li dua sagrestani, et il fattore, et per supplemento di un confortatore, che non potè venire il Sig. Pietro Strozzi, partirno tutti insieme dal oratorio della Pieta, dove erano radunati a una ora di notte spicciolatamente verso la prigione di Torre di Nona, dove entrati che fummo, andammo nella nostra cappella, nella quale facendo le solite oratione dalla guardiani di dette prigioni ci fu consegnato l'infrascritto prigione condannato a morte, cioè: Francesco Maria Sagni Raguseo. Qual esortato a patientia, et a confessarsi si dispose molto cristianamente e fatto oratione si confesso devotissimamente, li fu finita la confessione, domandato, se voleva lasciar memoria alcuna, ò se haveva da dir alcuna cosa, scrisse la seguente lettera, cioè, dettandola lui, la qual fu sottoscritta di propria mano. Alla Sig.ra Adriana Ratcouich Ragusea a Napoli della strada di D. Francesco della Goletta, vicino alla Guardiola delli Spagnoli. Signora Madre e piaciuto a Dio Benedetto, et a Nostro Signore, et a questi Ill.mi Signori castigar li peccati della gioventù mia con darmi morte, siccome mi è stata annuntiata, et al presente mi trovo in cappella insieme con li confrati per far questo passaggio. Io so , che vi sono stato poco obediente figliolo conforme al debito mio, e merito vostro, niente di meno siccome Dio benedetto che è senza peccato, ha per opera propria della grandezza sua il perdona alli peccatori penitenti, così supplico Voi che gli piaccia in questo imitar sua divina Maestà, e perdonarmi, e pregar l'anima mia facendo dir qualche messa al altar privilegiato. E la prego che tutto quello che mi può prevenire, e della eredità Paterna, o della vostra dote li piaccia repartirlo egualmente tra le dua mia sorelle Anna e Maria per ajuto della maritatione o mancatione di Maria, e per Anna; perché mi sento obbligato al suo marito, et vorrei poter haver assai maggior casa per disobligarmi, oltre che gli sono debitore di qualche somma per coscienza alli signori fratelli mia, e parenti gli raccomando l'anima mia, è questo smacco, che par che ricevino per la mia morte, gli prego di adoperarlo per stimolo di viver santamente, et acquistar con l'opere proprie maggior honore, che è questa vergogna. Del resto voi si consoli, e la prego a dar qualche limosina per l'anima mia perché io moro consolato nel Signore e rimesso nella sua santa volontà. Adi 2 Luglio 1616, nelle prigioni di Torre di Nona. Di V.a. S.a. Aff.o. Francesco Finito che fu di scrivere di nuovo tornato in cappella, si confesso sentendo poi la messa, che doveva esser sei hore e mezzo dal istesso nostro cappellano fu comunicato a metà della sua messa, finito che fu fece le solite proteste. A ore sette dalli ministri di giustitia, fu condotto a Campo di Fiore, accompagnato dalli Confortatori con li loro sacchi coperti senza Crocefisso cantando sotto voce le litanie, dove arrivati di nuovo si riconciliò, fu appiccato, dopo abbruciato, morto che fu si canto il solito salmo con l'oratione. Dopo ci partimmo alla volta di una casa di un nostro fratello che stava, in un vicoletto coperto, li vicinissimo, dove ci spogliammo che dovea esser otto ore e mezzo. Spese fatte per la sopra detta giustitia: Per greco e confetti:Baiocchi 15. Alli sagristani e fattore: Baiocchi 45. A Pietro fachino per le ceneri: Baiocchi 40. Nota, come l'originale della sopraddetta lettera, che io scrissi nella cappella, l'hebbe nelle mani la Santità di N.S.re Papa Paulo Quinto di pia memoria, feci una copia la quale io la detti al sig.r Cardinal di Araceli, cardinal del santo Offitio, che lui me la domandò. (Dai Libri del Provveditore) Giugno 1618 - Furto alla chiesa della Madonna del Loreto Nella chiesa della Madonna di Loreto de' Fornari furno di notte rubate cinque Lampade d'argento, che erano avanti la Madonna, et fu poi la mattina trovata di fuori una scala, et di dentro ad una fenestra una corda legata pendendo.(Gigli)

7 marzo 1622
Homicidio e giustitia

A di 7. di marzo fu trovato dentro la chiavica appresso S. Giacomo delli Spagnoli cucito dentro una coperta il corpo di Pomponio Tartaglia Procuratore Senese, che pareva strozzato con un filo di seta che haveva al collo, ma in pochi giorni furono scoperti quelli, che l'havevano ucciso, li quali furno attanagliati per Roma, et poi a di 14. di Aprile, nella piazza di Agone (Piazza Navona) sopra un Palco fu al principale tagliata la mano destra, et poi con un suo compagno furno fatti in pezzi, et i quarti attaccati in pubblico per esempio de' tristi. (Gigli)

Giugno 1623
Delazione di armi proibite

In questi giorni furon pubblicati editti, nelli quali si diceva, essere state trovate in una casa di camere di locande al fico, dove era alloggiato un Gentilhomo incognito, alcune Pistole (che sono Archibugi proibiti molto piccoli, con li quali si può uccidere le persone quasi di nascosto, non essendo veduto chi le porta) et ancora un ferrolungo con il manico, fatto a modo di un gran trivello, le quali armi havendosi il sospetto, che fossero state preparate per fare qualche male, si offeriva bona somma di denari, et altre grazie a chi scopriva l'autore, o alcuno de' complici. Ma non si scoprendo cosa alcuna, si accrebbe un grandissimo spavento al Cardinal Lodoviso Nepote del papa. Perciò fu trovata una lettura gettata nelle Camere del Cardinale, che essendo nella soprascritta indirizzata a lui; dentro conteneva queste parole: Quelle Armi che sono state trovate, erano apparecchiate per far l'effetto a Voi, et a vostro zio, et non era in questa lettera sottoscrizione di alcuno. Laonde furono rinnovati li Editti, et promesso dieci mila Scudi di premio a chi scopriva cosa alcuna, et furno messe diligentissime guardie di sbirri a tutte le porte di Roma, et alle ripe del Tevere in modo che non poteva uscir di Roma alcuno se non haveva la bolletta datali dal Governatore di Roma, nella quale era scritto il nome, et altri contrassegnati di quello che la portava, ma pur non di meno, si disse, che si erano imbarcati a Ripa alcuni in habito di Frati Francescani, li quali senza mostrar alcun segno, o bolletta, dando parole alle Guardie, le schernirono di modo, che la barca andò via, senza sapersi chi coloro si fossero.(Gigli)

20 Dicembre 1624
Abiura di due eretici

A di 20. di dicembre 1624, nella chiesa della Minerva furno pubblicati li processi di due Heretici uno già morto et l'altro vivo. Il morto fu Marco Antonio de Dominis Vescovo di Spalato, (che) nell'anno 1617 si era in Inghilterra fatto papa, et poi essendo stato condotto a Roma, et messo in Castello, essendosi poi pentito, et disdetto delle Heresie passate, era finalmente morto. Ma dopo la sua morte si scoperse, che di novo dopo di esser tornato alla fede catholica, haveva scritto altre lettere al Re dell'Inghilterra Heretico, et per questo fu il suo Corpo dissotterrato dalla chiesa de' SS. Apostoli, et insieme con un suo ritratto fu pubblicamente in Campo di Fiora abbruciato nel giorno di S. Tomaso Apostolo, et il di seguente fu ancora abbruciato vivo l'altro Heretico, che essendo Prete diceva ogni giorno quante Messe li piaceva. (Gigli)

10 agosto 1629
Homicidio

A di 10. di Agosto fu trovato morto in una casa dietro alla chiesa di S. Marcello, Argeo Colutio da Velletri Dottore di leggi, persona assi grave, e di età sopra 70. anni, ma di forte complessione, essendo stato in quella notte strozzato nella propria camera, e poi lasciato come se fosse caduto dal letto, il che fu fatto da un Giovanotto di anni 18. chiamato Francesco, che li era un poco parente, et che egli si havea con altri suoi Nepoti allevato da piccolo, facendoli studiare per tirarli avanti nelle bone lettere. Onde questo Giovane, preso con tutti gli altri di casa, confessò subito ogni cosa; per il chè alli 14. d'Agosto fu fatto morire con esserli prima tagliata la mano avanti la casa ove havea fatto il delitto, et poi fu impiccato in capo della chiesa de' SS. Apostoli, vicino alla detta Casa. (Gigli)

9 Giugno 1630
Abiura di otto eretici

Alli 9 di Giugno del 1630 si fece l'abiuratione di otto Heretici nella basilica di San Pietro, dove concorse popolo grandissimo particolarmente per vedere un Prete Bolognese, il quale era rettore della chiesa, et Hospidale di San Carlo de Milanesi nel Corso, persona che era tenuta in concetto grandissimo appresso tutti, favorito da molti Cardinali, venerabile nell'aspetto con una barba grande. Confessore che haveva il concorso di molti penitenti, ma però era un pessimo Hipocrita, et grandissimo Negromante. Haveva ingannato una Monica Pinzoca secolare, dandoli a credere che lei era santa, et gli haveva fatto veder visioni false; poi che diceva di essere stata in cielo, haver sentito la Messa di San Pietro et mangiato con lui et altre cose, et dopo haver fatto il Prete sopra di questa Donna molte superstitioni gravissime, haveva celebrato la Messa sopra il petto di lei, et l'incensava come santa, et altre cose infinite, onde quando fu preso di notte fu trovato in habito da dir Messa che la stava incensando in casa di lei. Alli suoi penitenti homini, et Donne dava licenza di peccare nel vizio della carne. Ma sopra tutte le cose si era persuaso, che lui doveva esser fatto cardinale dal papa futuro, perché diceva che in breve saria morto papa Urbano, et che sarebbe stato fatto papa il Card. Giannasio, dal quale sarebbe egli stato fatto cardinale, onde gli fu trovata una statuetta di cera di papa Urbano, et una infinità di libri di negromantia. Dunque con questo Prete fu menata ancora in pubblico la Monica suddetta, et due frati uno de' Minori Conventuali e l'altro de fate ben fratelli, li quali non essendo Sacerdoti, havevano detto Messa, un altro prete che andava dicendo la Messa per le campagne et per le vigne; un fornaro il quale acciocché un suo cavallo barbaro vincesse il pallio nel correre lo scongiurava, o spintava, et gli dava l'incenso, et incantava gli altri acciò non passassero il suo; et finalmente alcuni altri , che in uno stesso tempo havevano tre Mogli per uno.Di questi il giorno seguente fu il Prete di San Carlo impiccato in Campo di Fiora, et i suoi libri abbrugiati.

La Monica fu frustata sopra un somaro, et poi murata; li altri furono condannati in galera a tempo. La Monica morse dopo due giorni. (Gigli)

Marzo 1632
Furto alla chiesa della Madonna de' Monti

Furno in questi giorni rubbate 5 lampadi di argento bellissime, et di grandissimo valore, che ardevano continuamente nella chiesa della Madonna de' Monti, innanzi a quella miracolosa immagine, che vi erano state donate da persone pie, per gratie ricevute, il qual furto per diligenza che si facesse non si puotè trovare chi l'avesse fatto. (Gigli)

Gennaio 1633
Moniche uccise

In questo mese occorse un caso strano , poiché una Monica nobile nel Monasterio di S. Domenico a Monte Magnanapoli fu mentre dormiva di notte ammazzata da una conversa; ed altre due Moniche che corsero al romore furono dalla d.ta conversa ferite malamente, la qual conversa di ordine del papa nell' istesso Monasterio fu fatta morire et strangolata, et prima di morire confessò che ciò haveva fatto ad instanza di un altra Monica principalissima et nobile, la quale era di casa Aldobrandini et Nepote di papa Clemente Ottavo, la quale fu subito ristretta in una Camera trattandosi la sua Causa : il qual caso occorso fu con molta segretezza trattato, onde è che non si seppe se non da poche persone, et poi fu nell' istesso Monasterio fatta morire la d.ta monica che fu causa di tanto disordine.(Gigli)

22 Gennaio 1634
Uccisione di Orsola Castellano

Occorse un caso che diede dire assai a tutta Roma, di una Zitella, che fu disgraziatamente uccisa dal suo innamorato. Et fu in questa maniera.

Vincenzo Castellano, librario in Parione all'insegna dell'Europa, huomo molto facoltoso habitava separatamente dalla detta bottega in una assai bona casa in Campo Marzio, doveva haveva tra gli altri figlioli, una femina da marito chiamata Orsola, bellissima di corpo et molto sagace, la quale essendo innamorata di un giovane suo vicino, che era Nepote di Per Francesco de Rosci Avvocato Concistoriale, si diedero tra loro parola di maritarsi insieme, et il giovane più volte la fece dimandare al padre, il quale non glie la volle dare, anzi havendo trattato con altri finalmente concluse di maritarla ad un Mercante di Casa Falconieri, con ottomila Scudi di Dote.

onde fu pubblicato il Matrimonio in chiesa et lo sposo andò a toccar la mano alla Sposa, la quale stando di ciò scontentissima ne haveva fatto con lettere avvisato il suo Amante, che si trovava fuor di Roma, pregandolo a venire a liberarla da questo matrimonio.

Tornò a Roma il giovane et il Venerdì notte che erano li 20 di Gennaro, parlò lungamente con lei ad una ferrata, et finalmente presero questa risoluzione, che la notte seguente lui sarebbe venuto a lei, et sarebbero giaciuti insieme, per il cual fatto sarebbe stato forzato il Padre a dargliela per moglie. Fatta questa risolutione: il giorno seguente, che era il Sabbato, occorse che la detta Sposa uscì in carrozza, et era per la strada seguita dal d.o giovane suo amante, et si fermò innanzi ad una bottega di un guantaro vicino alla Sapienza, per comprare un pario di guanti, nel qual tempo essendosi fermato anco il giovane predetto, il servitore di lei il quale per il passato era stato messaggero et ministro de' loro amori, sapendo, che la sua padrona era già per esser sposa di un altro gli si accostò et gli disse che non andasse più dietro alla sua Padrona, ma che andasse per i fatti suoi; sopra di che venuti a parole, dicesi, che il Servitore ricevesse alcuni sprugnoni, onde rimase molto sdegnato.Tornato poi a casa, venne lo sposo a trattenersi, come haveva fatto altri giorni prima con la sua Sposa (alla quale doveva mettere l'anello la mattina seguente, havendo già ottenuto licenza di sposarla privatamente in casa), et dopo di essersi trattenuto in suoni e canti sino a gran pezzo di notte, finalmente si licentiò da Lei, et come fu partito, ciascuno di casa si ritirò a dormire. Hora la detta Orsola, soleva dormire in uno stesso letto con un altra sua Sorella minore, et havendo dato la posta al suo Amante, che venisse, fu forzata di scoprire alla Sorella il suo pensiero, et ciò che voleva fare, la quale ciò molto gli dissuase, et gli contraddisse molto, et mentre stavano in tali discorsi, ecco l'innamorato giovane, che se ne venne conforme a l'appuntamento preso, entrando in casa per un lucernario da un tetto, et fu da Orsola ricevuto, ma la Sorella cominciò subito a gridare, alla cui voce occorse subito il Servitore predetto con una alabarda in mano.

Quando il giovane si vide venire costui armato alla volta sua, cacciò mano alla spada, et cominciorno l'uno all'altro a menarsi de' colpi; in quell'istante fu dal vento estinta una candela, che in un candeliere d'argento haveva la Donzella posato sopra il lucernario predetto, et si estinse anco il lume della lanterna che il giovane haveva portato seco, onde rimasero all'oscuro, et volendo la donna per quanto poteva ritenerli, che non si dessero, si sentì nel petto ferita di una punta, onde gridò, ahimè che havete fatto, che io sono ferita.

Allora furno raddoppiati gli gridi, et l'Amante se ne fuggì per detto lucernario, et il padre della giovane, risvegliato dagli stridi corse al romore et trovò la figliola, che versava copiosamente il sangue dalla ferita; la quale subito gli raccontò tutto, et disse, Padre mio questo doveva essere mio marito, et io haveva da morire in questa maniera, ma questo vi dico, che io non posso affermare se mi habbia ferito lui o il nostro Servitore, perché eravamo all'oscuro; ma ben vi prego d'haver pazienza et perdonare per amor mio a qualunque di loro mi ha ferita, ciò detto perse la parola, et havendo mostrato segni di contrizione, et ricevuta l'estrema unzione, in manco di 2 hora spirò havendo ricevuto una sola punta nel petto del core, che non si poteva conoscere, se era stato di spada, o pure di alabarda: gli furono poi trovate a dosso le lettere scritte al d.o suo Amante, pregandolo di venire a liberarla da quel Matrimonio: il Servitore ferito malamente in più lati fu portato ad un Hospedale, e guardato dalla Corte. Ma la sfortunata giovane nella Domenica, che era destina allo sposalitio, fu portata alla chiesa di S. Stefano, dove era la sua sepoltura, et poi nelli giorni seguenti, fu due volte dalla Corte cavato il corpo fuor della sepoltura, per certificarsi se era stata toccata, et per commune parere di persone perite fu concluso che era ancora Zitella. (Gigli)

Maggio 1634
Delazione di Armi Proibite

Mentre il papa si ritrovava in ricreatione a Castel Gandolfo, entrorno nella Vigna di Marcello Muti, fuor di porta San Giovanni da 14 persone travestite di habito lungo, li quali havevano molte cassette con pistole dentro et pugnali et altre armi corte, non sapendosi ciò, che volessero fare, li quali finalmente un giorno mandorno a Roma il Vignarolo a comprare pasticci, il quale andò a farlo sapere al Governatore, et poi tornò a loro con i pasticci, et poco appresso vi andorno li sbirri travestiti anch'essi in habito lungo dentro molte carrozze, ed entrati nella Vigna sud.a ne presero undici, essendo li altri fuggiti, et li menorno a Roma in prigione con le dette Arme. (Gigli)

Settembre 1634
Delitti a Roma per Diritto di precedenza

Il giorno primo di settembre è la festa di S.to Egidio, alla cui chiesa che è vicino a San Pietro, vi è concorso notabile di gente di ogni conditione; hor mentre la strada era occupata da molte carrozze piene di personaggi, che andavano, e tornavano, vi era tra l'altri in carrozza D. Carlo Colonna, figliolo del Contestabile D. Filippo, il quale mentre andava in filo dietro all'altre carrozze, occorse che da un vicolo trasversale veniva una carrozza, nella quale vi erano alcuni giovanetti, figlioli del Duca Gaetano e del Duca Cesarini, fratelli consobrini, il cui cocchiere in arrivando, cacciò innanzi i cavalli per entrare anch'esso nella fila dell'altre carrozze, et innanzi a quella del sopraddetto D. Carlo Colonna, il quale ciò vedendo, commandò alli suoi staffieri, che respingessero in dietro quei cavalli, et al suo cocchiero che toccasse innanzi. Li staffieri del Colonna presero li cavalli de' Gaetani per le briglie, et non solo li ritennero, che non rompessero indietro; soggiungendo il Colonna , così si fa a chi non ha creanza. Il giorno seguente che fu di Sabbato su le hore 22. D. Carlo Colonna uscì dal suo palazzo a SS. Apostoli in carrozza camminando già per il corso, erano con lui in carrozza Lorenzo Mutino, Francesco et Papirio Capizucchi, et uno di casa Bufalini; nell'istesso istante uscì ancora dal suo palazzo vicino a San Lorenzo in Lucina D. Gregorio Gaetano Cavalier di Malta, et Zio dei sopraddetti Giovanetti, et erede, et si crede, essendo stato avvisato che D. Carlo veniva per il Corso. Si avviò per incontrarlo, et essendo arrivato il Colonna all'Arco di Portugallo, il Gaetano smontò di carrozza, et andatosene con tre gentilhuomini, che seco haveva alla volta di quella del Colonna, disse, ferma cocchieri, et poi soggiunse: D. Carlo Colonna io vengo perché mi rendiate conto dell'impenitenza, che usaste jeri a' miei Nepoti. Il Colonna gli diede una mentita, et scese di carrozza, mettendo mano alla spada, nel qual tempo fu visto che il Gaetano haveva sei spade in ajuto suo, ma il Colonna, delli suoi gentilhuomini che menava, solo li due fratelli Capizucchi havevano la spada, con tutto ciò il Bufalino, che non era armato fu subito provvisto di due spade, si come anche il Mutino trovò la sua; un'infinità di spade si viddero comparire in ajuto de' Colonnesi, essendo stato come dicono, D. Carlo seguitato da più carrozze piene di gente armata, oltre alli Staffieri, a piede per darli soccorso. Qui si avviò una grande questione, et il Cavalier gaetano, il quale era valorosissimo, diede più volte al Colonna con la spada nel petto per ferirlo, ma si conobbe che lui era armato di giacco, onde le percosse andavano vote. Alla fine il Colonna fu visto con la mano insanguinata, essendogli stato ferito un dito, ma allora che vidde il sangue stimò che fosse maggior male. Intanto il Bargello con i Sbirri, che si affrontorno a quel romore per spartire la questione et farli fermare, fece che un carrettiere che passava, si cacciò con la sua carretta tra le spade, et li fece fermare. Allora D. Gregorio Gaetano vedendo che il Colonna era ferito si mosse per tornarsene indietro, ma essendo impedito alquanto dalla carretta, che passava, fu intanto dalla banda di dietro ferito dal Bufalino che lo passò con la spada in un fianco da banda a banda, di modi che havendo camminato sino al cantone del palazzo de' Peretti, incontro a casa sua, cascò in terra, et essendo stato portato a casa sua, a pena fu confessato, che spirò. D. Carlo si ritirò subito nella casa de Teodoli incontro alla chiesa delle Convertite, et si levò voce che ancor lui era ferito nel corpo, se bene la ferita dicevano, che non era mortale, ma però si diceva, che ciò era una fintione, perché in effetto non era ferito se non in un dito della mano destra: parecchi furno poi quelli che furno feriti, de' quali alcuni ne morsero, ma la morte del Gaetano, generalmente dispiacque a tutti, perché era Cavaliere di bellissimo aspetto, giovane valoroso che haveva più volte fatto prove grandi in battaglia, et pareva che veramente fusse stato assassinato, et ferito a tradimento da Giulio Bufalino. Si sollevò allora molto tutta Roma, et tanto il Colonnesi, come li Gaetani, et li Cesarini si fortificorno di gente armata. Ma dalli gaetani in particolare concorsero tutto il Collegio de' Cardinali et tutti li Imbasciatori de' Principi et tutti li Baroni Romani, offerendosi largatamente in ajuto loro, dove fusse il bisogno, per questo non solo D. Filippo Colonna padre di D. Carlo hebbe gran travaglio, ma anco il papa stesso, per essere D. Taddeo Barberino suo Nepote, marito di D. Anna figliola di D. Filippo; però si trattava con ogni diligenza la pace. Ma li Gaetani mandorno il Corpo dell'ucciso Cavaliere a S.a. Prudentiana, dove sono le sepolture; ma poi la notte secretamente cavandolo lo mandorno fuori Roma, senza sapersi dove, non volendo che in Roma costasse del corpo del delitto, et se ne potesse far processo. (Gigli)

Carnevale 1635
Provvedimento

Era già assai prossimo il carnevale quando il Governatore entrò nell'officio, e conveniva pensare a pubblicare li Bandi soliti delli Palli e mascare, che alli 10 febbraro dovevano cominciare. L'ill.mo Barberino volse che, se bene era solito di proibire di tirar l'ova, s' usasse particolar diligenza a far osservare tale prohibizione, giacché per addietro era andata in dissuetudine, talché ogni persona per vile che fosse si faceva lecito tirarle e n'erano poi nati degl'inconvenienti, essendo state macchiate vesti di valore a gentildonne e cavalieri, et anche cavati gli occhi ad alcuni.

Fece dunque Sua Eminenza penetrare a' signori Ambasciatori de' Principi questo suo pensiero perché facessero contenere le loro famiglie, et il signor Governatore pubblicò il Bando con Dichiarazione di non volere tollerare gli abusi, e per dare maggior terrore, fece anche rompere buona quantità d' ova a quei che solevano venderle, se bene poi con denari somministrati dalla pieti del Signor Cardinale e con alcuni altri furono reintegrati del danno patito. (Spada)

Marzo 1635
Monaca di un Convento di Montecitorio murata viva

Un Giovane ferrarese essendo innamorato di una Monica di Casa Alalcona nel Monasterio di S. Croce A, Monte Citorio ; essendo tra di loro d'accordo di ciò che pensavano di fare ; il giovane andatosene di casa disse ad un suo servitore che lui voleva andare per alcuni giorni fuor di Roma, et però che il detto servitore portasse a quella Monica di Monto Citorio quel giorno stesso una cassa pregandola à tenerla in custodia per alcune robbe d'importanza che dentro vi erano, fin che lui tornasse di fuora. Dopo questo egli si serrò in quella cassa, ma il servitore, non sapendo che dentro vi fosse il padrone trascurò di portarla subito, di modo che quando la portò, il padrone vi si era dentro soffocato. La Monica che haveva la chiave, ricevuta che hebbe la cassa, et portatasela in camera l'aperse, et trovatovi dentro quel giovine morto, come dicono alcuni, che spirava allora, dopo di essere stata un pezzo afflitta sopra modo, finalmente fu forzata di scoprire il tutto all' Abbadessa, dalla quale ne fu avvisato il Vicario del papa et finalmente la Monica fu nel detto Monasterio murata, la quale era molto bella et giovane di diciotto anni. (Gigli)

23 Aprile 1635
Giacinto Centino di Ascoli e due frati, giustiziati
per Lesa Maestà

Si scoprì una congiura contro il papa di tre frati et il Nepote del Card. D'Ascoli chiamato Giacinto Centino, li quali volevano per via di arte magica far morire il papa, presupponendosi che da poi gli dovesse succedere nel papato il detto Card. Centino.

La congiura la scoprì un Frate di S. Agostino, perché gli era toccato in sorte di dover esser sacrificato al demonio dalli altri congiurati, onde furno tutti messi in prigione all'Inquisitione.

Il 23 di Maggio del 1634 scappò dalle Carceri dell'Inquisitione uno delli congiurati detti sopra il quale era capo della Congiura, et era frate di S, Francesco, chiamato Fra Cherubino, et la sua fuga pareva meravigliosa per ché se ne era uscito per un picciol bugio, che lui haveva fatto in alto, et per calarsi a basso haveva fatto le fasce delle lenzuola, matarazzi et di tutto il letto, et quel che è più non se n'erano avvisti li guardiani, li quali sogliono ogni cinque o sei hore tornare a rivedere i prigioni.

Onde uscì fora un editto per ritrovar costui dando li contrassegni, et messa la taglia di 500 Scudi.

Questa cosa diede che dire al Popolo, perché sentendosi che costui era in prigione per negromantia, et essendo nel medesimo giorno occorso la tempesta che ho descritta, pareva in certo modo, che fusse stata cagionata da lui, tanto più che ogni giorno alle 18 hore si sturbava il Cielo, et mostrava segno di tempesta, piovendo acqua grossa.

Ma poi si seppe, che costui come fu fuggito dal Santo Offitio se ne andò da un Mercante, il quale gli era debitore di 30 Scudi e se li fece dare, poi se ne andò da un fienarolo suo amico in strada Giulia, et vi alloggiò due giorni, poi finalmente se ne uscì di Roma et se ne andò sino a Rieti, et per la strada a tutti diceva, che lui era uscito dall'Inquisitione di Roma (come se havesse fatto qualche azione honorata) et però molti per compassione gli davano diverse cose.

Da Rieti gli venne in pensiero di tornare a dietro a Fuligno et di andare ad un Monasterio di Monache dove lui altre volte haveva predicato, et così essendo andato a detto monasterio si diede a conoscere alle Moniche, et disse, che era uscito dall'Inquisitione di Roma, et haveva bisogno di molte cose, et però che lo volessero ajutare. Le Moniche si misero tutte sottosopra sentendo che era venuto il loro Padre Predicatore Fra Cherubino. et così di voce in voce so cominciò a pubblicare, che lui era qui.

Era intanto arrivato al Bargello di Fuligno l'avviso da Roma, essendosi rinnovati gli editti, et prohibito, che ne anco il Confessore (se costi ostesse in articolo di morte) lo potesse assolvere, ma che lo dovesse denunciare; le quali cose sapute il Bargello andò al Monasterio, et lo prese prigione, onde fu alli 30 di Maggio ritornato a Roma, et ricondotto all'Inquisitione.

Il 22 Aprile del 1635, la domenica dopo pranzo si fece nella chiesa di San Pietro l'abjuratione di otto persone le quali havevano veduto per via di arte magica far morire papa Urbano (come si disse nel mese di Marzo et alli 23 di Maggio del 1634) questi furno, il Nepote del Card. Centino Vescovo di Ascoli, il Maestro di Casa di detto cardinale, et sei frati sacerdoti, delli quali due erano fratelli, uno dell'Ordine di S. Agostino, et l'altro di S. Francesco. et un Romito dell'Ordine di S. Girolamo di Fiesole, il quale era pessimo negromante.

Fra questi era quel Frate Cherubino che fuggì dall'Inquisitione, come si disse sopra.

A sentire leggere il processo nella chiesa di S. Pietro concorse popolo infinito, et vi occorsero molti romori, et in particolare furno malamente feriti alcuni Sbirri, di maniera tale, che uno ne morì, et fu necessario ribenedire la chiesa di S. Pietro profanata con lo spargimento di sangue.

Questi si erano persuasi che il cardinale di Ascoli sarebbe stato papa, et il nepote di esso cardinale, haveva promesso a questi Frati tutti Cardinali, onde si erano resoluti di fare per arte del Demonio morire quanto prima papa Urbano.

Cominciorno questo trattato nell'anno 1628 et fecero l'esperienza di quello, che volevano fare, nella persona di una Donna, la quale finalmente morì, perché fecero una Statua, che rappresentava la detta Donna, et infilzatala in uno spiedo la cocevano al foco, et la pungevano di maniera, che a poco a poco si consumava, mentre in tanto il Romito negromante diceva una Messa della Croce. Vista questa esperienza in quella Donna cominciorno a fare l'istesso contro il papa, et fecero una Statua sua et la trattavano nel modo, che havendo fatto a quell'altra, et nel tempo, che lor facevano queste cose, si trova che il papa in Roma si sentiva indisposto. Ma la statua però non si consumava come quella di quella Donna. et hebbero risposta, che il papa, che il papa non essendo homo ordinario non poteva morire, se la statua che havevano fatta non fusse stata bagnata con il sangue di uno di loro, i quale si havesse da offerire in sacrificio al Demonio.

Posero dunque le sorti, et toccò al Nepote del Cardenale, il quale disse, che se lui moriva, non sarebbero poi stati fati Cardinali, come gli haveva promesso, dunque doveva la sorte cascare sopra di un altro, nel che per un pezzo non si accordorno.

Alla fine toccò ad un frate dell'Ordine di S. Agostino, il quale vedendo, che toccava a lui di morire sagrificato, se ne andò alli Ministri dell'Inquisitione, et comandata l'impunità manifestò ogni cosa, et così furno fatti prigionieri.

Letto il processo furno condannati, il Nepote del cardinale ad essergli tagliata la testa pubblicamente in Campo di Fiore, Fra Cherubino, et il Romito negromante ad essere impiccati, et abbrugiati, il Maestro di Casa del cardinale con due frati furno condannati in galera a tempo, et doi altri Frati nella prigione dell'Inquisitione per anni cinque.

Li sacerdoti furno digradati nella chiesa della Traspontina, et poi menati, come anco il Nepote del cardinale in Corte Savella. Alli 23 Aprile di Aprile del 1635 furno menati a piedi dalle Carceri di Corte Savella per la Strada del Pellegrino in campo di fiore il sopraddetto Nepote del Card. D'Ascoli, il quale fu decapitato in Campo de Fiore, et li altri due frati furno impiccati, et abbrugiati, essendovi concorso popolo infinito a vedere.

Il corpo decapitato stette tutto il giorno esposto in pubblico movendosi molti a compassione di vedere un Nepote di un cardinale soggetto papabile, con gran scherno di fortuna finir la vita miseramente nel fior dell'anni, per non si esser saputo moderare, accecato dal Demonio, et dall'ambizione perdendo la felicità, dove forsi se haveva pazienza, sarebbe facilmente potuto arrivare, il quale ancora se si fuisse contentato dello suo stato presente, non si poteva dolere della sua sorte, perciocché il cardinale suo Zio fu creato da Paolo V essendo povero frate, et d'assai bassa conditione, ma in processo di tempo haveva accumulato molte ricchezze di maniera che questo suo Nepote haveva preso per moglie una Sig.ra titolata della quale ne haveva hauti figlioli.

Pochi giorni da poi fu chiamato in Roma un altro Nepote del medesimo cardinale, il quale era Vescovo, et messo anch'egli all'Inquisitione per la cagione medesima del fratello. (Gigli)

Maggio 1635
Uccisione cappellano del Monsignor Amadio Spagnolo

Occorsero in pochi giorni diversi homicidi, fra li quali questi furno notabili. Il Mastro di casa di Monsignor Amadio Spagnolo ammazzò un Cappellano di d.o Monsignore, et poi lo pose in una cassa, et lo fece portare in Trastevere in una casetta, che lui prese a pigione vicino Ponte S. Maria, et quivi lo serrò dentro a chiave con intentione di buttarlo poi in fiume. Ma il padrone della Casa, per la puzza che si sentiva, fece aprire la porta, et trovatovi quella cassa con quel morto, fu riconosciuto et nell'istesso giorno l'homicida fu fatto prigione. (Gigli) Dicembre 1636 - Marchese Manzoli Bentivoglio Bolognese Giustiziato per Libelli Famosi Al primo di Decembre era stato la notte decollato nelle Carceri di Campidoglio il Marchese Manzoli Bentivoglio Bolognese per un libro di pasquinate che li era stato trovato in Casa senza che lui confessasse mai cosa alcuna, ma convinto per due testimoni, li quali furno l'istessa mattina impiccati in piazza Giudea. Il Corpo del Marchese decollato stette tutto il giorno esposto a pié di Campidoglio, et dicesi, che uno de' testimoni, prima di morire disse che loro l'havevano accusato a torto, essendo quello innocente. Ma ciò che si fosse, fu notato che tutti quelli che hebbero parte alla sua morte, perirno malamente, et fra li altri un Notaro morì furioso, il Cardinal Verospi morí improvviso, Pietro Colangelo che allora era Fiscale di Campidoglio morì di notte vomitando molto sangue. (Gigli)

14 Febbraio 1637
La frustatura della Cecca-Buffona

Cominciarono le maschere per carnevale li 14 febbraro (1637), et essendosi introdotto con troppa licenza che vi andavano molte meretrici, fu stimato necessario l'usare qualche rigore per reprimere la loro audacia, onde il mercoledì, alli 18, il Bargello catturò nel Corso Checca Buffona mascherata, che andava in una carrozza a vettura guidata da Giovan Battista Colombo Perugino servitore dell'Ambasciatore Cesareo, ancor'egli mascherato, come erano gli altri, eccetto N. da Macerala che senza maschera portava la spada, e però tanto più corse il Barigello a far della cattura di lui e della donna, e volse condurre ambedue carcerati, benché il Colombo se li desse a conoscere per servitore dell'Ambasciatore Cesareo. Dispiacque ciò notabilmente all'Ambasciatore e mandò a dolersene la medesima sera

con il Barigello per mezzo di un gentilhuomo, quale aggiunse, come per minaccia, che pensasse egli alla liberazione della donna perché il signor Ambasciatore non vi voleva pensare. Si piccò il Barigello di questa ambasciata e volse andare à darne parte immediatamente al signor Cardinal Barberino, benché il Governatore lo dissuadesse per essere S. E. alle 4 Fontane dove si rappresentava in musica la favola del Falcone, e vedendolo pur resoluto d'andarvi, lo persuase a non palesare al Signor Cardinale il tenore dell'imbasciata per non irritare S. E., giacché si poteva credere che fosse stato eccesso del mandato. Partito che fii il Barigello, venne dal Governatore un gentiluomo dell'Ambasciatore e rappresentandogli il successo della cattura lo pregò a far rilasciare la donna, tanto più che, come avea veduto Sua Eccellenza, quel giorno e gli antecedenti ve n'erano andate molte; altronde non gli pareva che il suo gentiluomo havesse fatto errore tale che meritasse mortificazione simile. Replicò il Governatore, per scusa anche del Barigello, che siccome Sua Eccellenza aveva veduto questo disordine, così avendolo anch'egli veduto, mentre per ragione dell'Officio era stato il lunedì et il martedì per il Corso, si conobbe in necessità di provvedervi. E però incaricò al Barigello, che non permettesse in modo alcuno cha si proseguisse cotal abuso ma facesse in ogni maniera catturare alcuna per farne dimostrazione. In vigor di questo ordine havere il Barigello fermata una carrozza da vettura, nella quale veduto doppio inconveniente di persona armata, con mascherate, e di donna in maschera, e sebbene seppe poi esservi un servitor del signor Ambasciatore, non poteva senza grave scandalo, e senza eccedere la sua facoltà, lasciarla libera, dispiacendoli grandemente che la disgrazia havesse portato un gentiluomo di Sua Eccellenza in quella carrozza, e molto più di non poter egli servirla col far rilassare la detta donna, conforme desiderava, essendo questa sorte di grazie riservata alli padroni Supremi (i Cardinali nipoti). E benché replicasse molto il mandato, rispose sempre il Governatore con il medesimo tenore, onde alfine si mostrò quello appagato della buona volontà di questo; ma non molto appresso tornò in nome del signor Ambasciatore, a reiterare le instanze, dicendo che S. E. rimaneva soddisfatta delle ragioni per le quali s'era ordinata la cattura d'alcune donne mascherale, ma che desiderava questo favore perchè non fosse la prima ad esser punita costei, la cui punizione portava in conseguenza poca riputazione alla sua persona e carica.
Rispose il Governatore che non veniva perciò intaccata la riputazione

dell'Ambasciaria, nè dell'Ambasciatore, poiché la donna non andava sotto suo nome, nè era in sua carrozza, nè prima s'era potuto prevedere che fosse guidala da genia sua, onde non era in alcuna parte offesa Sua Eccellenza, oltre che poteva sperare di riceverne la grazia da' padroni, a' quali spettava, non ad esso Governatore, (quale se pure in alcun altro caso havesse potuto arrogarsi tali autorità, certamente non poteva farlo nel presente, giacché il Barigello s'era trasferito à dar parte al Signor Cardinale-Padrone delle preghiere reiterate di Sua Eccellenza, e della premura che vi mostrava. Accettò il gentiluomo l' offerta, et il Governatore mando il Valentini Caponotaro, per ragguagliarne Sua Eccellenza, o Monsignor Fausto, et essendo ritornato dopo le 5 hore in compagnia del Barigello, riferirono unitamente che il Signor Cardinale voleva che la mattina seguente si frustasse la donna; e la mattina per poliza di Monsignor fausto ne fu confermato l'ordine, con asserzione d'averne parlato a N. S. Havuto di ciò notizia l'Ambasciatore, mandò a pregare il Governatore di trattenere l'esecuzione fin tanto che giungessero a' Padroni i suoi biglietti. «Rispose questo che per elezione si trattengono al tardi queste funzioni, ma che stima difficile poterli riuscire d'ottenere cosa alcune, poiché il Signor Cardinale ne avea dato conto a Sua Santità, quale a quell'hora dovea essere nella Congregazione del S. Uffizio; et il Signor Cardinale Barberino in S. Lorenzo e Damaso, per porvi l'orazione delle quarant'ore, che però non potevano vedersi insieme prima che sì eseguisse il loro comandamento; lasciò nondimeno a casa il signor Antenore di Benedictis suo logotenente con ordine di far la giustizia alle 17 hore, quando prima non venisse altr'ordine da' Padroni; al quale effetto gli diede autorità d'aprire le polize, che le fossero scritte, andando egli alla visita delle Carceri di Campidoglio dove, secondo il costume, dovea rimanere à pranzo con i signori Conservatori. Succede appunto, come haveva preveduto il Governatore, che per havere il Signor Cardinale rappresentato il caso à N. S., non volse senza saputa di Sua Santità rivocare l'ordine dato; ma essendosi aggiunti alli biglietti del signor Ambasciatore quelli del Signor Cardinale di Savoia, al quale, come Protettore della Germania, era ricorso l'Ambasciatore, feceli Sua Eccellenza portare a Sua Santità, se bene assai tardi; ma non volse Sua Beatitudine ricedere dal rigore, apprendendo per gravissimo disordine che simili donne andassero in maschera.

Fu nondimeno l'esecuzione tarata sino alle 19 bore per l'instanza, che gliene fu fatta dai Ministri del Signor Cardinale di Savoia, il che forse non piacque à Palazzo. Si mostrò poi il signor Ambasciatore molto piccato di questo rigore, e lasciò d'andare a Palazzo all'Udienza il venerdì seguente e si temè da alcuni che fosse per fare qualche risentimento contro il Barigello, che haveva fatta la cattura. (A. Ademollo nel "Carnevale di Roma")

23 Marzo 1637
Furti e latrocini

Furno fatti diversi furti, et latrocinij gravi a diverse persone di notte: ma in particolare occorse un caso molto pericoloso nel Banco de Grilli a Monte Giordano che passò di questa maniera, Andò uno a trovare il padrone del banco, e gli disse, che stesse avvertito perché una sera di notte quando serrava il banco verrebbe uno ad assaltarlo, il quale, se non gli dava molti denari lo voleva ammazzare. Il Banchiere, avuto questo avviso, faceva ogni sera venire a casa sua gli sbirri di nascosto sinché serrava il banco, tardando perciò ancor più del solito. Finalmente alle 23 di marzo, Lunedì sera ad un hora di notte e mezza, quando serrava il banco, se gli fece uno addosso, e lo prese nel petto, dicendogli che tacesse, se non voleva esser morto, mostrandogli una pistola, o archibugetto piccolo, però che gli desse denari, altramente l'havrebbe ammazzato.

Il povero Banchiere trovandosi in tal stato, senza potersi ajutare, ne anco di parole, standogli quello coll'archibugio al petto, e dicendoli che tacesse, aprì un Armario, e cavò fora due borse, una con 500 Scudi di moneta, et altra con 500 scudi d'oro, dicendoli, che eleggesse qual più li piaceva, rispose quello che voleva l'uno et l'altra, et postosi la borsa delli Scudi d'oro sotto braccio, prese con l'altra mano il sacchetto con la moneta d'argento, et si mosse per partirsi.

Il Banchiere,allora vedendosi libero, hebbe pur tempo di fare il segno per essere sentito dalli Sbirri, uno d' quali corso subito, et fermò il ladro, il quale subito lasciato cadere il sacco della moneta, cavò fora un pugnale, et ferì lo Sbirro più di una volta, al gridar dello Sbirro corsero due altri suoi compagni, et in somma lo presero et menorno in prigione, onde si scoprì che quello era mercante, che faceva il fondaco presso S. Apollinare. Et essendo ciò occorso alli 23 di Marzo fu fatto morire in Ponte alli 26 di marzo giovedì alle 22 hora.

La Compagnia della Natione Bergamasca pagando 500 scudi gli ricomprò la forca, ottenendo che fosse decapitato. (Gigli)

Novembre 1639
Giulio Pezzola, capo bandito con 30 compagni, et suoi fatti

In questi mesi il papa si contentò di perdonare et rimettere un capo di Banditi con trenta compagni, perchè promise di mandare a Roma 12. teste di altri Banditi, et di andare contro gli altri Banditi, che erano nello Stato della Chiesa.

Si chiamava questo capo di Banditi Giulio Pezzola, il quale essendo rimesso mandò a Roma diverse teste di altri banditi, et poi se ne venne a Roma con i suoi 30. Compagni, et come quello, che era vassallo del Regni di Napoli, fu ricevuto, et alloggiato in casa dell'Ambasciatore di Spagna, il quale habitava nella Piazza della Trinità de´Monti.

Trattenendosi costui in Roma per molti giorni con i suoi Compagni, il Card Barberino Nepote del papa gli fece dire, che era tempo che se ne uscisse di Roma, et andasse si come haveva promesso, per servitio dello Stato Ecclesiastico, anzi gli volse dare un certo incarico, et mandarlo a Ferrara. Rispose Pezzolla, che non poteva partire da Roma sin che non haveva certa risposta da Napoli. Nel medesimo tempo era in Roma un Principe di Sans Napolitano, il quale essendo perseguitato dal Vice Re di Napoli, se n'era fuggito, dicendosi di lui, che haveva quasi fatto levare a seditione il Popolo Napoletano, per haver impedito, che non si mettessero certe gabelle, et che teneva con i Francesi contro i Spagnoli, il papa l'haveva ricevuto in Roma, et assicurato, et habitava vicino alla chiesa di S. Andrea delle Fratte. Essendo dunque la cosa in questa maniera, l'Ambasciatore di Spagna trattò secretamente con il sopraddetto Giulio Pezzola, che volesse far prigione il d.o Principe, et mandarlo a Napoli, promettendo a lui et alli suoi compagni di rimetterlo in quel Regno, et farli pagare sei mila Scudi, et perciò haveva Giulio risposto al Cardinale Barberino che attendeva una risposta da Napoli.

(Gigli)

Dicembre 1639
Giulio Pezzola, prende in Roma il Principe di Sans

Il sopraddetto Giulio Pezzola capo di Banditi stando in Roma ordì un tradimento contro il sopraddetto Principe Napolitano per mezzo di un paggio di d.o Principe, il qual paggio essendo molto amato dal Padrone, gli fece credere, che si voleva far Frate di S. Francesco di Paola, et l'indusse ad uscir di casa la notte di Natale, et andare alla chiesa di S. Andrea delle Fratte, dove stanno li detti Frati, mentre si dicevano i divini offici, et poi lo persuase ad uscir di chiesa per andare in altro loco.

Nel partirsi fu accompagnato da alcuni di quei frati sino alla porta della chiesa.

Come fu fuori della Porta, gli furno sparate contro alcune archibugiate a vento, per la qual cosa spaventato il Prencipe, et temendosi morto, voltò a dietro, et fuggì in chiesa, alcuni di quei Banditi gli corsero addosso, et si levò gran rumore, perché un frate di quelli, che l'accompagnavano prese un bastone, che serviva per la stola della chiesa, et cominciò a dare a coloro, li quali intanto presero il Principe, il quale si difendeva, et si era attaccato con le mani alla porta della chiesa, et gli posero un fazzoletto alla bocca, et lo portorno in una Carrozza a sei cavalli, che era dell'Imbasciatore di Spagna, et lo menorno via.

Fu trovato alla porta della chiesa il ferraiolo con il Pottone strappato, il collaro, la Spada, et il pugnale. Di questa cosa fu molto da dire per Roma, dell'ingiuria fatta al papa, et dell'offesa fatta all'immunità Ecclesiastica. Onde fu Giulio Pezzola scomunicato, et postagli la taglia di quattro mila Scudi.

Et poi si seppe che Pezzola haveva consegnato quel Principe al Castellano dell'Aquila, et haveva ricevuto sei mila Scudi per quel fatto.

Ma non fu solamente cagione, questo Scellerato traditore, di questo disordine, et disgusto tra il papa et Re di Spagna, ma anco di un altro disgusto con il re di Francia.

Perciocché tra le prime teste, che mandò a Roma, fu la testa del Cavallerizzo dell'Imbasciatore di Francia, il quale haveva avuto l'esilio a Roma, perché il primo di Agosto dei quest'anno, levò di mano alli Sbirri un prigione, il quale era condotto a Ripa per imbarcarsi, condannato alla galera.

Questo Cavallerizzo fu in Frascati, alla presenza dell'Imbasciatore ucciso dalli Compagni di Pezzola, et la sua testa portata a Roma, fu esposta in pubblico in Ponte per ordine del Governatore di Roma. Questa cosa quando si seppe in Francia, si sollevò talmente quel popolo, che mancò poco che Monsig. Scotti Nuntio Apostolico non fusse arso nel suo Palazzo.

Da indi in poi non andorno più all'udienza del papa ne l'imbasciatore di Francia, nè quello di Spagna. (Gigli)

19 Marzo 1640
Fernando Alvarez, eretico impenitente

A hore 1 di notte fu dalla Corte di Mons. Ill.mo Governator di Roma fatto intendere alla nostra Compagnia come la mattina seguente si doveva impiccar et abruciar nella Piazza di Campo di Fiore uno condannato per via di giustizia, et al presente carcerato in Corte Savella, trasportatovi per ordine della SS. Inquisitione; con avviso che detto carcerato non intendeva altro parlar che portughese; con tal poliza che diceva. È necessario avere un confessore portoghese ad effetto di confessare Ferdinando Portughese abjurato e trasportato nelle carceri di Torre Savella; havendo ciò ordinato il P.e R.mo Commissario del Santo Officio. Onde da me Provveditore, fati chiamare li confortatori della scelta, et significatoli il tutto, fu resoluto mandar dal Governatore il Priore di S. Antonino e domandarli per l'amor di Dio un sacerdote confessore, et ci fu mandato il Rev.do Giov. Gasparo Bugaglio portughese et radunati nel oratorio si S. Orsola al solito, con il nostro cappellano, sagrestani et fattore, si andò con il solito silenzio a dette Carceri dove giunti a hore 5 e ½ mentre si stavano facendo in nostra Cappella le solite preparationi ci fu dalli guardiani consegnato. Fernando figliuolo di Giovanni Alvarez portughese consegnato alla Corte Secolare della Congregatione della Santa Inquisitione, come apostata e relasso dalla fede cattolica alla perfidia Iudaica, sentenziato a dover esser appiccato, et dopo abbruciato in Campo di Fiore dal Signor Argoli J. Quale incontrato da due nostri Fratelli, et dal sud.o D. Giovanni Gasparo Bugaglio, fu dal Bugaglio in lingua portoghese esortato a raccomandarsi a Dio con essere pronto a murire volentieri per dar segno del obbligo che deve a Dio e confonder la superbia del diavolo, dando ad intender, che gli errori fatti sono stati per fragilità. Il che ascoltando detto condannato, non fece segno nessuno et introdotto in nostra Cappella et fattolo inginocchiare al solito luogo, fu esortato (dopo altre cose dettegli, dalle risposte del quale si hebbe che erano sei anni che no si era confessato, poiché era stato quattro anni prigione a Pisa ad Istanza del Inquisitore et dui anni a Roma nel S. Officio et sei anni anni era stato prigione prima in Coimbra nel Portogallo pur nel S. Offitio, essendo stato abjurato lá con penitenza salutare del Abitino; et adesso era d'età di settantasei anni) a voler fare una buona Confessione, per mezzo della quale potesse ricevere l'innocenza battesimale, la quale hebbe fanciullo essendo nato di parenti cristiani; lo Fernando rispose

che volentieri lo desiderava et così fu lassato solo con D. Gio. Gasparo, et stato un pezzo lì ginocchioni levandosi, entrorno li deputati con il nostro cappellano ricercando se aveva finito; et D. Gio. Gasparo disse di no, poiché si era levato per spasseggiar et pigliar tempo per ricordarsi et richiesto a parte d.o Confessore se si confessava volentieri ci rispose che si. Onde pregato a non tralasciar la cura et insisterli et così ci ritirammo; et tornorno loro due a discorrer passeggiando et essendo osservato dalla porta dopo un grandissimo pezzo et visto il reo esser solo et passeggiar; si entrò di nuovo in Cappella et abboccatisi con il d.o Confessore come passavan le cose disse che il paziente andava pensando et di novo raccomandatali la cosa ci ritirammo et il d.o Confessore si sentiva che d'intanto in tanto parlava con d.o Patiente; ma essendo pronunzia portughese non si poteva intender niente et standosi osservando alla porta fu osservato che d.o Patiente era un gran tempo che passeggiava solo; et essendo XI hore e mezzo si entrò dentro et dal istesso confessore saputo che era un pezzo che non era stato da lui et quando lo ricercava li rispondeva che stava pensando; et messici attorno d.o reo et fattolo con fatica restar di passeggiare, fu fatto sedere per forza; et fatto interrogar dal Confessor se che pensiero era il suo di fare; se voleva seguitar la confessione et d.o reo sempre stette questo; et con il progresso altra parola non disse se non che lo lassassimo stare et insinuando d.o confessor con li nostri fratelli à farli dir almeno Gesù, non fu possibile che mai lo volesse dire ne veder tavoletta ne segnarsi con farsi la S. Croce. Onde li dep.ti della scelta furno di parere di mandare a chiamare S. Federigo Savorgano prete e confessore nella chiesa Nova; quale havea la lingua castigliana; et giunto, si messe attorno a d.o reo con procurarli rimuoverlo dal suo pensiero con esortarlo a seguitar di far sua confessione; ne mai si poté cavar parola di bocca ma sempre procurava di voltar le spalle a chi ragionava. Fu mandato per il mastro di Giustizia per atterrirlo, qual venuto e messogli le capezze, con dire che si andasse via, esso reo si levò in piedi audacemente con avviarsi alla porta; ma fatto soprassedere per un poco lo facessimo sedere; ne mai po' volse parlar cosa nessuna onde il mastro di giustizia per atterrirlo dette una stirata alla capezza grossa che quasi fu per soffocarlo, et noi fattili slargar la capezza si bagnò con aceto è greco et ritornato in cera fu condotto nella stanza avanti la nostra cappella; ne mai parlò.
Onde ordinato che il P. Stefano dicesse la Santa Messa intanto che

uno d.i Preti li erano attorno; et nel volerla cominciare io Provveditore (con il parere dei nostri fratelli), levatami la veste, andai da Monsignor Ill.mo Governatore de Roma a darli conto di tutto il fatto et giunto al suo palazzo alle 13 hore, essendo M.r a letto feci far l'imbasciata per uno suo cameriero quale tornato fora ringraziò la nostra Comp.a et che sarebbe ordinato ciò che havesse giudicato espediente. Ritornato io Provveditore in nostra cappella trovai nel istesso stato, et dopo molto dire de preti, et de nostri fratelli in lingua castigliana che era cosa mal fatta non voler parlare ò respondere ciò che voleva fare; se voleva morir da cristiano o hebreo et fattoli portar un cappello da hebreo li fu dato dal confessor portoghese che pigliasse che voleva, neanche mai volse prenderlo; et così fu trascinato dal boia per tutta la strada; ne mai volse parlar. Fu mandato alla Minerba per un padre portoghese che venisse con il predicator degli Hebrei con consenso po' et ordine dei m.i della scelta, et essendo venuti alle 14 hore domandando del portughese il predicator delli hebrei disse che era fora de casa et fu soggiuntoli che di quello ci era bisogno et non d'altro. Poco dopo arrivo il sig.r Argoli logotenente di M.r Governatore di Roma et fatto chiamar me proveditore fu informato di tutto il successo; et introdotto fu messo a sentire parlare detto reo quale stava dicendo come li era stato detto che non doveva morire et adesso lo tradivano.; et esortato poi che non per questo si abandonasse, ma chiamasse Gesù, et a basciar i piedi al Crocefisso non lo volse fare; et pure dettoli come voleva morir disse non sapere ed il D.o sig. Argoli partendosi disse che andava da mr Commissario del S. Offitio a referir il passato. Ne fu mai possibile per quanto si continuasse con esortazioni a cavarli altra parola di bocca et dopo un gran pezzo disse al d.o confessore portughese che havendo detto assai si quietasse e serrava gli occhi. et così il R. Federigo Savorgniano, disse che non poteva oprar niente ma che andando a dir la S. Messa pregherebbe per lui. 15 hore stando d.o Reo così ostinato fu da me proveditore ordinato al Mastro di giustizia che accesa una torcia à vento desse nelli fianchi di detto reo et così fu fatto, et vedendosi spogliar mai disse niente et dandoli il Mastro i colpi strillo forte da tre volte "hai" et fatto fermar fu esortato dal portoghese confessore che peggio era il foco dell'inferno, et fattolo vestire si mise à sedere, come se non fosse stato cosa nessuna ne mai altro si poté guadagnare.

Poco dopo arrivorno due padri zoccolanti d'Araceli fatti chiamare da ministri della scelta, cioé il P. fra Andrea da Costa, portughese (con il quale in tempo di prigionia havea parlato più volte) con il compagno, et neanche questo poté guadagnar niente di spirituale poiché Fernando discorreva de casi suoi, et del suo paese (come si veniva a stringer della Fede ò farsi croce, ò altro di bono) ammutiva et voltava il capo altrove. Di lì a poco arrivò il P. Roderigex Cabrera Portughese gesuita con il suo compagno venuto per ordine di M.r Govern.e et si messero tutti à torno d.o Fernando. Verso le 16 hore fu mandato dal P. Gover.e di nostra Comp.a acciò mandasse quattro dei nostri Fratelli acciò venendo gente, non paresse che la nostra Comp.a mancasse di diligenza benché il linguaggio fusse straniero et mandò il R.do m. Francesco Cavalcanti; il R.do m.s Niccolò Balducci; Lorenzo Macchiavelli et Pietro Vannini, quali messisi la veste di nostra Compagnia et entrati in nostra Cappella si messero a far Oratione et il R.do Niccolò Balducci disse la Santa Messa; alla quale non fu fatto intervenire d.o reo per non volersi dichiarare che religion voleva. Di li a poco venne il P. Emanuel Crondelo, penitenziero della lingua portughese in San Pietro con un suo compagno gesuiti; et venne d'ordine del Eminentissimo Signor Cardinale Barberino, et introdotto abbracciò detto reo; et ritirandosi in nostra cappella significò che havrebbe giudicato bene darli qualche cosa da mangiare; et così per il nostro fattore fu mandato a pigliare alcuni mostaccioli et fu portato ogni cosa assieme, con del vino da lui et messa li vicino, et ritirati tutti si serrò la porta. Venne il p. compagno del p. Commissario del S. Offizio et ci avvisò che veniva il p. R.mo Commissario; come fece di lì a poco, il quale da me Provveditore e dalli P. P: Costa et Roderiguez et D. Gio. Gasparo fu informato di tutto il passato et che allora si tratteneva con il p. Condelo et così volse aspettar l'informatione di d.i p. Quale dopo una grandissima dimora escì fora con risposta; che d.o Reo li haveva detto che voleva morir giudeo; ma che po' non l'abbandonasse et questo fu vicino le 18 hore, onde meravigliati tutti, et in particolare il P. R.mo Commissario disse che questo reo in sua presenza si era fatto il segno della Santa Croce in fronte, in bocca et nel petto, et li haveva detto che voleva morire da bon Cristiano; et pregò me Provveditore che per edificativa del popolo non mancassi di farlo andar con la tavoletta avanti, havendo havuto questo di bono dal d.o Reo; ma che realmente era peggio che atheista, et tutta la Congregatione del S. Offitio era stata di parere che dovesse morir come hebreo; poiché in Pisa fu scoperto a lavorare il sabbato; et da me Proveditore li fu soggiunto che a sua P.P. Reverendissima non solo in questo ma in qualsivoglia altra cosa era obbligata la nostra Compagnia di servirla.

Essendo venuto il Capo Notaro di Monsignor Ill.mo Governator di Roma con altri Officiali mandati da detto Monsignor et sopra questo fatto tutti insieme con il P. Reverendissimo Commissario discorsero un gran pezzo et tutti partirno dal Sr Argoli, et Capo Notaro in poi, et osservando il Signor Argoli che detto reo hora dava bona intentione ad un Padre, et hora a un altro, escludendo et annichilando quello che aveva detto prima et vedendo che l'hora era tarda, essendo sopra le 18 hore, pregò me Provveditore che essendo al luogo della Giustizia et salendo detto reo la scala era necessario che si dichiarasse in ogni maniera come voleva morire et che presi due testimoni con il Capo Notaro havrebbe data altra sentenza) po' ricordasse al Bargello l'ordina havuto dal Signor Argoli, in evento che se ne scordassi, et così promisi.

Partito il Signor Argoli, il Bargello mi fece chiamare per sapere quanto si poteva ancor trattenere per far eseguire la Giustizia, poiché l'hora era molto tarda et da me Provveditore gli fu risposto che ogni volta che voleva, la nostra Compagnia sarebbe venuta; et che circa d.o patiente, non era possibile più guadagnarlo alla nostra fede et che già eravamo fora di speranza; tanto la cosa pendeva dal suo volere; et così partissi. Di lì a poco venne il luogotenente (che potevamo esser vicino le 19 hore) et mi fece intender che il Bargello aspettava con ordine di far seguire la Giustizia, et così fu chiamata la nostra Compagnia qual venuta, fu a d.o reo significato che non era più tempo di vita per lui et egli arditamente senza parlar si avviò da se; et così accompagnandolo due dei nostri Fratelli con la tavoletta alquanto lontana acciò li P. P. Emanuel Cordelo, Roderiguez Cabrera et fra Andra Costa et il prete Gio. Gasparo Bugaglio havessero agio di discorrer con d.o reo. Poi si andò a basso, dove essendo a piè della scale (conforme è solito) il nostro Crocefisso d.o reo non si volse mai accostare; et così avviandosi la corte e la nostra Compagnia verso Campo di Fiore da nostri fratelli eran cantate le solite letanie. Giunti al luogo della Giustizia mentre dal mastro era guidato d.o reo par la scala del palo il Bargello fattolo fermare chiamò due testimoni, et guidatili vicino al reo disse alli P. P. che era necessario che d.o reo si dichiarasse come voleva morire, cioè o Cristiano o Giudeo.

Et così affaticatosi d.i Padri per tal dichiaratione alla fine il scellerato

Fernando proruppe con voce non timorosa che voleva morire nella Legge Mosaica.

Le parole detteli dalli Padri assistenti, le meraviglie fatte da tutti furono assai.

Venuto il Capo notaro Liberato Polinea diede il giuramento alli testimonij et li menò dal Argoli.

Poco dopo venne ordine che d.o perverso Fernando fosse bruciato vivo; et fattolo scender dalla scala, fu fatto salir sopra un panchetto di scarpinello acciò stesse più alto, et legato al palo con la capezza che lo teneva tirato; mentre dal mastro di Giustizia si metteva all'ordine le legne di d.o infame Fernando, come un altro Giuda, data una spinta allo sgabelletto che teneva sotto, rimase per aria, da se stesso si diede la morte et soffocò.

Morto detto perfido Fernando, senza cantar Miserere tornò la nostra Compagnia al suo solito a S. Orsola et spogliatosi, ciascun fu licenziato, essendo stata una cosa fora d'ogni espettazione e consuetudine. A sacristani e fattore: Scudi – baiocchi 45. Per greco e confetti: Scudi – baiocchi 15. P. Mostaccioli, vino, et altro: Scudi – baiocchi 35. Al facchino: Scudi – baiocchi 30. A D. Gio Gasparo Bugaglio p. limosina: Scudi 1 – baiocchi 0. (Dai Libri del Provveditore)

19 Marzo 1640
Apostati condannati (tra cui Fernando Álvarez)

A di 19. di marzo nella Basilica di San Pietro fu letto il processo di alcuni prigioni del Santo offitio dell'Inquisitione, li quali furno un Cappuccino professo, il quale era fuggito dalla sua Religione, et apostatando, haveva preso moglie, della quale haveva havuto figlioli, questo fu condannato in galera, o per dir meglio, nel loco destinato per i Religiosi delinquenti a Civitavecchia.

L'altro fu un Prete, il quale soleva celebrare più volte la Messa, questo fu parimente condannato in galera.

Il terzo fu un Portughese, il quale essendo nato di parenti Christiani, essendo 20. anni si fece circoncidere, et diventò hebreo, et hora facendosi ribattezzare per Christiano, et il simile haveva fatto fare alla moglie, la quale fu condannata ad esser murata nel Santo Offitio.

Ma costui stando ostinatissimo, et non volendo tornare alla vera fede, fu il giorno seguente abbrugiato vivo in Campo di Fiora. (Gigli)

14 Novembre 1640
Mario Frangipane prigione in Castello

A di 14. Novembre fu menato prigione in Castello di S. Angelo, Mario Frangipane, per havere fatto fare, come si dice uno Homicidio nè suoi Castelli. Stette in prigione quasi doi Anni, et si diceva, che gli sarebbe stata tagliata la testa: et poi fu liberato, quasi miracolosamente alli 28. di Settembre 1642. (Gigli)

19 Maggio 1642
Policarpo Angelico di Giulio, giustiziato per sacrilegio

Dalla Corte di Monsignor Illustrissimo Governatore di Roma fu fatto intendere alla nostra Compagnia à hore una di notte qualmente la mattina seguente si doveva far morire per via di giustizia uno in Corte Savella. Onde da me Proveditore fatti chiamare li confortatori, et il nostro cappellano et redunati con li nostri sagrestani, et fattore nel oratorio di S. Orsola unitamente con il solito silentio, si andò a dette carceri, et ivi giunti à hore 4 ½ di notte, et entrati in cappella mentre si stava facendo le solite preparationi ci fu da quelli guardiani consegnato Policarpo figlio del q. Giulio Angelico dalla Pedona, diocesi di Fermo, clerico professo de' Minori Conventuali al secolo chiamato Placido, rimesso dalla Corte di S. Offitio per dover esser impiccato nella Piazza di Campo di Fiore et poi abrusciato per mandato del signor Gio. Tommaso Castiglioni giudice dell'Illustrissimo Signor Governatore di Roma per haver più volte celebrato, et confessato senza ordini sacri, et licentia respective. Quale incontrato dalli nostri Confortatori, et salutato con il saluto della pace e perché era perso di mal di goccia dal mezzo in giù et pero essendo stato di peso portato da un guardiano et messo a sedere sopra di una sedia in cappella, et esortato ad accettar la morte preparatoli per penitentia delle sue colpe et prostato a piedi del confessore fatta la penitentia salutare, interrogato da me proveditore se voleva lasciar ricordo niuno. Prima disse che intendeva morire di buono christiano et in grembo di Santa Chiesa et che domandava perdono a tutti quelli che haveva offesi et altri lui ecc. Disse haver dati cinquanta Giuli a Giò Baptista Corradi da Petricolo disse non haverli havuti, quali sta alla Longara al palazzo della Cornia quale s'era conosciuto, et intendere di detto se ha dati detti denari a Olimpia Notunense, quale habita vicino al arco di Monte Caprino vicino alla chiesa sotto detto arco e se non li ha dati che li dia a me

Proveditore accio io li dia alla detta Olimpia. Disse esser creditore di Matteo fattore di Sestilio, quale habita a porta Leone dietro a S. Nicola in Carcere, Giuli sette per sue fatiche di scaricatura di barche che se non gli ha dati a detta Olimpia li dia a me Proveditore accio io li dia a detta Olimpia. Item disse nella Pedona sua patria esser da suo padre stata impegnata una sua casa per scudi cento a uno chiamato Baptista et per soprannome Bussa quale vale scudi 300 in circa quale casa sta vicino alla pizza et confina con Scotena da una banda e dal altra con Caliotto tagliatore di legne, et avanti con la casa propria del medemo che li ha in pegno, et del contratto se ne è rogato Ser Meco alias Domenci Federici notaro di detto loco da 30 anni in circa, quale casa si potrebbe vendere per poter sovenire il figliolo suo nato di detta Olimpia o figlia che sia per esser nato in tempo di sua carceratione non havendo potuto sapere che cosa habbia fatto detta Olimpia cioè o maschio o femina. Item mi consegnò a me Proveditore un paio di calzoni, et un gippone, acciò io lo dessi alla detta Olimpia per servitio di quella povera creatura. In tutti li altri suoi beni presenti et futuri crediti et actioni in qualsivoglia loco esistenti fa et con la sua bocca propria nomina et vol che sia suo herede universale detta sua figlia o figlio maschio che sia se è vivo et essendo morto o morta, nomina herede detta Olimpia sua reputata moglie da estendersi detta institutione di herede nella più ampia forma solita et consueta. Alle 10 hore fu celebrata la Santa Messa da me Provveditore alla quale fu da me per viatico comunicato con molta contritione de suoi peccati et dolore; et alle 11 hore fu celebrata un altra messa dal nostro cappellano quale patientemente il detto ascoltò, con eccesso di spirito et sin al hora di giustizia fu trattenuto in continue orationi, meditationi et vari esercizi spirituali recitando il detto Policarpo a mente diversi salmi et altre orationi et litanie con molta nostra edificatione, asserendo che se Iddio non lo toccava per questa strada non poteva salvar l'anima sua et che del istesso lo riconosceva per sua particolare gratia, alle quali sopraddette cose furno presenti il P. Stefano Scarponio nostro cappellano, Monsignore Gio. Battista Sellori, Vaio Varij Acciaioli Vincentio Barelli et Gio Baptista Pedrelli nostro fattore et io Giovachino Chellini proveditore che scrissi. Alle 14 hore il detto giustiziando per non si poter movere portato giù per le scale da due bastoni e messo sopra una caretta accompagnato da due confortatori et andando verso Campo di Fiore per la strada solita della Piazza del Duca, precedendo il Crocefisso con li altri confrati cantando le litanie furno accompagnati alla Piazza Campo di Fiore dove vi era un trave piantato et accostatoci la caretta a detto trave, et sopra detta caretta messo uno scabellone, sopra il quale fu tirato dal ministro di Giustitia et legato al detto trave fu impiccato et cantato il miserere da nostri confrati, ritornorno in Sant'Orsola dove spogliatoci fatta la rassegna, recordato l'obbligo ciascuno fu licentiato. Dopo poi morto il detto messe molte legne dal ministro fu il detto abrusciato morto et le ceneri in presentia de nostri sagrestani et fattore alle hore 2 di notte furno fatte raccogliere et con due mastelli da 4 furno portate alle tombe sotto le loggie fatte riporre nelle solite sepolture cuius anima per misericordiam Dei requiescat in pace Amen. Spese di giustitia: Per greco e confetti: Scudi – Baiocchi 20. Per ciambellette et pane di Spagna: Scudi – Baiocchi 10. Per portare il scabellone in Campo di Fiore: Scudi – Baiocchi 10. Per portatura di cenere a 4 portatori: Scudi 1 Baiocchi 20. A uno che scopò la cenere fino a 2 h di notte.Scudi – Baiocchi 20. Al beccamorte che stette fino a 4 h di notte. Scudi – Baiocchi 40. A sacrestani et fattore: Scudi – Baiocchi 45. Totale: Scudi 2 e baiocchi 55. (Dai Libri del Provveditore)

21 aprile 1642
Tumulto tra li Corsi et le Corazze

In questo tempo essendo in Roma molti Soldati fecero alle volte delle insolenze, onde ne furono alcuni fatti morire. Ma in particolare alli 21. di Aprile, che fu Lunedì di Pasqua di Resurrettione, occorse un caso, che fu poi cagione di maggior disordine, come si dirà. Era in Roma un certo Buffone, il quale con piacere er maraviglia della gente soleva mangiare quindici et eventi pagnotte una dopo l'altra senza companatico. Questo essendo chiamato dalle corazze, Soldati quasi tuti Bolognesi, che stavano a piè della Salita di S. Honofrio nelle stalle di S. Spirito in Sassia, et havendoli fatto mangiare di molto pane, volevano che poi bevesse, et negando quello di volere ciò fare, perchè non poteva bere, li Soldati volevano che bevesse per forza, et mentre erano in queste contese, alcuni Soldati de' Corsi, che alloggiavano in Trastevere essendosi fermati a vedere, dissero a quei Soldati, che non lo facessero bere per forza con pericolo di farlo crepare. Sopra di che venuti a parole insieme, et poi alle mani, uno di quei Corsi, che era Locotenente, fu dalle corazze ammazzato, et un suo Compagno fu ferito malamente, si che morì dopo alcuni giorni. Li Corsi, che stavano in Trastevere nella Piazza di Ponte Sisto havendo inteso questa cosa si mossero per andare contro alle corazze, et sarebbe successo maggior male sei il Sig. Cardinale Antonio Barberino Camerlengo, il quale in absenza del Principe D. Taddeo suo fratello, ha la cura delle Militie, ritrovandosi allora con altri Cardinali nella Sagrestia di S. Pietro, non fusse subito corso al rumore, et fece fermare le corazze, e tornare a dietro i Corsi, et dapoi, sequestrati li uni et l'altri ne' loro Quartieri: li fece anco far la pace con promissione di non offendersi più oltre. Ma li Corsi, li quali sono gente feroce et vendicativa fecero una congiura, et determinorno di andare in un giorno determinato ad assaltare le corazze, et farne grande uccisione. (Gigli)

26 Settembre 1642
Papa Urbano si duole de' Nepoti

Ma il papa haveva ragione di dolersi, et diceva di esser stato tradito dalli suoi Nepoti, perchè D. Taddeo haveva havuto ordine, et denari per fare trenta mila Soldati, et ne haveva fatti, se non diece mila, et il Cardinale Barberino sapendo, che le cose andavano male, per non dar disgusto al papa suo Zio non glie ne haveva detto niente. Et un errore grandissimo era stato commesso, perchè tutte le Città erano state spogliate dalle loro militie, et Soldati perpetui, li quali erano stati mandati a Roma, o in altre parti, et il Duca di Parma, havendo trovato il passo libero senza haver chi gli facesse incontro era entrato in Bologna, et D. Taddeo non haveva havuto ardire di farsi vedere, si che quello faceva scorrerie per il Bolognese,et per la Romagna. Et il papa disse, che egli haveva havuto quattro Parenti, uno era Santo, e non faceva miracoli (questo era il Cardinale Barberino), uno era Frate, e non haveva pazienza (questo era il Cardinale suo fratello chiamato di S. Honofrio, già Cappuccino) uno era oratore, e non sapeva parlare (questo era il Cardinale Antonio) et uno era Generale, e non sapeva cacciar mano alla spada (questo era il Principe Prefetto). Ma il papa vedendosi ridotto a tal termine fu necessitato di ricorrere all'ajuto, et servirsi di quelli stessi, che lui haveva maltrattati, et poco meno, che fatti morire, Laonde liberò di prigione Mario Frangipane, quale haveva tenuto doi anni in Castello, et poco meno, che non gli haveva fatto tagliar la testa, essendo stato imputato di haver fatto ammazzare un suo Vassallo, se bene quelli istessi che l'havevano ucciso, li quali furno impiccati, prima di morire havevano detto che il loro Signore era Innocente, con tutto ciò si era proceduto con sommo rigore contro il Frangipane, il quale haveva sopportato quel travaglio con gran fortezza et patienza. (Gigli)

28 Settembre 1642
Mario Frangipane liberato di prigione, et honorato

Fu addunque alli 28. di Settembre liberato Mario per ordine del papa, et pregato a voler accettare il carico di Consiglier Maggiore in questa guerra, la qual cosa fu con grandissimo gusto di tutto il Popolo Romano, il quale haveva grandemente compatito alla sua disgratia. Uscì di Castello S. Angelo, et nel medesimo tempo se ne andò a ritrovare il Cardinal Antonio, che stava con l'esercito a Civita Castellana. (Gigli)

2 Maggio 1642
Nuovo tumulto de' Corsi

A di 2. di Maggio li Corsi, che stavano in Trastevere essendosi accordati con altri Corsi, che stavano in Roma a Piazza Fiammetta, di andare alle 19. hora a dare l'assalto alle Corazze, che stavano a S. Spirito, et farne grande uccisione; si mossero nell'hora determinata. Et quelli di Piazza Fiammetta havendo trovato alcune corazze per la strada di Torre di Nona incominciorno a perseguitarli, li quali vedendosi inferiori, benché si difendessero, furno feriti a morte, et fuggendo uno di loro in particolare, il quale era Perugino, sotto un certo porticale si abbattè quivi in un Frate di S.to Agostino, et mentre si confessava, gli arrivò a dosso uno di quei Corsi, il quale con gran crudeltà (stracciando l'habito, et facendo violenza al Frate, il quale pregava, che non l'offendesse di nuovo) con molte ferite lo finì d'ammazzare. Et essendo questi Corsi arrivati al Ponte si attaccorno con i Soldati di Castel S. Angelo, facendo forza di passare avanti, et entrare in borgo. Dall'altra parte li Corsi di Trastevere per la Strada della Lungara nel medesimo tempo andorno verso gli alloggiamenti delle corazze, ci che a pena fu serrato il Cancello per vietarli il passo, et furno sparate di molte archibugiate. Fra tanto il Cardinale Antonio Barberino correndo a cavallo con altre Squadre di Soldati cercò di fermare il tumulto, et furno tirate di molte archibugiate, et alcuni vi morsero, et finalmente furno presi molti Corsi di quelli di Roma; ma quelli di Trastevere molti se ne fuggirno a S. Pietro Montorio, et quivi si difesero, et si tennero forti, et poi finalmente se ne fuggirono di

Roma. Lo spavento fu grande per la strada de' Coronari, et per le altre contrade vicine al Ponte, et tutti serrorno le porte, et botteghe, temendo, che li Soldati finalmente non fussero per dare il sacco alle Case. (Gigli)

3 maggio 1642
Soldati Corsi fatti morire

A di 3. di Maggio giorno di Santa Croce Sabbato dopo pranzo furno alzate lo forche in Borgo vicino S. Spirito, et furno fatti morire otto di quelli Corsi, tra li quali fu quello che haveva ucciso il Soldato che si confessava, et fatto violenza al Frate, et li fu data la mazzola in testa, gli altri sette furno impiccati. Molti altri furno mandati in galera. Et finalmente tutti li altri Corsi, che erano in Roma a di 5. di Maggio furno licentiati, et toltegli l'Arme furno mandati alla Patria loro, ma in gran numero furno quelli, li quali se n'erano fuggiti con le arme.(Gigli)

20 Agosto1642
Tumulto tra Francesi, Spagnoli et Portoghesi

A 2 di Agosto l'Imbasciatore di Portogallo andò a dsinare con l'Imbasciatore di Francia, il quale habita nel Palazzo del Duco di Cere dietro alla Fontana di Trevi, la quale cosa havendo saputo l'Imbasciatore di Spagna, il quale si ritrovava in Casa del Card. Roma Milanese, cercando di ammazzare detto Imbasciatore, si mosse per assaltarlo, quando partiva da Francia, et già questo di Spagna haveva cominciato a menar seco quando andava per Roma 80. Palafrenieri armati, et essendosi mosso andò un pezzo girando pian piano per incontrarlo.

Partì dunque l'Imbasciatore di Portugallo da Francia verso le vinti tre hora, et montò in carrozza senz'altre guardie secondo il suo solito, et entrò nella strada dietro a S. Maria in Via, et quello di Spagna per la Strada del Corso entrò nel vicolo accanto il Palazzo de' Veralli in piazza Colonna, che è il primo vicolo a man destra venendo da Piazza Sciarra.

Nell'istesso tempo un Italiano, immaginandosi, ciò che era, corse al Palazzo di Francia, et diede avviso, che li Spagnoli volevano assaltare l'Imbasciatore di Portogallo, et i Francesi subito presero l'arme, quelle che gli vennero alle mani per correre a darli ajuto.

Nel medesimo momento, essendo avvisato, corse il Barigello di

Roma con tutta la Sbirraria per impedire che non si affrontassero insieme. Ma essendo arrivato l'Imbasciatore di Spagna in capo a d.o Vicolo, e già voltando verso S.ta Maria in Via, et i Francesi correvano appresso per dare ajuto. Li Sbirri intanto corsero per impedire, che non affrontassero, et sparorno alcune archibugiate, li Francesi credendo che l'archibugiate fussero state tirate da' Spagnoli, cominciorno subito a scaricare verso la carrozza di Spagna una tempesta di archibugiate, ma li cavalli della carrozza alzati in piedi riceverono nel petto una infinità di palle, et li Spagnoli anch'essi scaricando, si fece un atrocissimo fatto d' arme. Un Paggio dell'Imbasciator di Francia Cavalier di Malta giovanetto valorosissimo passò sino alla Carrozza di Spagna, et sparò una Archibugiata addosso all'Imbasciatore, il quale perché era armato non fu morto, ma uno che gli sedeva a canto morì, et l'Imbasciatore fu toccato in una mano, il detto Paggio Francese, fu in quel tempo ammazzato dalli Spagnoli; un altra archibugiata, che veniva pure addosso all'Imbasciatore ammazzò un Gentilhomo, il quale la riparò con il proprio petto. L'Imbasciatore di Spagna, finalmente scappò di carozza, et fuggì in piazza Colonna in casa del Cardinale Albornozzo, il Nepote del qual Cardinale, si dice che morì in quella zuffa, vi morì anche un figliolo del Marchese Tasso.
L'Imbasciatore di Portogallo fuggì in una Hosteria et quivi dormì la notte. Morirono dalla parte del Portogallo tre, cioè il Paggio Francese sopraddetto, un altro Catalano, set un Servitore Portughese di detto Ambasciatore. Dalla parte di Spagna allora ne morirono altri sette, ma infiniti furono feriti, delli quali ne' giorni seguenti morirono altri sette. La carozza di Spagna fu fracassata, et vi morsero doi bravissimi cavalli, che valevano migliara di Scudi. Rimase in quella Strada, il segno du questo fatto, perché si vedevano le mura, et la strada imbrattata di sangue de' Cavalli uccisi, et segni infiniti nelle mura et pietre, et particolarm.e in una colonna, in una cantonata, che erano tutte guaste dalla tempesta delle Archibugiate.La mattina seguente venne la Cavalleria, et Soldatesca del papa a pigliare l'Imbasciatore di Portugallo, et da quella hostaria lo menorno in piazza di Agone alla sua habitatione, et furno messi per guardia del suo palazzo in piazza Navona, 500. Soldati a piede, et a cavallo, et non si poteva più andare se non a mezza di detta piazza per ché da mezza piazza in là verso S. Apollinare vi stavano le guardie, et le sentinelle di continuo, et alle bocche delle strade.

Nel tempo che si fece questo tumulto, il Cardinale Antonio barberino andava a cavallo con un gran numero di Soldati, per le contrade ivi vicine. et faceva che tutti serrassero le porte delle Case, et a quelli che incontrava ordinava, che se ne andassero a casa, et si levassero di quei pericoli.

(Gigli)

9 Maggio 1643
Furto alla chiesa Nuova

A di 9. di Maggio furno rubbate doi lampade d'argento che ardevano avanti il sepolcro di S. Filippo Neri alla chiesa Nuova. (Gigli) Febbraio 1644 - Il brigante "Fra Paolo" a Roma Fu ben vero che venne a Roma fra Polo famoso ladrone, et assassino facinoroso, et fu ricevuto con incontro di carrozze et carriaggi, et andò ad alloggiare in casa di D. Taddeo Barberino al Monte di Pietà, et quivi fu honorato, et andava in carrozza sua D. Taddeo con maraviglia di tutti. Questo dicono, che sia di sangue nobile Anconitano, et che si chiamava Tiberio Trifilo, il quale già si fece Eremita dell'Ordine de' Servi, altri dice de' Riformati di San Francesco col nome di Fra Paolo, et poi apostatò, et delle prime cose che fece si dice, fece scorticar vivo un suo Amico al quale, quando egli si fece Frate haveva donato 500 Scudi, con patto che se egli non poteva resistere nella Religione glie li dovesse restituire, et perché colui glie li negava lo fece scorticar vivo, et poi si fece bandito, et fece infiniti assassinamenti, recatti, et crudeltà, di maniera che già per molti anni era nominato et temuto per tutto. Questo ultimamente andò a Fiorenza, et fu accarezzato dal Gran Duca, et essendosi ammalato si sparse voce che Fra Paolo era morto.

Finalmente havendo amicitia di una certa Margarita Costa famosa Meretrice, la quale anco era amica di uno, il quale poteva assai con i Barberini, con questi mezzi ottenne di poter venire a Roma, pentito come egli diceva delli suoi misfatti per ottenere dal papa l'assolutione, dicendosi anco, che la detta Margarita voleva divenire penitente. Il Cardinale Barberino, il quale ha grandissimo gusto quando sente che un peccatore o peccatrice si vuol ridurre a penitenza, l'ha ajutato et favorito. Quando partì di Fiorenza, si dice, che il Gran Duca gli donò mille piastre, et doi cavalli di rispetto; nell'arrivare che fece a Roma, furno mandate carrozze ad incontrarlo, et andò ad alloggiare, come ho detto, in cada di D. Taddeo.

Andava vestito di scarlatto, et si dice, che havendo ottenuta l'assolutione del papa si vuole far Prete, et è fama che gli sarà dato un Canonicato di San Pietro. Questo è certo che D. Taddeo gli dà 30 Scudi il Mese, et il Card. Barberino settanta.

Ma tutto il popolo sta in aspettatione per vederne la fine, perché niure può credere, che costui, che è avvezzo a fare tradimenti et ricatti, et assassinamenti, sia per essere huomo a bene, et si ricordano tutti della riuscita che fece nelli anni passati Giulio Pezzola, huomo simile a questo. (Gigli)

11 Aprile 1646
Omicidio e taglia

Si fecero diversi homicidii, ma particolarmente a di 11. di Aprile fu trovato un Cadavere di un huomo di giusta statura, di pelo nero, che cominciava a incanutire, con una camiciola di Scarlatto rossa, et una pezza di stomaco dell'istesso scarlatto foderata di velluto rosso piano, et con una camicia sottilissima, del resto ignudo, con le mani legate, et con molte ferite in testa, sotterrato nello stabbio appresso al Palazzo S. Marco, vi era stato portato quella notte, si dicevano i vicini, havere inteso un grandissimo abbajare di cani. Fu scoperto da uno, che era andato per caricare lo stabbio.

Fu tenuto per più giorni in mostra, et non fu da alcuno riconosciuto chi fosse. Uscì poi un editto con la taglia di molte centinaja di Scudi, et liberatione di Banditi a favore di chi manifestava chi fosse. (Gigli)

Giugno 1646
Francesi uccisi dalli Spagnoli

A dì. 25 di Giugno alcuni Francesi passavano a piè di Piazza di Agone et incontrorno uno Spagnolo, il quale vedendoli disse, Viva Spagna. Li Francesi fecero segno di volerli dare, et egli si diede a fuggire, et poi, voltatosi a dietro ferì un Francese nel viso mortalmente, et poi fuggì, et entrò nella Casa della chiesa di S. Giacomo delli Spagnoli.

Li Francesi portati dalla collera, seguendolo entrorno anch'essi dentro a quella casa, et subito furno serrate le porte dinanzi, et di dietro, et quivi li Francesi che erano sette, furno crudelissimamente uccisi dalli Spagnoli, mentre che, havendo gettato a terra l'Arme, chiedevano la vita per amor di Dio. Li loro corpi furno subito gettati dentro una tomba (nella chiesa) di S. Giacomo et non se ne parlò più. (Gigli)

22 Luglio 1646
Homicidio di una donna

A dì. 28 di Luglio si fece una giustitia notabile di uno il quale a dì 22. haveva ucciso una Donna con tradimento ad Acqua acetosa, impero chè havendo fatto con essa amicitia, et tiratala al suo volere, la condusse in quel loco, et havendola ferita mortalmente, gli levò alcuni anelli, che portava, et la Chiave della casa, et la lasciò per Morta, ma quello, che fu tenuto per miracolo, fu che la detta Donna si condusse viva dentro Roma all'hospidale di S. Jacomo delli Incurabili, dove ricevè i Santi Sacramenti, et raccontò ciò, che li era stato fatto, andò subito la corte a casa sua, et fu trovato l'homicida, che stava infagottando la robba, et menato al d.o. Hospidale davanti a quella Donna, la quale non era ancora spirata, se bene allora negò, confessò da poi ogni cosa, et così fu fatto morire. (Gigli)

Settembre 1647
Furto a S. Luigi de' Francesi

A di 7. Settembre furno rubbati nella chiesa di S. Luigi de' Francesi, Candelieri, lampade, et Crocifisso di valore di Mille, e Cinquecento Scudi. Il ladro fu scoperto da un Giudeo, et fu un certo Cavaliere Genovese con dei servitori, et doi donne, li quali furno presi et fatti morire a di 11. di Ottobre. (Gigli)

21 Dicembre 1647
Monsignor Lomellino assaltato

A 21 di Decembre la notte Monsig. Lomellino Thesoriere generale della Camera, et poco avanti Governatore di Roma, mentre voleva smontar di carrozza, vedendo un huomo, che se gli accostava, gli domandò che voleva, et quello gli sparò una Archibugiata, et lo ferì. Corsero li Staffieri di Monsig.e, et lo presero, era mascherato, et lo gittorno a terra, et mentre gli levavano la maschera, comparvero altri sei, li quali sparando anch'essi archibugiate ferirno li Servitori di Monsignore et colui levandosi in piedi, se ne fuggì con i suoi compagni senza essere conosciuti. (Gigli)

Febbraio 1648
Uccisione di una Monaca nel Convento di San Silvestro

Pochi giorni dapoi nel Monasterio di S. Silvestro in Campo Marzo, volendo quelle Monache fare una Rappresentazione nacque una gran

166

rissa, per cagione di un certo P. Giovan Battista della Congregatione de Preti lucchesi, il quale essendo andato per Confessore straordinario a quel Monasterio, persuase ad alcune Monache che tal festa non si facesse, per la qual cosa essendo nato contrasto tra quelle che volevano fare la Rappresentatione, et quelle che non volevano , vennero alle mani, et si ferirne con i coltelli et una fu scannata et gettata nel pozzo, et un'altra mori poi a di 15 di febbraro. Et fu mandato dentro il Monasterio il Boia il quale fece morire chi haveva fatto l'homicidio.(Gigli)

Giugno 1648
Heretici abjurati

A di 31. di Giugno Domenica nella chiesa della Minerva si fece l'abiuratione di sei prigioni del S.to Offitio della Inquisitione, li quali erano stati presi nella Romagna, et tutti insieme erano intrigati in diversi errori di libertà di coscienza, et in diversi incantesimi, li quali furno un Prete Parrocchiano, et doi Frati zoccolanti di S. Francesco, una Bizoca, una Vecchia, et una giovane Zitella. et quel che importa è che il Prete, et li doi Frati non solo havevano havuto credito appresso molti, ma erano tenuti, et riputati per Santi. Le Donne furno condannate a perpetuo carcere, et gli homini furno digradati et condannati a remare in galera. (Gigli)

Luglio 1648
Prigioni fuggiti dalle Carceri

A di 5. di Luglio la notte erano fuggiti dalla Carcere di Borgo otto prigioni già condannati alla morte, et quel che era di meraviglia, senza far rottura havevano aperto le serrature delle porte. Per un pezzo non si sapeva dove fussero andati, ma poi per relatione delle spie si seppe, che stavano in casa dell'Imbasciatore di Francia, dove stettero sino alli 25. di Luglio, nel qual giorno volendosene uscir di Roma in alcune carrozze avanti l'alba giunsero a Porta Angelica, ma perché le spie gli erano appresso, furno le dette Carrozze fermate dalli Sbirri, et li fuggitivi presi, et rimenati nella Carcere. L'Imbasciatore di Francia perchè erano fuggiti sotto la sua protetione cominciò a far rumore, e rivoleva i prigioni, et voleva in mano li Sbirri, che l'havevano presi, per questo furno messe le guardie alla Carcere, et nel palazzo dell'Imbasciatore, si vedevano Soldati, et monsig. Vitrice Governatore di Roma pose anch'egli nel suo palazzo un corpo di guardia.

Finalmente fu quietato il rumore essendo stati concessi, et restituiti all'Imbasciatore li sopraddetti prigioni. (Gigli)

4 Gennaio 1649
Supplizio del letterato Gio. Camillo Zaccagni

A di 4 di Gennaio 1649 lunedì a sera fu decapitato nel loco solito in Ponto Sant'Angelo, Gio. Camillo Zaccagni Romano, Oratore facondo et Poeta famoso molto stimato nell'Accademia delli Humoristi amato da molti Principi, Cardinali, e Prelati et da tutti quelli che si dilettavano di belle lettere. La causa della sua morte fu questa: Monsignor Pallavicino chierico di Camera deputato Prefetto dell'Annona haveva fatto carcerare un suo Nipote sotto pretesto che havesse mescolato il grano tristo col buono, il qual delitto, come si dice, non essendosi verificato nel processo, et essendo già uscito dalla prigione secreta nella larga, con tutto ciò non si trovava 1' hora di scarcerarlo, il che risultava in danno grandissimo et pregiudizio notabile di quel pover homo , che non potendo attendere alli Campi che teneva in affitto, andava a fatto in rovina. Giovan Camillo che desiderava di aiutare il Nepote andava spesso a parlare al detto Prelato, pregandolo che lo facesse scarcerare et in particolare vi tornò nel principio dell'Anno novo, et vedendo la durezza di quello, et parendoli che senza legittima causa usasse termini più tosto crudeli che humani, si partì da lui disgustosissimo et con molta collera, et con tale animo essendo entrato in una barberia, incominciò pubblicamente a dolersi alla presenza di alcuni che vi erano della inhumanità di quel Prelato che usava termini che non si sarebbero usati in Turchia, et che lui se ne voleva vendicare a suo tempo, quando fosse venula la sede vacante. Queste parole furono subito riferite a Monsignor Pallavicino da coloro che 1' intesero, il quale tenendo per certo che costui fosse huomo da fare quanto haveva detto, se ne andò subito dal papa, per ordine del quale Giò. Camillo fu preso in casa sua et menato nella Carcere, dove essendo andato il notaro ad esaminarlo confessò subito liberamente quanto haveva detto, non credendo però di haver fatto altro errore, se non che si era lamentato con collera, tenendosi aggravato, ma non stimava perciò che gliene dovesse venir pena gravissima. Per tal confessione, fu subito sententiato alla morte come Reo di lesa maestà, per la legge Julia, dove si legge che quello è "Reo di Maestà cujusve opera, Consilio dolo malo consilium initum erit; quo quis Magistratus Populi

Romani, quivi Imperium potestatemve habet, occidatur". Dalla mattina a buon hora fu esposto il ceppo in pubblico et la mannaia nel luogo del supplitio; e i favori di diversi Principi che l'amavano, et le lagrime delle sorelle alli piedi di D. Olimpia nulla giovorno: benché ritardassero l'esecutione sino alla sera al tardi, siccome è solito farsi ne' casi atroci. Quelli che lo conoscevano, et sapevano la sua natura ardente, stimavano ch'egli non fosse giammai per accomodarsi a morire per una causa che pareva leggerissima, per haver parlato in collera parole minacciose et non vi era esempio che per simil colpa fusse stato mai eseguito il rigore della legge Giulia contro alcuno. Ma egli subito che intese la sentenza si accomodò a morire et disse che sapeva benissimo che la legge non arrivava a condannarlo, ma che se il papa così voleva, esso si contentava di morire, et così con poca fatica delli Confortatori terminò la sua pena. Nocque facilmente a costui, et non gli risparmiò la pena, l'opinione che forsi ne concepirono il Pallavicino et il papa, ch'ei fusse homo più tosto da fare che da dire ciò che havea detto. Perché si sapeva che alcuni anni prima tolse la vita ad uno, che insidiava all'honestà di una sua sorella: et un altra volta, volendo correggere un suo Nepote fanciullo, quello gli tirò nella faccia un pezzo di mattone che lo ferì malamente, per la qual cosa trasportato dalla collera cacciò mano alla spada, et appena lo toccò nella schiena che gli tagliò una vena, et in breve morì con tanto suo dispiacere che d'allora in poi mai più volse cinger spada, et si conservano lettere da lui scritte alli amici suoi, nelle quali con parole di gran sentimento et dolore deplora questa sua desgratia. Dall'uno e dall'altro di questi delitti fu da papa Urbano che benissimo lo conosceva facilmente assoluto et benignamente condonata la pena, soggiungendo che un huomo di tante lettere et virtù meritava di esser compatito, il che non gli avvenne hora con papa Innocentio dal quale non sono apprezzate altre lettere, né scienza alcuna, se non la legale. (Gigli)

Gennaio 1649
Supplizio del letterato Gio. Camillo Zaccagni

Lunedì alla tarde fu tagliata la testa ad un tal Gio. Camillo Zaccagni huomo di 54 anni, e letterato nelle lettere Humane, e petto di qualche consideratione. La Giustitia molto fu osservata, tanto per l'hora che fu eseguita, quanto per il delitto, che fu che il detto Zaccagni avendo disgusto con Monsignor Pallavicino disse sopra una barberia che in una sede vacante gli voleva ricare una Archibugiata. Fu preso, e confessò de plano, stimando che non fosse delitto di pena di vita e communemente la Giustizia fu stimata rigorosa anzi impropria, e tanto più quanto che il papa non è huomo sanguinario.

Però l'esser egli adirato per l'affronto fatto à Mons. Lomellino Tesoriere, a Monsig. Amodei Chierico di Camera, et ultimamente ad un altro Prelato di giudicatura principale, l'ha fatto venire in questo rigore; et in effetto se non sono sicuri li Tribunali, la Repubblica diventa una Babilonia; di modo che la disgratia di questo huomo si deve anche applicare a peccato vecchio, come che anni sono uccisi un suo nipote colla spada allo sproposito, et era homo di male qualità, per le quali fu prigione molto tempo in Napoli.

Ludovico duodecimo di Francia fece morir un Cavalier Picardo per haver detto di voler ammazzare il Re, e ne fu biasimato ; però in questa materia fa molto la diversità di Governo, e però in questa materia abbiamo il Testo apertissimo nella Legge (Quis quis ff. de leg. Jul. Maie.) : di modo che il rigore non è inventione moderna. (Teodoro Ameyden)

Marzo 1649
Miracoli finti

Molti miracoli si raccontavano di Sant'Antonio di Padova et all'Aracoeli alla sua Cappella, che è della famiglia de' Palazzi Albertoni, vi era gran concorso di gente et molte elemosine, et li frati cominciorno a tenere in veneratione la sua immagine perchè la coprirno con un drappo bianco, et non la scoprivano se non il lunedi, perchè di lunedi quell'anno era venuta la sua festa.

Ma nel monasterio di S. Lorenzo in Panisperna occorse un miracolo in persona di una monica chiamata Sor Angela Caterina Segni, la quale per tre mesi era stata senza parlare per un catarro che l' era calato nella gola e nel petto.

Le moniche fecero chiamare perchè la visitasse. Fra Francesco Cuoco nel convento dell'Araceli, il quale è gran servo di Dio et è tenuto per Santo.

Questo portò dell'oglio della lampada di Sant'Antonio et dalla fenestrella, in chiesa, dove le moniche si comunicano, gli unse la gola et gli disse che havessi fede a S. Antonio, che sarebbe guarita presto et si sarebbe confessata, perchè questo era quello che dispiaceva alla detta monica che non haveva voce da potersi confessare; la notte seguente la detta monica si sognò che recitava un'Antifona di Sant'Antonio di Padova che si dice nel giorno della sua festa et essendosi risvegliata e ricordandosi del sogno disse quell'Antifona più volte et si raccomandò a S. Antonio. La mattina seguente andò in choro con le altre moniche et mentre stava quivi, si senti venire certo fastidio al petto, di modo che si parti dal coro, et gli venne voglia di andare del corpo, et in quel tempo gli parve di sentire una mano che gli toccasse il petto et gli parve che gli calasse a basso come una pietra et andò del corpo doi volte, et ciò havendo fatto si trovò liberata dal male et gli tornò la voce, di modo che ritornò in choro a trovare le moniche parlando benissimo, et quando il medico andò alla visita di quel Monasterio, gli andò incontro et lo salutò con la voce chiara, onde quello restò ammirato et disse che veramente questo era miracolo di S. Antonio, alla cappella del quale nell'Aracoeli fu portato un quadro dove è dipinta questa monica con altre due moniche sue sorelle carnali che sono in detto Monasterio. (Gigli)

Anno Santo 1650

Vi fu una notabile conversione in quest'anno nelle visite delle Basiliche di una famosa meretrice: similmente una stupenda riconciliazione d'animi tra due mortali nemici in S. Maria Maggiore: siccome ancora una considerabile penitenza in persona di Gio Raimondo Giuliani, a piedi venuto di Baviera a Roma con una croce di legno sulle Spalle di peso di libbre centosessanta. Quelli partì dalla sua patria il dì primo d' Aprile, ed entrò in Roma il dì 23. d' Agosto, alloggiando come Pellegrino nello Spedale della SS. Trinità, ove lasciò per memoria l'istessa Croce. Le quali cose tutte Servirono, si può credere, di forte stimolo a sei Ebrei, ad un Turco, e a molti Eretici di abbracciare in quel mentre la Cattolica Fede, uno de' quali Ugonotto, che sotto nome di Pellegrino si stava nello Spedale della SS. Trinità, toccato dall'efficace grazia di Dio, mentre chè Innocenzio assisteva alla mensa, si alzò da tavola, e si gettò a' piedi dell'esemplare pontefice, detestando con lagrime i Suoi errori pubblicamente, e porgendo suppliche di essere ammesso alla S. Chiesa Romana; la onde il papa abbracciandolo il consegnò al Suo Maggiordomo, perchè il rendesse instruito. Nè merita di esser passata in Silenzio la conversione dell'eretico Cristofano Ranzovio, mosso a quella dal mirare tanta pietà, e tanta religione, come egli stesso scrive in una lettera. (Ruggieri)

9 Febbraio 1650
Decapitazione di Camillo Colonna

A dì 9 di Febbraro Camillo Colonna fu decapitato nelle Carcere di Tor di Nona et poi esposto il suo corpo per poco tempo nella piazza di Ponte, dove nell'istesso giorno fu impiccato un altro suo compagno, et altri 4 erano fuggiti, li quali pochi giorni avanti erano andati di notte alla casa di un Pizzicarolo alla Madonna de' Monti, et sottonome di Corte gli erano entrati in casa, et havendo legato il garzone che vi trovorno, havevano rubbato circa mille Scudi, de' quali havendone depositati circa 500 in casa di una Meretrice, furno da quella manifestati, et presi solamente questi doi, li quali havendo subito confessato, furno come ho detto, fatti morire. (Gigli)

Aprile 1650
Tumulto sollevato mentre andava la Processione

Mentre la Compagnia del SS.mo Crocefisso camminava, si sollevò un rumore nella piazza di Monte Giordano, cagionato da doi Staffieri, li quali venuti insieme a contesa cacciorno mano alle spade, e con tale occasione molte altre spade si sfoderorno. Li Circostanti spaventati per questo rumore, et una carrozza che stava piena di gente a vedere, si pose in fuga.

La Processione era già un pezzo che haveva cominciato a passare per il Ponte verso S. Pietro, et nel loco, dove si sollevò il tumulto, erano allora giunti li Cardinali con l'Imbasciatore di Spagna, li quali impauriti per il pericolo, se ne fuggirno via, et gli altri della Processione cominciorno a voltar le spalle et ritornavano correndo all'indietro.

Io (Giacinto Gigli) stavo a vedere la detta Processione alla fenestra del palazzo di Monsig. Vitrice Governator di Roma , non molto lontano da quel luogo. Sentii il tumulto, sentii lo scappar della carrozza, et viddi la Processione che tornava correndo all'indietro, et se non era, che le bocche delle strade, et le piazze erano tutte sbarrate con le carrozze di quelli che stavano a vedere, credo per certo che la Processione si sarebbe disfatta.

Con tutto ciò molti furno quelli che svicolorno, et si vedeva chi per esser posto a fuggire, buttava via la torcia, et le fiaccole gettate per terra andavano a pezzi, li battuti, et gli altri cercavano di ricoverarsi nelle case vicine, et quelli che non havevano altro scampo, tornavano frettolosamente con la torcia in mano indietro.

Il SS.mo Crocifisso, che si portava in fine della Processione, venendo dalla Piazza del Gesù, era giunto allora quasi all'immagine della Madonna, che sta dirimpetto alla prima cantonata del Palazzo de' Cesarini.

La fuga et il tumulto arrivò fino a quel luogo, dove si attaccò quasi una zuffa tra molte centinaja di persone, che fuggendo si premevano, et gridavano, et si davano in tal modo, che alcuni sbirri, che quivi erano, per farli fermare, sparorno quattro archibugiate, et tanto quelli che andavano in processione, quanto quelli che stavano a vedere, huomini et Donne persero di molte cose, et altri le trovorno da poi, come torcie, cappelli, ferrajoli, pianelle veli, et cose simili, non mancando in tal mischia di quelli che a posta, si mettevano in mezzo per rubbare li ferrajoli, cappelli, et torcie di mano alle persone.

L'Altare sopra del quale era collocato il SS.mo Crocifisso, essendo stato posato nel mezzo della strada, non si trovava poi chi volesse portarlo.

Finalmente si quietò pure ogni romore et la Processione fu rimessa in gran parte insieme, et seguitò sino a S. Pietro.

Li Spagnoli dicevano, che quel tumulto era stato fatto contro di loro, perché il primo rumore fu mosso a monte giordano dove allora era l'Imbasciatore di Spagna con la sua corte, et il secondo rumore più grande fu fatto alli Cesarini, dove si trovavano molte centinaia di Spagnoli con torcie accese, contro de' quali pareva che tutti corressero, et tra gli altri un certo secondo Scalco dello Imbasciatore raccontava, che lui era stato preso et tirato dentro una casa dove non solo gli era stata levata di mano la torcia, et il cappello, ma che fu anco spogliato delle sue vesti.

Soggiungerò, che li Spagnoli prima che la Processione si avviasse contrastorno in S. Marcello per la Precedenza, et per questo poi fu mosso quel rumore per far fuggire l'Imbasciatore di Spagna dalla Processione.

Et dirò cosa che a pochi è manifesta, che doi huomini si tolsero dalla Compagnia con le torcie accese in mano, et si nascosero in un vicolo che non ha uscita, appresso a Monte Giordano, et quivi dietro ad una carrozza si stettero agguattati, sin che gli parve tempo, et quando essi uscirno fuora, subito si accese il rumore che di sopra ho raccontato. (Gigli)

Maggio 1650
Miracoli finti (vd. Marzo 1649)

Con questa occasione soggiungerò cose maggiori ò almeno non dissimili da questo, le quali io sin hora non ho scritto per chiarirmi bene della verità, et perchè mi pareva cosa dura di ritrattare le maraviglie credute per vere, et approvate in Roma dal giudizio universale. Cominciarò dal più prossimo, et dirò in poche parole, che il miracolo di S. Antonio di Padova pubblicato in voce, et in pittura in Aracoeli come ho notato nel mese di Marzo 1649, non fu vero, ma finto, et quello Andrea che ne fu inventore fu castigato et mandato in galera. Il quadro non fu tolto via dalla Cappella di Araceli per non far danno alli frati li quali havevano perso il concorso et l'aiuto delle limosine che gli erano fatte se tal caso si pubblicava a ciascuno. era fra quelli anche il Quadro del falso miracolo, che nel 1650 non fa tolto via dalla Cappella per non far danno alli frati. (Gigli)

24 Maggio 1650
Giustiziato Frate

A di 24. di Maggio Martedì a 22 hore fu giustitiato in Ponte uno, il quale era già stato frate, homicida, et il giorno avanti era stato preso con pistole prohibite, et un coltello stilettato. (Gigli)

18 ottobre 1650
Compagnie fanno rumore

A di 18. fecero questione nell'uscire di S. Maria Maggiore et bisognò ribenedire la chiesa per il sangue che vi fu sparso. (Gigli)

9 novembre 1650
Tumulto tra Compagnie

A di 9. di Novembre giorno della Dedicatione della Basilica del Salvatore, le Compagnie in S. Giovanni Laterano fecero questione et vi fu morto uno, et furno sette feriti malamente, et bisognò ribenedire la chiesa. (Gigli)

Dicembre 1651
Banditi assassinano

Il Corriere di Francia fu rubbato nello Stato del papa in un loco detto le Capannacce, et il Postiglione fu lasciato per morto, et gli furno tolti piu di vinti mila Scudi di Gioje che portavano.

Per questo furno fatti alcuni editti contro li Banditi, et proposti diversi premi in denari, et di remissione per se, et per altri, a chi ne uccideva alcuno. (Gigli)

22 Gennaio - 27 luglio 1652
Esecuzione di Francesco Canonici detto "Mascambruno"

A di 22. di Gennaro fu menato Carcerato in Tor di Nona Monsig. Francesco Mascambruno sotto Datario. Ma prima che io dica l'accusa raccontarò alcune cose, per chiarezza di tal homo. Questo fu di bassa condizione, dalla Marca, et si chiamava Francesco Canonici, il quale fu sollicitatore di un certo avvocato di Casa Mascambruni, et lo servì con tanta diligenza, che morendo, gli lasciò tutta la sua Libreria, et egli seguitando la professione di Procuratore, lasciato il suo Cognome de Canonici, si prese il Cognome di Mascambruno, et delle prime cose proseguì una certa lite in favore di Casa Pamphili, et la terminò con tanta felicità, che si acquistò la grazia del Cardinal Pamphili in tal modo, che fatto papa lo fece Sotto Datario, et perché il Datario, che era Monsig. Cecchini era stato fatto Cardinale, Mascambruno era quello, che andava all'Audienza del papa, e faceva segnare le suppliche della Dataria, et seppe così bene insinuarsi nella grazia del papa, et di tutti i suoi, che gli volevano grandissimo bene, et gli furono confidati grandi segreti. Fu fatto Prelato, et ebbe una buona Abbazia, et fu fatto Canonico di S. Maria Maggiore, et poi di S. Pietro,et ebbe diverse altre pensioni et benefici. Con questa autorità, et comodità che aveva, incominciò quest'uomo ad accumulare molti denari, et per denari faceva servizio a molte persone, facendo segnar dal papa, il quale fidandosi di lui, non leggeva, se non il titolo delle Scritture) suppliche indegne, et dispense illecite, et quando era concesso ad alcuno qualche beneficio egli a suo beneplacito v'imponeva la pensione per se stesso, dicendo che così il papa gli aveva ordinato. Queste cose fece egli, ma con maggior libertà, poiché era molto potente appresso al papa. Ma essendo stato creato il novo Cardinal Pamphili, il quale come Nipote del papa, et cardinal Padrone, voleva alle volte far conseguire dei benefici et pensioni alli suoi favoriti, et perciò non solo faceva i rescritti nei memoriali, ma anche talora per maggior caldezza, vi mandava il Marchese Astalli suo fratello in suo nome a parlare a Mascambruno. Gli cominciò a dispiacere questa cosa grandemente, et cominciò a pensare come potesse levarselo davanti, et disse al papa, che il March.e Astalli ogni giorno lo importunava per ottenere pensioni et benefici et cominciò a persuadere il papa, che lo facesse partire di Roma, et anche con qualche occasione mandasse fuori il Cardinale stesso. Et già il papa aveva cominciato a dire al Cardinale che il March.e suo Fratello, tutto il giorno andava a dar fastidio al sotto datario con nuove suppliche, et che era bene che si partisse di Roma, et andasse a stare nel suo Marchesato. E di ciò si era sparsa la voce per tutta Roma, che il papa voleva cacciar di Roma tutti i parenti del Cardinale. Il Cardinale vedendosi così perseguitato, si risolse di manifestare al papa un eccesso gravissimo, che aveva commesso il Sotto Datario; et la prima volta, che ritornò all'Audienza et che il papa gli tornò a dire il medesimo, egli rispose, che suo fratello non portava al Sotto Datario se non suppliche meritevoli, ma che Sua Santità avvertisse bene, perché Mascambruno gli faceva segnar suppliche indegnissime, et ciò dicendo si cavò di petto un memoriale, nel quale si conteneva il caso seguente. In Portogallo un certo Sig.re avendo fatto vestire da fanciulla un ragazzo, l'aveva sposato con le solennità del Matrimonio per mano di un Parrocchiano, ed essendosi scoperta tal cosa, erano stati carcerati tutti tre dai Giudici della Sacra Inquisizione. Ad istanza di questi tali, Monsig. Mascambruno Sotto Datario, fece segnar dal papa una supplica, nella quale si faceva grazia, che la loro Causa non fosse giudicata dai Giudici della Sagra Inquisizione, ma che fosse rimessa ad un certo Vescovo parente di d.o Sig.re. Avendo il papa inteso tal cosa gli dispiacque grandemente, et essendosi certificato, che ciò era la verità, disse a Mascambruno, che lui era stato tradito, et parlò con molto risentimento. Si dice, che la supplica fu scritta con un titolo falso, che nella sommità del foglio diceva: Dispensa Matrimoniale, et poi che fu segnata dal papa, con le forbici fu tagliata una striscia dove era quel tutolo falso, et vi fu scritto il titolo vero. Il papa la segnò senza leggerla, credendo secondo il titolo che fosse dispensa lecita et consueta. Mascambruno ne riportò un donativo di quaranta mila scudi, et vedendo che il papa ne stava alterato. E temendo che, se lo Spedizioniere che aveva scritta quella Supplica fosse stato preso, potesse nocere a lui (era questi un tal Brogliardelli Genovese, che abitava appresso la chiesa Nova) se ne andò alle cinque ora di notte a trovarlo a casa et gli portò cinque mila scudi, et gli disse che subito se la cogliesse di Roma. Così lo spedizioniere se ne fuggì, lasciando la moglie con li altri, li quali non molti da poi furono tutti presi e menati in prigione. Furono presi anche molti altri spedizionieri et altri uomini et donne, et ogni giorno se ne menavano carcerati tanti, che si diceva che erano più di cento persone. Mascambruno ebbe molta comodità di poter fuggire, ma confidando forse troppo di se stesso, o sperando nella benevolenza et grazia del papa, non seppe farlo, onde fu preso come ho detto il dì 22 di gennaro nel Palazzo della Dataria, et quando gli comparve avanti il Bargello, et gli disse che doveva menarlo nella Carcere, egli voleva in ogni modo andare in abito di prelato, ma non gli fu concesso, et fu menato in carrozza vestito con sottana et mantello come un prete ordinario. E poi che si seppe la sua carcerazione, vennero a Roma li parenti del già morto avvocato Mascambruno, et dissero che non essendo costui del loro sangue, non era conveniente che dovesse apportare infamia alla lor famiglia et però fecero istanza che dovesse nominarsi Francesco Canonici, et non con il cognome di Mascambruno da lui usurpato, et così fu fatto. Vennero poi molte querele di coloro che erano stai aggravati da costui et furono manifestati molti casi nei quali aveva ingannato il pontefice, facendogli segnare suppliche illecite, et di matrimoni sino tra fratelli et sorelle et altri molti tutti gravi. Lo spedizioniere genovese, che era fuggito, et non si sapeva dove fosse andato, scrisse una lettera ad un suo amico pregandolo, che gli fosse raccomandata la moglie. Quel tale portò subito la lettera va Monsig. Governatore, et così essendosi saputo, che stava in Genova, mandarono a pregare i Genovesi, che gliclo dessero in mano, il che essi non volsero fare. La prima volta che Mascambruno fu menato avanti al Fiscale per essere esaminato, fece instanza di una delle due cose, o che vi fussero presenti due testimoni, li quali sottoscrivessero a quello che lui aveva deposto, o vero che egli stesso voleva sottoscrivere la sua deposizione, et così fu fatto sempre, che dopo che il Notario haveva scritto le sue risposte, egli le rivedeva, et poi sottoscriveva di sua mano, et lineava tutta la margine della carta acciò che niuno vi potesse aggiungere cosa alcuna, et si mostrò nelle sue risposte tanto accorto, cauto et scaltrito, che faceva stare il Giudice a segno, et vedendosi che il fiscale era insufficiente ad esaminarlo fu levato di offitio, et fatto un altro in suo loco, et quello perché pareva che gli andasse con rispetto, et lo favorisse, gli fu dato un altro Giudice per compagno, il quale fu anch'egli deposto dall'offitio, et cominciò ad esaminarlo Monsig. Governatore istesso, al quale furno aggiunti quattro altri Giudici, dalli quali era rigorosamente esaminato ogni giorno, et durava l'essame gran pezzo, sino a sette, et otto hora continue, et egli stava sempre avvertito nelle sue risposte, che non si lasciava convincere, et essendo interrogato, perché haveva fatto segnare (per esempio) la tal supplica? Rispondeva, che lui non haveva fatto cosa alcuna senza mostrarla prima a Sua Santità, ovvero rispondeva, domandatene alla Sig.ra D. Olimpia, che vi dirà il perché. Altre volte rispondeva, che lo domandassero al Principe D. Camillo o al Principe Giustiniano, o al Principe Ludovisio, et così non negava di haver fatto quella cosa, ma ne attribuiva la colpa a questi Signori, che potevano commandarli. Un'altra volta domandato perché haveva fatto la tal cosa? Rispose, io non posso dirlo a voi, menatemi avanti al papa, che ve lo dirò. Con questi modi pareva a lui di non potere essere convinto, et non hebbe altra maggior cosa contro, se non che gli fu menata in faccia la moglie di quello Spedizioniere Genovese, la quale gli disse, che lui di notte era stato a casa sua a trovar suo marito, et gli haveva portato cinque mila scudi, et dettogli, che se ne fuggisse via di Roma. Queste cose, et questo essame si continuava per molti giorni et mesi, nel quale tempo non vi fu inditio di poterli dare alcun tormento come si consuma con i delinquenti carcerati; ma ne anco si arrendeva per i patimenti et strapazzi di una lunga prigionia, poiché stava in secreta, solo, con i ceppi a piedi, mangiava pochissimo, et per forza, non si spogliava, et poi gli aggiunsero le manette alle mani, perché dicevano che si era voluto strozzare da se stesso, et nell'essame stava tante hore in piedi col capo scoperto che era un gran patire, massime in un homo avvezzo a molte commodità. Fra tanto Monsig. Mascambruno carcerato stava ancora in Segreta et si era ammalato, et per li patimenti era molto trasformato. Con tutto ciò non si arrese mai, ma con l'istesso animo, stava forte, cauto, et avvertito, come haveva fatto sino da principio, a non dir cosa, che li potesse esser di danno. Et essendo interrogato perché aveva fatto segnare alcune suppliche indegne, rispondeva che il papa prima di segnarle le aveva viste, ovvero diceva, che ne domandassero la causa alli parenti del papa. Per la qual cosa molti dicevano, che costui sarebbe stato liberato. Altri dicevano che essendo stato quest'uomo confidentissimo del papa, et domestichissimo dei suoi parenti, et partecipe di gran segreti, bisognava che in ogni modo morisse, perché se rimaneva in vita, essendo stato disgustato, poteva dopo la morte del papa nocer grandemente alli suoi parenti. Hora perché chiaramente appariva per più di 30 suppliche, che erano state segnate per mezzo suo degne di severo castigo, onde il papa diceva di esser stato tradito; ancorché egli non havesse mai confessato di haverle fatte per se stesso, ma per ordine et volontà di chi li poteva comandare; non di meno tutti li Giudici lo dichiarorno degno di morte, conformandosi con molti esempi di casi simili altre volte eseguiti in tempo di papa Leone Decimo, et altri. Il papa però volendo che il tutto passasse con ogni equità et raggione, commandò a doi avvocati li quali furono il Boncompagni et il Pasqualone, che lo difendessero. Questi, havendo visto et diligentemente studiato il Processo, il quale era di undici mila fogli, non trovarono cosa per la quale costui meritasse di perdere la vita, ne meno la robba. Laonde in una lunghissima congregazione, che durò otto hora avanti li giudici di questa causa, l'avvocato Boncompagni fece un lungo ragionamento et disse che la Santità del papa gli haveva commandato che pigliasse sopra di se la difesa di questa causa et che egli sebbene era povero gentiluomo, haverebbe volentieri pagato 500 scudi del suo per essere libero da un tal peso. Che se egli voleva por mente alla voce del popolo, et al grido universale, facilmente concorrerebbe con gli altri a dire che Mascambruno meritava la morte. Ma che si come coloro li quali per poter scoprire alcuna cosa lontanissima o piccolissima, si servono dell'occhialone il più perfetto, che si possa trovare, così egli poteva dir veramente di haver adoprato l'occhialone, avendo con ogni esquisita diligenza, et attenzione sottilissimamente osservato et considerato tutto il lunghissimo processo, et con tutto ciò non haveva scoperto alcuna cosa, o causa di morte, ne di confiscatione di beni, ma solamente al più di qualche altra pena molto minore, et che di questa sua diligenza et verità egli ne chiamava in testimonio Iddio. Si dice che mentre l'avvocato queste et altre simili parole proferiva, tutti li Giudici si cambiorno di colore in faccia, et Monsig. Farnese Governatore di Roma gli disse, Sig. Boncompagni V.S. in loco di far l'offitio di avvocato, è venuto hoggi a farci una Predica, et ha fatto l'offitio di Predicatore. Replicò l'Avvocato che lui haveva detto il suo senso per la verità, che del resto, se ad essi pareva, che fusse altramente, facessero come gli pareva. Finalmente li Giudici pronuntiorno contro di lui la sentenza capitale conforme, che meritavano li delitti commessi. Che fosse menato per le strade più frequenti di Roma, et che avanti al Palazzo della Dataria gli fosse tagliata la mano destra, et poi menato in Campo de Fiori fosse quivi strozzato dal Carnefice, ovvero gli fosse data la mazzola in testa, et poi fosse appiccato per un piede, et finalmente il suo corpo fosse abbruciato, et le ceneri gettate nel Tevere. Questa sentenza così rigorosa fu moderata che gli fusse solamente tagliata la testa. Il che fece il papa per sua benignità et gratia del Principe D. Camillo suo Nepote; ovvero come dicono per privilegio che hanno li signori Canonici di San Pietro, che se alcuno di loro commettesse qualche delitto, per il quale meritasse qualsivoglia altra sorte di pena grave et ignominiosa, non se gli possa dare altra pena, che di troncarli il capo. Si dice che il papa ne pianse, perché gli voleva tanto bene, che se non si scoprivano questi suoi demeriti, nella prossima passata Promotione l'haverebbe fatto Cardinale. 14 Aprile 1652 A dì 14 Aprile domenica dopo pranzo, Francesco Canonici già Sotto Datario detto Monsig. Mascambruno fu menato in carrozza serrata dalle Carceri di Tor di Nona alla chiesa di S. Salvatore in Lauro per degradarlo dalli Ordini Sacri. Concorse popolo infinito per vederlo, ma tal cerimonia fu fatta a porte serrate. Costui non si credeva mai di dover essere fatto morire laonde diede in una gran smania, et giunto in chiesa cominciò subito ad esclamare che li suoi nemici l'avevano condotto a quel termine; gli fu risposto che non era tempo allora di quelle parole et egli voltandosi a Monsig. Sacrista, il quale fu quello che lo degradò, lo chiamava per testimonio, et consapevole di quante persecuzioni lui aveva avute da chi li voleva male, et disse tanto, et parlò tanto, che fu bisogno di metterli la mordacchia. Fu poi ricondotto in carcere, dove con gran fatica si ridusse ad accettar la morte volentieri, et disporsi a morire. Fu decapitato avanti giorno, et la sua testa fu la mattina delli 15 aprile esposta in Ponte nel loco dove sogliono esser morti i malfattori, et dopo un hora circa vi fu portato anco il suo corpo vilissimamente vestito in una bara, et accomodatavi la testa, et dopo poco tempo fu la bara portata dentro la cappelletta che sta appresso al Ponte, nella quale si confortano i condannati, et quivi stette serrato sino ad un hora di notte, et poi fu portato via senz'altro lume, che di una sola lanterna, non si sa dove. Questo fu il fine di quest'uomo, il quale da bassi natali giunse alli honori ecclesiastici con gran stima, fasto et vanità et più anco sarebbe asceso se per avarizia non si fusse traviato dal giusto et dall'honesto. Finalmente quando altra causa di morte non si fosse provata contro di lui, bisogna dire, che il suo castigo sia stato per giusti giuditio di Dio, per haver, come si dice, buttato per le scale la propria Madre. Nelli medesimi giorni furno menati a Roma, doi prigioni, l'uno fu il Brogliardelli Speditioniere, il quale come ho detto, se n'era fuggito a Genova, et li Genovesi non havevano voluto darlo nelle mani della gente del papa; ma poi fu preso in chiesa per ordine del Vescovo di Genova, et mandato a Roma. Il secondo fu un altro, il quale era fuggito a Milano, et questo parimente fu preso con arte, et menato a Roma. Dopo questi furno carcerati in Roma degli altri Speditionieri, et ogni giorno, se ne pigliavano, se condo che essendo essaminati uno nominava il Compagno. 27 Luglio 1652. A di. 27 di Luglio Sabbato furno fatti morire li due Spedizionieri compagni principali della causa di Mascambruno Sotto Datario. Uno fu quel tal Brogliardelli Genovese, il quale come ho scritto, era fuggito a Genova, et fu preso, et l'altro fu un suo compagno, et sostituito, il quale essendo parimente fuggito fu preso in Milano. L'uno e l'altro furno menati, sopra doi Carri per le strade principali di Roma, et poi in Ponte furno impiccati, et poi abbrugiati, et le ceneri buttate nel Tevere. Questi havevano confessato infinite cose enormissime tutte degne di mortal supplitio, delle quali era stato principale autore il Mascambruno, il quale però non haveva confessato cosa alcuna, et era stato condannato solamente per il matrimonio scellerato di Spagna. Doi altri Speditionieri, uno chiamato Domenico Greco, e l'altro di Casa Vannucci si seppero che erano fuggiti in Ginevra, terra di Heretici. (Gigli)

22 Giugno 1652
Uccisione del Conte Beroaldo Bolognese

A dì 22 di Giugno, la sera a doi hora di notte fu ammazzato il Conte Beroaldo Bolognese nella propria casa dove habitava a Monte Citorio. Si dice che questo una volta sparò una Archibugiata per ammazzare il Principe di Caserta, ma non lo colpì, et essendosene poi venuto a Roma, habitava in una casa come ho detto, appresso alla chiesa di San Biagio a Monte Citorio, et haveva Moglie che era una bellissima Signora, et tre figliolini. Il Principe di Caserta volendosi vendicare, se ne venne a Roma incognito, accompagnato da otto homini armati, et dicono che sino a Nettuno venne per barca, et da Nettuno sino a Roma vennero a cavallo. In quell'hora il Conte Beroaldo stava giocando con la sua Moglie, et con il figliolo del Duca Gaetano, et con un fratello del Cardinale Raggi. Fu bussata la porta, et fu detto, che un gentilhuomo bolognese desiderava di parlare al Conte; in casa non vi era altri che un Servitore, che era novitio di pochi giorni, altri due erano usciti for di casa, il conte commandò che fusse introdotto quello che bussava, et subito entrati in Casa, andò uno alla volta del Conte con uno stiletto, et lo ferì, che cadde subito in terra morto, nell'istesso tempo fu sparata una Archibugiata, la quale passò accanto al Gaetano, ma non l'offese, et dicono, che quello voleva ammazzar la Moglie del Conte. Il servitore vedendo questo corse alla porta della strada chiamando ajuto, et subito gli fu sparato addosso una archibugiata, et cadde morto in terra. In quel tempo passava per quella strada il Caporale degli Sbirri della Rotonda con alcuni Sbirri, et sentendo romore, cominciò a gridare per fermare la rissa, et intanto gli fu sparata una altra archibugiata, et fu ferito a morte, et poco dopo morì. Quelli, che havevano fatto il male montorno sopra cavalli velocissimi, et se la colsero via, et se ne andorno a Porta S. Giovanni, et perchè era serrata, la fecero aprire per forza dal Custode dicendo, che essi erano Sbirri, che andavano mandati per cosa importante, et anco per minacciando di ammazzare il Custode se non gli apriva la porta. Et così se ne ritornorno con i loro Cavalli sino a Nettuno, et di la per barca se ne tornorno a Napoli. Il Caporale della Rotonda chiamato Caporal Nicola tra poco morì, et per testamento lasciò ala Cappella di S: Domenico nella Minerva Quaranta mila Scudi. Dicono che questi esercitava l'offitio dello Sbirro con molta cortesia., et che quando haveva da eseguire i mandati contro i debitori non solo li trattava con termini di humanità, ma gli imprestava anco i denari perchè rimediassero alli loro bisogni, dal che avveniva, che gli erano date molte mancie, et ricompensato largamente, et con queste arti haveva accumulato molti denari. Non si sapeva in Roma chi avesse commesso questo delitto: quando fu portata a Monsig. Governatore una lettera mandata da Napoli nella quale il Principe di Caserta gli scriveva che non si affatigasse per trovare chi haveva ammazzato il Co. Beroaldo, manifestandogli, che era stato egli stesso. Il Figliol del Duca Gaetano, si partì di Roma dicendo a suo Padre, che dubitava di essere ucciso perchè, come ho detto, fu sparata una Archibugiata alla volta sua, et mostrò du haver sospetto di Jacomo Raggi, fratello del Cardinale, perchè prima che fusse aperta la porta si sentì un fischio, et Jacomo Raggi si mosse per andare ad aprire, dicendo che conosceva al fischio, che quello era un Amico suo, et con questa occasione diceva, che si era aperta la porta. Il Duca Gaetano di ciò si querelò con il papa, et finalmente Jacomo Raggi si constituì prigione nelle Carceri di Campidoglio. (Gigli)

27 ottobre 1652
Diversi homicidi

Occorsero molti casi strani, homicidi, et morte di diverse persone, quasi in una medesima Settimana, et in particolare a di. 27 di Ottobre fu uccisa una Donna in mezzo la strada con la spada di un huomo, quale ella poco prima haveva fatto carcerare, perché l'haveva defraudata di certi denari, et colui che l'uccise, accompagna de le strida, et gridi di coloro, che l'havevano veduto, si ritirò nella chiesa di S. Lucia alle Botteghe scure, d'onde fu dalli Sbirri, che havevano havuto licenza di prenderlo, menato in prigione.

La Donna, che morì, allora tornava dalla chiesa di Giesù, dove si era communicata. (Gigli)

10 Marzo 1653
Impiccagione di un pescivendolo per arma proibita

A dì 10 di Marzo di Lunedì fu impiccato un Pescivendolo, perché gli fu trovata addosso una Pistola, arme prohibita, la cui morte parve casi di compassione perchè costui fu tradito da un suo compagno o compare, il quale lo menò seco al Convento de' Frati Agostiniani alla Madonna del Popolo, et lo pregò che gli prestasse quarantacinque giuli per pagare una Pistola, la quale stava in mano di un Frate, et egli voleva mandarla ad un suo parente il quale era Bandito. Così costui gli diede li denari, et colui hebbe la pistola dal Frate, et poi la diede a costui, dicendogli che la tenesse sin tanto che egli restituisse i denari prestati.

Usciti che furno dal d.o Convento, il Pescivendolo si accostò ad un muro per orinare, et quando hebbe finito, si trovò li Sbirri a canto, li quali lo presero, et cercandolo gli trovarono la pistola addosso, et il compagno era sparito, et non si vidde più. Fu menato in prigione, et disse tutto ciò che gli era avvenuto, et come quest'Arme, era venuta nelle mani del Frate. Il Frate fu preso, et gli fu trovato sotto il matarazzo del Letto, uno stiletto, et disse, che quello stilletto l'haveva levato ad un penitente, il quale voleva ammazzare un altro, et lui gli disse, che non lo voleva assolvere, se non gli dava quell'Arme nelle mani; ma della pistola, negò sempre, dicendo che lui non haveva tenuta mai tal arme, perché sapeva essere prohibita. Così il Pescivendolo fu fatto morire, ancorché molti intercedessero per lui, come caso miserabile, et degno di compassione, et anco la Compagnia della Misericordia lo domandò per liberarlo, perché quando fu la loro festa, non vi fu prigione, che potesse esser liberato, ma il papa non lo volse liberare, perché non vi era esempio che alcuno fusse stato liberato per portar pistola, et acciò la giustitia stesse nel suo ri-gore. Colui si prese la morte con patientia, dicendo che meritava di morire per altri suoi peccati, perchè haveva battuto la sua Madre, era solito bestemmiare, et della sua Moglie ne faceva quel conto, come se non l'havesse.

Fu adunque questo un Giuditio di Dio, perchè, "Qui maledixerit patri suo vel matri, morte moriatur". Molto più se l'haveva battuto. (Gigli)

Ottobre 1654
Furto fatto a casa di Donna Olimpia

Fu gran folla tra quelli, che desideravano di havere gli offitii di Conservatori, et Caporioni, perchè si sperava, che in breve sarebbe stata Sede Vacante. Ma intanto a di 15. di Ottobre papa Innocentio uscì di Palazzo, et si fece portare in Sedia al palazzo in Piazza Navona dove stava Donna Olimpia. Con la quale occasione D. Olimpia volendo pigliare alcune gioje per comparire avanti al papa, non le ritrovò, et si avvide, che gli era stato fatto un furto notabile, perchè gli mancava una Croce d'oro con il legno della S. Croce, che gli era stata mandata a donare dall'Imperatore, un Anello, che gli haveva donato il Gran Duca di Toscana, una corona di Perle, et un Horologio d'oro. Per causa di questo furto, fu carcerato per sospetto un Servitore delli Paggi, et essaminato un orefice che haveva stimato le dette gioje Fra tanto fu portata una lettera alla Sig.ra D. Olimpia scritta da uno, che si intitolava Felice Felicetti da Terracina, et diceva, che non si affaticasse in cercare delle gioje, perchè le haveva tolte lui, et descriveva il tempo et il giorno che lui le prese, et in che modo haveva ciò fatto, con aprire uno studiolo, et diceva, che gli havesse obbligo, perchè non glie le haveva tolte tutte si come poteva fare, se havesse voluto, et però che le levasse dal loco dove le teneva, et le riponesse meglio, et diceva, che lui per allora non gli manifestava il loco dove si trovava, perchè non stava in loco sicuro, ma che come fusse stato in loco sicuro, gli haveria scritto di nuovo, et che frattanto gli haveva mandato quella lettera, et haveva dato al portatore doi mila Scudi delli denari di Sua Eccellenza.

Si disse che il papa mandò a donare a D. Olimpia trenta mila Scudi per consolarla. Il Servitor che era Carcerato sostenne la Veglia per 14. hore e non confessò. (Gigli)

Descrizione di Donna Olimpia

Pochissimo frequentava li festini et altre ricreazioni che sogliono essere le cose più grate alle donne di Roma e ciò per fine di non essere obbligata a farne ancor lei in casa sua...

Era giusta di parole serie quando era in compagnia di donne, ma molto parlava quando discorreva con uomini, dicendo che non aveva parole da perdere con un sesso che solo aveva quello che non poteva rinunziare, dal che si può argomentare ch'ella forzasse la sua volontà in parlar con donne.

Li suoi discorsi erano sempre fondati su ragioni politiche e ben spesso l'appoggiava con molte sentenze che la facevano donna di gran studio, benché non fosse tale.

Aveva però tal apertura di mente e tal fecondia che le bastava di sentire o di leggere una sol volta alcuna cosa per restarle sempre nella mente...

L'avarizia la dominava e ambiva molto di far conoscere che questa non fosse vizio, ma virtù con certe sue massime particolari, dicendo che le donne devono accumulare e non dissipar.

(Dal Mss. 437, Fondo Vitt. Em., fol. 249-250)

Aprile 1655
Negromante imprigionato

Nella chiesa di SS. Pietro e Marcellino posta tra S. Maria Maggiore e S. Giovanni, fu cavato un Tesoro per via di un Negromante, dove stavano alcuni Romiti, et il Negromante fu preso et menato all'Inquisitione.

(Gigli)

5 Luglio 1659
"Le avvelenatrici"

A di 5. luglio 1659 Sabbato dopo pranzo furono fatte morire impiccate cinque Donne in Campo di Fiore, le quali nelli anni passati, nel tempo del contaggio havevano dispensato carafe di Acqua distillata con Veleni di Arsenico et solimato per far morire la Gente con la quale acqua molte Donne havevano ucciso li Mariti et altri parenti delle quali Donne ne furno molte murate nelle carcere dell'Inquisitione.

(Gigli)

5 Luglio 1659
Esecuzione di cinque donne dette
"Le avvelenatrici"

Questo giustizia fu strepitosa per il suono di tromba che si fece nelle pubbliche piazze della città, dove veniva dichiarato il delitto, et per farle morire, furono fabbricati tre carri guidati da cavalli dove furono poste le donne con le manette di ferro, et con il suono di tromba furono condotte per le strade di Roma, et dopo essere state pubblicamente vedute, furono condotte al Campo di Fiore, dove era eretto un gran palco, sopra del quale furono condotte per farle morire di forca; ma fra l'altre, indomita et impenitente era la bella macellara che non voleva l'esortazioni dei Confessori, che fin dalle Carceri aveva dato gran scandalo, ma essendogli andata in faccia la linarola assai contrita et disposta alla morte, ebbe forza più il parlar di essa che quella dei teologi confortatori, si dispose a penitenza, et abbracciare la morte, avendo per ciò mostrata la sua umiltà e pazienza et gettatasi ai piedi del Crocifisso, battendosi il petto si mostrò come l'altre contrita et penitente, et si confessò sul palco et reconciliò, et poscia essendogli stati li piedi con la veste, furgli bendati li occhi, acciò non vedesse lo spettacolo delle altre già morte et appese alla forca, onde condotta dal maestro di giustizia alla falda del palco, raccomandandosi alla Santissima Vergine, implorandola di cuore, nell'istesso tempo fu gettata a basso come l'altre; fu poi sonata la tromba et dichiarato il controveleno che era il sugo di limone, qualunque volta uno di tale male si trovasse offeso.

Il giorno seguente per editti furono pubblicati quelli che erano morti di veleno, et dichiarati li premij a quelli che avessero dati indizi sufficienti per rimettere in mano della giustizia gli altri complici. (Libri del Provveditore)

21 maggio 1669
Due giustiziati

Mercoldi si fece Giustizia et furno impiccati et squartati doi li quali havevano assassinato un povero vignarolo fora di Porta S. Giovanni al qual vignarolo, credevano trovarli gran Denari, ma quando l'ebbero ammazzato non li trovorno altro che quattro o sei scudi et dopo furno presi, et fatti morire, et li quarti furno portati in quella strada, dove havevano fatto il delitto. (Gigli)

14 giugno 1670
Un giustiziato

A di 14. sabbato si fece Giustizia di uno che era pronepote del Card. Baronio, et gli fu tagliata la testa qual era stato complice di quel Assassinamento di quel Vignarolo for di Porta S. Giovanni, il quale non haveva più di 21. anno circa, et haveva Padre, et Madre, et Moglie, et figli. (Libri del Provveditore)

24 Maggio 1675
Tumulto tra due Compagnie alla fontana di Trevi

Nell'uscire dal Quirinale, dopo la Beneditione di Sua Santità, nacque un poco di tumulto tra due Compagnie, à cagione di ciascuna per avanzarsi avanti, cioè la Compagnia della Morte di Rocca Secca e la Compagnia del Sant.mo Sacramento di San Pietro, che conduceva quella di Campagnano. Vi furono molti feriti, tra' quali uno più grave de gl'altri morì. Ciò successe alla Fontana di Trevi. (Caetano)

15 Gennaio 1685
Relazione del supplizio dei Fratelli Missori

L'infelice morte di quei due mal fortunati fratelli fu da me con stile semplicissimo descritta, per tenermi appresso la mia persona memoria di caso sì lagrimevole, seguito a mio tempo in Castel Sant'Angelo...

Furono dunque presi prigioni i Missori a Livorno, Stato del Granduca di Firenze e di lì posti in mano della Sbirarria e condotti a Roma e posti in Castel Sant'Angelo a dì 15 Novembre 1685, Regnante Innocenzo XI, anno VIII del suo Pontificato. Fu assegnato a Bernardino, fratello maggiore una commoda stanza, sopra il maschio della fortezza e, situata nel giro, finché le fu aggiustata una segreta posta a Tramontana; et essendovi due finestre ne fu fatta murare una, et all'altra fu messa un'orrida e stretta ferrata. Nicolò, il più giovine, fu posto nelle Carceri Nuove del recinto, le quali furono fatte fabbricare a tempo della Santa memoria di Clemente X per Consiglio del Marchese Francesco Massimi, mio marito Vice Castellano di questa fortezza, Parente di Sua Santità, non essendovi altre Carceri a proposito per simili casi, e così furono separati i due fratelli con i corpi, non già con gli animi, poiché a somiglianza di due piante simpatiche, benché tra loro divise, si riuniscono con le radici sotterra, e non coi rami.

Così li sventurati fratelli benché separati con le salme, vivevano uniti coi pensieri, poiché fra di loro erano legati e stretti con legami indissolubili d'un scambievole e reciproco amore.

Dopo essere stati prigione quietamente lo spazio di tre o quattro giorni, fu fatta da Ministri la ricognizione, e facendo venire molti giovani della loro età, e statura e tra questi dovevano essere riconosciuti i due fratelli, i quali si videro per quel giorno, e si diedero con scambievole e reciproco amore fraterno abbracciamenti.

Fu necessario per far simile funzione far togliere dal mento la lunga barba che nel viaggio, e nella prigionia di Livorno, erale estremamente cresciuta.

Andarono prima dal fratello maggiore, il quale avendo sentito l'uso della Giustizia, nel far la barba a i Delinquenti, ch'era di ponergli le manette per quel tempo o di farla con il merdocco, pasta atta a togliere i peli a guisa di rasore, non volle essere legato a niun conto, ma piuttosto s'offrì che le fosse fatta con il merdocco. Il più giovane all'incontro con più fortezza d'animo, disse che lasciava l'uso di simil pasta agli Ebrei, e che sebbene si credeva nelle mani della Giustizia, professava nulla di meno di essere Cristiano Cattolico, e perciò non voleva seguire l'uso de' Giudei, e che perciò lo legassero pure, e gli facessero quello che la Giustizia commandava, sottoponendosi egli a tutto ciò, che gli fosse stato imposto, e con questo dire, si lasciò porre le manette e fare la barba, con un'intrepidezza ammirabile, e con una costanza e coraggio incredibile. Finita questa funzione, si venne alla prima esecuzione, cioè a dire che gli furono posti i ferri, che pesavano venticinque libbre l'uno.

Lo fecero poi uscire da una porta detta del Soccorso e fu da un facchino portato a braccio sopra il maschio, dove giunto vi trovò il fratello con gli altri giovani,che dovevano essere riconosciuti, i quali furono posti in fila per essere meglio veduti, e fra di loro vi frammischiarono i Missori, vedendosi solamente dal mezzo in su, poiché li piedi e le gambe venivano coperte da un tappeto postovi ad effetto, che dai ferri non fossero conosciuti per li due prigioni.

Prima che passi avanti mi par bene il dire come queste ricognizioni consistevano, nella negativa che essi facevano con pochissimo fondamento d'esser stati presi in cambio e di non essere altrimenti quelli, che la Giustizia cercava, cosa, che mal poteva sussistere in una Roma, loro patria nativa, ove erano assai ben cogniti, ma gli infelici si aiutavano, se non a scampar dalla morte, a prolungare al meno la vita, che essendo finalmente un esilio o peregrinaggio dell'anima che rimira il cielo, viene all'incontro dai mondani, molto apprezzata, perché vivendo in dilettevoli trattenimenti, temono nella fine, il fine dei loro diletti et il principio dei loro tormenti, e ciò con molta ragione, poiché il saldar delle partite con il Supremo Giudice, è molto duro alle stesse anime buone. Or consideriamo ciò, che sarà per quelle, che considerate nei vizi, ad ogni altra cosa han pensato, che alla loro eterna salute. Or per seguire la mia narrativa, dirò come stando già posti in fila i Missori con gli altri giovani fu chiamato quello, che doveva riconoscerli, il quale, giunto gli fu detto se conosceva Bernardino e Nicolò Missori et havendo risposto che sì, gli fu replicato, che se li conosceva, gl'insegnasse, li scegliesse, fra quelli se pur ve li vedeva; et egli con la mano li accennò dicendo che è quello: te ne menti gridò con voce alta e fiacca sicuramente il più giovane, io non ti conosco che per un infame, et ebbi ben cognita tua sorella, et mi do a credere che non sappi degenerare dalla tua nascita, e così passò la prima recognizione, ritornando ognun di loro alla propria prigione con grandissimo spirito e franchezza. Bernardino rimasto solo si diede con accurata riflessione a pensare alle circostanze di tutto quello era seguito il giorno, e vedendosi il misero, con li ferri alli piedi, credè fermamente, che fossero tutti segni evidenti della futura morte. Onde con tal credenza non poteva l'angustiato giovane trovar riposo alcuno, ma smaniando or quà or là, si rendeva a se stesso insoffribile, et agitato da sì veemente passione, si condusse con tutti li pesanti ceppi alla porta della stanza assegnatali per prigione, che rispondeva nel giro, e bussando chiamò la ronda, e gli disse con grande affanno: Fatemi grazia se il cielo vi salvi, di chiamarmi il Carceriere, perché mi trovo estrema necessità di parlargli; fu subito passata parola al Marchese mio marito come Vice Castellano di ciò, che aveva chiesto il Missori, et egli ordinò, che il Carceriere vi andasse e sentisse ciò che chiedeva. Fu aperta la porta della Prigione con la solita assistenza del Tenente Martij e soldati di guardia, et entrato Pietro carceriero dentro la stanza, gli domandò che bramava da lui, et egli tutto angustiato e sospirando gli disse: Fratello ditemi per nostra fede, questo far di barba e questi ferri postimi ai piedi che vogliono dire? S'io devo morire domani, almeno per pietà mi si dica acciò possa far meco stesso i conti miei e prepararmi alla morte, e non mi fate stare sì dubbioso, et inquieto; gli fu risposto che non temesse e stasse pure con l'animo quieto, e riposato poiché quelle erano funzioni, che richiedeva la giustizia, e non segni di morte. Io credo, replicò il Missori già tranquillato, d'esser in mano et in potere della Giustizia, ma in Paese di Turchi o terre d'Infedeli non giá. Onde spero, che sarà ben vista, e ponderata la mia causa, prima di venire ad alcuna risoluzione, et esecuzione verso di me. Il Tenente Martij, l'accertò che si sarebbe proceduto d'altra maniera, in questo casi, nè si sarebbe corso così all'infretta e perciò si quietasse pure sopra le loro attestazioni. Rimase il povero giovane con animo più tranquillo, finchè essendo finita di accomodare la segreta, vi fu trasportato: nell'entrare che fece di guardare intorno, e vedendo una delle sue fenestre murata: Ah disse con forte sospiro, mi si poteva pur far godere questa poca aria di vantaggio: ma pazienza, ogni cosa deve finire, e così rimase incarcerato più strettamente l'infelice giovane per qualche tempo. Furono diverse volte riconosciuti da diverse persone, finchè toccò ad un Cavaliere di San Stefano, il quale essendogli, come agli altri, domandato se conosceva Bernardino e Nicolò Missori, et havendo risposto che benissimo li conosceva, et haveva in pratica, gli fu detto che egli scegliesse tra quelli, et esso riguardandoli prima tutti egualmente, io conosco, disse rivolto ai Ministri, i Missori come conosco voi, ma tra questi o non ci sono o che io son cieco. Quest'attestazione servì per prolungare alquanto la vita a i miseri fratelli, ma non già a scamparli dalla morte, poiché il pontefice, risoluto a volerli morti, non vole dar orecchio nè al Gran Duca di Toscana, nè alla Regina di Svezia che unitamente lo supplicavano per la loro liberazione, ma ordinò che si spedisse la causa e si terminasse il processo di quest'infelici con la loro morte. Ultimamente il Collegio degli Eminentissimi Cardinali lo supplicarono di grazia, ma nemmeno volle piegarsi et acconsentire alle continue istanze, che gli venivano fatte. La Compagnia di S. Giovanni Decollato fece congregazione se potevano fare cosa alcuna, ma riuscirono inutili tutti i tentativi. Alli 13 del mese di Gennaio dell'anno 1685, il papa passò il Chirografo, non volendo ascoltar più chi parlava a loro favore; furono condannati al taglio della testa per essere Clerici: onde perciò gli fu fatto godere questo privilegio e non fu poco. Domenica a sera di quattordici di Gennaro, venne il Sig, Marchese Strozzi in Castello, e stabilì con il Marchese mio marito, a cui come vice castellano apparteneva questa faccenda, tutto ciò che dovevano fare. Fecero accompagnare una stanza vicino alla cappella da basso, in faccia a piazza d'arme, la quale cappella fu fatta fabbricare dal suddetto Marchese mio consorte nel

Pontificato di Clemente X, e vi si vede in più luoghi vagamente impressa e scolpita l'arme di Casa Massimi con bell'artificio. Ivi stabilirono di fare la Confortaria, facendola esso Marchese fornire di quanto bisognava per questo funebre effetto. Intanto stava lo Strozzi con altri Signori della Compagnia attendendo l'ora di dar l'assalto ai poveri due fratelli li quali non sapendo quel che si faceva da basso, se la passavano con qualche speranza di bene. Quando fu portata la cena al Sig.Nicolò, rivolto ai soldati li richiese con grande istanza di qualche nuova circa i loro interessi e chi era stato quel giorno in Castello. Li soldati risposero non sapere esservi nuovità alcuna, et esso sospirando: Oh Dio buono, disse, non posso credere che il mio cuore m'inganni, egli non mi è stato giammai traditore, et ora piaccia a Dio che sia mendace. Col suo continuo moto mi predice un non so che di funebre; e di nuovo replicò: Il Cielo mi faccia mentire, e non volle gustare alcuno dei cibi portatigli, ma rimase tutto angustiato e pensieroso. Il Sig, Bernardino, quando gli fu portata la cena, dimandò al Carceriere se vie era nuova nissuna, et essendogli risposto che no, egli riguardandolo fissamente disse: Ditemi per grazia, dentro il Castello vi sono i tormenti? Il Tenente Martij rispose che in venti anni, che egli stava nella fortezza non li aveva mai veduti, poiché questo non era lugo per dar tormenti, ma che simili ordigni erano nelle Carceri Nuove, dove ordinariamente si sogliono tormentare i delinquenti e malfattori; et egli allora sospirando fortemente: Ah, disse, datemi un poco di tabacco se pur ne avete, et il Carceriere glie ne diede quanto ne volse, et così lo lasciarono per allora con i suoi pensieri. Erano scorse cinque ora della notte quando vennero gli Officiali, e i Capi Sbirri in Castello, e tutti unitamente attendevano li signori Confortatori per dar l'assalto ai poveri, e mal fortunati fratelli. Alle 10 giunse il signor Principe di Palestrina, il Signor Duca Strozzi, il signor Alemano de Rossi et il signor Marchese Mari, che furono li Confortatori. Allora fu portata la nuova della morte al signor Nicolò fratello più giovane, che stava prigione alle Carceri del recinto, il quale avendo sentito aprire la porta a hora insolita, et immaginandosi benissimo la cagione, sorse immediatamente dal letto, ove si era gettato tutto vestito e, con i ferri ai piedi si appigliò ad una tavola del suo medesimo letto, et alzandola con una forza incredibile in tempo, che il Carceriere aveva di già aperto, e prima degli altri entrava, la fece cadere sopra di lui, il quale benché fosse lesto a gettarsi in terra, per sottrarsi dal colpo, lo ferì non dimeno leggermente in testa, sebbene altrimenti l'avrebbe ucciso: ma opponendosi gli altri, cercavano di far cessare quel primo impeto, e bollor di sangue e sedare in parte il suo smoderato furore, dicendogli che essi non venivano per oltraggiarlo, ma solo per trasportarlo amichevolmente alla Carceri Nuove, poiché ivi dimorava con troppo scommodo, e che di già era venuta la carrozza per traportarcelo. Oh disse crollando il capo il Missori, non sarà per certo cattivo incomodo per me, e che credete forse che non abbia sentito il battere che si è fatto questa notte in Ponte? Credete che io non abbia inteso l'apparecchio e il preparamento? L'ho sentito, l'ho sentito pur troppo, e sospirando più e più volte fortemente, si lasciò levare i ferri dai piedi e ponere le manette, e poi andiamo disse che si vedrà dove mi condurrete. Uscì dalla porta del Soccorso ed avendo visto i soldati che stavano di quà e di là squadronati, con i moschetti alla mano, rivolto a loro, orsù, disse, signori soldati, io vi ringrazio e vi dimando perdono, pregate Dio per me , e salutando tutti cortesemente si avviò intrepido, verso la piazza d'arme, ove giunto, e vedendo tanta gente, riguardandosi intorno e dov'è, disse con sorriso amaro, la carrozza ch'io non la veggo e soggiunse con un forte sospiro: or che io lo sapevo, che il mio cuore non soleva tradirmi. Et in questo dire essendo giunto sotto i portici, intravide i Confortatori, che con la Pietà in mano, lo stavano attendendo. Ah Ah, disse, eccoli là li ho veduti. Li ho veduti, non sono cattive carceri per me queste che io veggo, poscia rivolto agli Sbirri che gli erano vicini, levatemi gli occhi che io non posso soffrire di vedervi, e voi, signori Confortatori, non vi affannate per me che non occorre, poiché è impossibile che io mi accomodi a morire, e soggiunse in tono di voce più alta, no ch'io non voglio morire, non voglio morire in alcun modo, e vedendo gli sbirri che ancora gli stavano vicini, soggiunse loro: Io vi dissi poco fa che non volevo vedervi, non avete forse orecchie? Non ci sentite? E poi di nuovo esclamo: E ho io da morire? Allora gli fu risposto: sì signor Nicolò, bisogna morire, così comanda la Giustizia. Et egli nuovamente gridò: Io moro dannato, non occorre altro, io moro dannato. Allora accostandosi il suo Confortatore piacevolmente gli disse: Signor Nicolò, e che cosa è questa che io sento? Un giovane della sua qualità, un cittadino Romano, una persona così prudente non sa regolar sè stesso in caso di tanta importanza? E come? Adesso è il tempo di unire tutte le potenze della vostra anima, acciò la soccorrino in queste poche ore, che deve stanziare nel vostro corpo, acciò uscita da questa possa entrare nella Beatitudine ad onta del nostro comune avversario. Coraggio signor Nicolò, non vi lasciate trasportare e vincere dalla passione, pugnate intrepido seco, spiegate per vostra insegna trionfatrice il riverito vessillo della Santa Croce, et abbattete et superate il vostro nemico che con il rugito Leonino cerca atterrirvi e divorarvi. Ah no, riguardate pure un poco il vostro Redentore, sopra di una croce inchiodato, tutto mansueto, e piacevole che a sè vi chiama con braccia aperte, vi attende per abbracciarvi: o cari amplessi, o dolci inviti, e che potete voi più bramare? Oh Signore, replicò il Missori, sempre crollando il capo, voi sapete molto ben dire, et anch'io saprei confortare altrui, ma mi si rende impossibile confortar me stesso. Si andavano con questo dire accostandosi alla Cappella, et il Signor Nicolò non faceva altro, che crollare il capo e riguardare or qua or là, sempre agitato, angustiato e sospiroso, rivolgeva spesse volte la testa indietro e vedendosi ancora li sbriri accanto: io vi darò di piedi nel ventre, canaglia indegna, disse tutto alterato, mi vogliono far rinnegare la pazienza questi bricconi. Li signori Confortatori, fecero cenno alli Sbirri, che si scostassero da lui, per non irritarlo maggiormente, et essi non gli si accostarono più da vicino, ma sempre lo seguivano da lungi, finché non andarono al patibolo. Entrato in Cappella e guardato ben da per tutto: E dov'è, disse, il mio fratello che io non lo veggo? Signori, mio fratello dov'è? Adesso lo vedrete, gli fu risposto, non dubitate di questo. Ma non vedendolo comparire: Signore io voglio mio fratello, soggiunse, lo faccino venir quà da me: Or, ora replicò il suo Confortatore, vi vedrete: Intanto, replicò al suo Confortatore, vi rivedrete: ma io non lo veggio, e ch'è forse morto il mio fratello? È forse al certo che sia così, mentre ancora non viene: ma essendogli detto, che bisognava dargli tempo, che scendesse la lunga scalinata del maschio, rimase capace, e si quietò alquanto. Mentre queste cose passavano nella cappella, avevano portata l'intimazione al sig. Bernardino non già della morte, ma del trasporto alle Carceri Nuove, dicendogli il medesimo che al sig. Nicolò avevano detto, et egli fermamente credè questa finzione poiché s'immaginava, che non potrebbero farlo morire, se prima di propria bocca su li tormenti non confessava i delitti: onde si lasciò levare i ferri, e ponere le manette senza contraddizione, ma quando si trovò aver calate le scale e non vidde la carrozza, conforme gli avevano detto, tutto si turbò, e riguardando intorno e dov'è disse la carrozza, io non la vedo: Ah voi mi avete ingannato, mi avete tradito. Gli fu risposto che camminasse un poco più, che l'avrebbe trovata, affrettò egli il passo con questa credenza, ma giunto in piazza d'arme, e vedendovi la compagnia, incominciò a gridare et a strepitare si fattamente, che l'acutezza de' gridi si facevano sentire fin dal maschio: non valevano le esortazioni de' signori Confortatori, nè degli altri a quietarlo, ma prorompendo in querele et esclamazioni non voleva darsi pace. Adunque diceva: si ha da morire? Et essendogli risposto che bisognava morire, o ingiustizia esclamò, o ingiustizia del Cielo e della terra, non si fa la giustizia, non si fa così! E che ho io forse assassinati gli altari? Ho spogliato li passeggieri? Ho rinnegato il Sacramento? E che ho io fatto, che mi faccia meritare questa morte, quest'ignominia, quest'ingiustizia? O mie povere sorelle, o miei poveri fratelli, e dove state ora, che non vedete quest'ingiustizia. E qui si diede a bestemmiare et a sbattersi, non essendo bastanti i suoi confortatori a quietarlo, e sempre replicava: è un'ingiustizia et essendogli detto che era giustizia, e che così comandava il papa, soggiunse, nostro Signore è padrone, ma...et essendo arrivato nei Portici, e che per entrarvi bisognava salire uno scalino di marmo si fermò alquanto a riguardarlo, e poi tirandosi due o tre passi indietro, lasciossi cadere di botto dalla parte manca sopra il detto scalino, ma fallì il suo disegno poichè la mira non corrispose, et invece di batter la tempia, diede la guancia, e se la illividì un poco. Voleva egli secondare il colpo per supplire al mancamento del primo, et uccidersi, ma furno lesti li sbirri, e soldati ad impedirlo, e lo condussero in Cappella, ove giunto e veduto il signor Nicolò: oh mio fratello, gridando disse, e come vi ritrovo e come vi veggio? O mio caro o mio amato fratello, e abbiamo noi a morire? No mio caro fratello non voglio che moriamo. Sì replicò il Giovane già rassegnato da i saggi conforti del Sig, Principe di Palestrina, sì mio caro fratello, che voglio, che moriamo, e se siamo stati compagni indivisibili in vita siamo parimente in morte. Et abbiamo a soffrir quest'ingiustizia, replicò il Bernardino? Non è ingiustizia fratel mio caro, ma giustizia, aggiunse il sig. Nicolò, giustizia del Cielo e della terra, di Dio, e del mondo. E non v'è più speranza per noi? soggiunse Bernardino. Allora voltandosi Nicolò ai suoi confortatori, Signori, disse con bocca ridente, vi è più raggio di speranza per noi? Tutti risposero ad una voce , che non vi era più speranza alcuna per il corpo, e che necessariamente dovevano morire, ma che loro erano quivi per aiutarli a salvar l'anima e ben morire. Orsù dunque, mio fratello, disse il sig. Nicolò, facciamo un animo coraggioso, e consideriamo che questa vita è un sogno d'occhio che vigila, è un lampo che nell'apparire, sparisce, è un soffio d'aura, e di vento, è come il fieno del Campo, et insomma come un fiore, che la mattina germoglia, e la sera marcisce, che non v'è felicità compita nel mondo, e se pur v'è, è apparente e falsa, e per dire il vero ditemi, o mio fratello, abbiamo noi avuto un momento di quiete? Quanti pericoli abbiamo passati, quante fatiche sofferte? Quant'angustie sopportate per acquistarci la morte? E non vogliamo ora soffrire con pazienza la morte per acquistarci l'eterna vita? Ah, sì mio fratello, da me più che me stesso amato, non lasciamo di noi questa memoria nel mondo, compensiamo con una buona morte la mala fama di nostra vita, e facciamo scorgere, che un animo intrepido, e veramente cristiano sa oprare il coraggio anco a fronte degli orrori della morte, e di morte indegna. Armiamoci però non solo di gran costanza, ma dell'arme più forte che è una generale confessione di nostre colpe con un cuor puro e netto, non come dove stimo attender grazia, ma come avessimo da incamminarci adesso al patibolo, et alla morte, e qui baciandosi scambievolmente, rivolto alli Confrati soggiunse: Signori, se per   il passato li nostri sentimenti si ribellarono alla ragione, et all'anima nostra, ora coll'aiuto di Dio vogliamo, che l'anima, e le sue potenze si ribellino al corpo, acciò pura, netta e vincitrice se ne voli alla celeste gloria, e rivolto al fratello fece, e disse in maniera che tutto intenerito e compunto si dispose a morir volentieri, et a salvarsi l'anima sua. Allora il prudente Giovane amato fratello, disse, io so bene, che per mia ragione a questo passo sei giunto. Lo conosco, lo confesso, me ne pento e me ne dolgo all'estremo, ma ora non vi è più remedio. Quello che io posso fare è di domandartene umilissimamente perdono, e di tutto cuore pregarti a concederlo a chi teco d'un istesso sangue è concetto, e ben io sperar lo posso dal mio tanto fratello. Ora ne resta a domandar perdono a Dio, che più di tutti è offeso da nostri innumerabili errori, e prendersi volentieri la morte, che solo dal peccato vien generata. Riflettiamo seriamente in quante forme abbiamo offeso il nostro benigno Signore, e Creatore, ricompensando a' suoi infiniti benefizi con infinita ingratitudine. Ci peserà forse di morire di così bella età, e nel fiore di nostra gioventù, e nella primavera degli anni nostri? Ah no, mio fratello, poiché se siamo giovani alla terra, siamo già vecchi al Cielo e carichi di falli. Sgraviamoci dunque da questo peso, e se fummo uniti al peccato, siamo parimente uniti alla penitenza. Ricordiamoci l'un l'altro le nostre colpe, e depositiamole alli piedi del suo ministri, acciò liberi e sciolti ce ne voliamo al Cielo. E rivolto alli sigg. Confortatori, dov'è disse il Confessore? Deh non perdiamo tempo così prezioso, e spendiamo con profitto questi pochi momenti di vita che ancor ne restano. Si confessarono ambidue con grandissima divozione, e se nel primo assalto si dimostrorno fieri, altrettanto umili e modesti dopo, di che veramente si possono chiamare specchi di costanza e di penitente fortezza. Fatta la confessione domandarono con molta umiltà perdono a tutti e udirono due messe con molta divozione: si comunicarono con lagrime, e poi mandarono a pregare il Marchese mio marito, che si compiacesse far cassare prima della loro morte alcuni motti scritti col carbone, li quali motti erano in parte satirici, e parti immodesti, ma tutti spiritosissimi. Ciò fatto stavano con molta pazienza e tranquillità attendendo l'ora della lor morte, sempre recitando inni et orazioni divote. Giunse finalmente l'ora funebre che furono le 22 in giorno di lunedì 15 gennaio 1685, e venne la Compagnia della Misericordia in Castello, e si fermò avanti il casone dei Cannoni, perché ivi sono tutti riposti, toltone quelli che servono per ornamento della fortezza e per la necessità de' soliti spari. Quivi col Santissimo Crocifisso stettero buona pezza attendendo i due mal fortunati fratelli, che a lento passo se ne venivano in mezzo de' loro confortatori. All'apparir de Giovani fu chiamato il Santissimo Crocifisso come per via di passione e vennero ambedue al bacio delle sacre piaghe et all'adorazione della croce. Il sig. Nicolò risguardando il Santissimo Crocifisso disse: Mio dolcissimo Redentore, eccomi pronto a soffrire questa morte in soddisfazione delle mie colpe, e spenderci mille volte se pur mille volte ne avessi per i miei gravi misfatti: Ora, o mio Creatore, qui vi fate vedere Crocefisso sopra un legno confitto tutto stillante sangue per dar animo a me, ma spero nella vostra bontà di vedervi fra poco, e godervi trionfante in Cielo; et alzandosi in piedi si diede a seguire il signor Bernardino suo fratello, che di già si incamminava col passo intrepido alla morte. Era la soldatesca in ordinanza di quà e di là squadronata. Onde nel passare avanti dicendo: Signori soldati, un Pater noster et un Ave maria per l'anima nostra, per l'amor di Dio, e per carità. Queste pietose voci facevano intenerire ogni cuore, et in vero che non vi fu in questo presidio occhio che non piangesse il loro infortunio. Andava il sig. Bernardino fratello maggiore avanti in mezzo de' suoi

Confortatori con passo intrepido e volto indifferente. Giunti che furono sotto il Baluardo a vista delle finestre, il sig,. Bernardino alzando gli occhi al cielo, et a me rivolto disse con voce alta: Signora, un Pater Noster et un Ave maria per questa povera anima, che io per amor di Dio vi raccomando, acciò gli facciate la carità. A questa espressione confesso che non potei tenere a freno le lagrime: onde mi convenne togliermi dalla finestra per asciugarmi gli occhi, et invero bisognerebbe esser nata fra i rigori del Caucaso et esser stata nutrita da una tigre a non s'intenerire, e compiangere la loro sventura. In questo uscirono di Castello passando in mezzo ad infinito popolo, concorso al lugubre spettacolo. Tra gli spettatori è fama che il sig. Bernardino riconoscesse un suo caro amico, che rivolto a lui dicesse: mira, mio carissimo amico, in quale stato mi ritrovo. Ti raccomando l'anima mia che tra poco si partirà dal mio corpo. Il Giovane amico, dicono che dal dolore venisse manco, e che non ritornasse in se che dopo morti ambedue. Giunsero finalmente alla Cappelletta di Ponte, ove facendo la solita orazione, si riconciliorno di nuovo con esemplare divozione. Andò prima alla morte il sig. Nicolò, et in quel mentre dicono che svenisse l'altro fratello dentro la Cappelletta, ma con l'aiuto de' suoi Confortatori rinvenne in breve, il che non è gran fatto gli succedesse, poiché dalla mattina antecedente non avevano preso cibo di sorte veruna, e sebbene i Confortatori si erano sforzati per fargli prendere qualche cosa, non vi fu modo che il sig. Nicolò vi si accomodasse, ma il sig. Bernardino per non parer ostinato, prese un biscottino di Savoja mollo nel vino senz'altro. Onde può ben essere che fra la debolezza, il dolor del fratello, l'agonia della vicina sua morte lo facessero venir meno. Morto il sig. Nicolò, fu condotto al patibolo il sig. Bernardino, ove volle di nuovo riconciliarsi e raccomandarsi all'orazioni del popolo, ma mentre gli volsero levar le manette, si trovò nel cader che fece, quando voleva uccidersi in quel primo impeto e bollor di sangue la chiave si era guasta onde per potergli accomodar le braccia dietro il corpo, fu necessario il chiavaro che abitava all'Arco di Parma e questa fu la causa che la Giustizia tardasse qualche tempo. Accomodatosi al ceppo, il quale era al piano della terra senza palco veruno con molta rassegnazione al cader della mannaja, rese l'anima al suo Creatore. Era il sig. Bernardino di anni 25 grande e di bell'aspetto, d'occhi e capelli negri, olivastro di carnagione andava vestito con un giustacore color di cervo con calzette color di muschio, e scarpe sorcine, ferraiolo cenerino con fodera paonazza lungo fin sopra il collo del piede. Il sig. Nicolò era vestito come il fratello, grande anch'esso al suo pari, d'anni 22 in circa con capelli castagni e barba un poco rossetta, di carnagione bianca, et occhi vivaci, e di vita ben proporzionata e disposta.

Così terminò la vita di questi due fratelli alli quindici di gennaro 1685, regnante la Santità di papa Innocenzo Undecimo di Casa Odescalchi. (Ademollo: relazione originale dell'epoca della Marchesa Massimi)

8 Giugno 1688
Decapitazione di Filippo Scarione

Il martedì 8 giugno del 1688, Filippo Scarione, Bandito capitale, fu esposta la sua testa in Ponte Sant'Angelo nel luogo delle forche, perché havendo fatta resistenza alla Corte, gli fu dalla medesima tirato e ferito a morte; sicché portato alle Carceri Nuove dove dopo la confessione morì, et il suo cadavere fu portato dalla Compagnia della Misericordia a S. Giovanni Decollato, dopo essergli stata staccata la testa dal busto dal Carnefice; fu solamente detto l'Offizio della nostra Arciconfraternita. (Ghezzi)

9 Maggio 1697
Giustiziati e torturati

Marchionne di Gio. Palmazio da Spoleti, Marco di Benedetto di Marco da Cerreto, Angelo d'Andrea di Anastasio da Spoleti, impiccati e squartati di giorno al Popolo per haver assassinati molti per la Strada di Loreto.

Erano il genero, l'Oste che teneva mano, et due fratelli carnali.

Il Padre et un altro Figliuolo che sostennero la Veglia, stiedero sotto le forche, Passorno avanti la nostra chiesa, et si fermarono; fù la prima giustizia alla quale comparve Barigello il Capitan Marsia, quale se l'acquistò con questa cattura. (Ghezzi)

17 Agosto 1697
Gio Battista Fronzoni Impiccato

A Sabato, a dì 17 Agosto 1697 Giov. Battista di Giacomo Fronzoni da Lucerna degli Otto Cantoni de Svizzeri, fu impiccato di mattina in Porta S. Angelo per 27 furti capitali con chiave false.

Era cocchiere del Sig. marchese Lancellotti. Deve notarsi, che in tutta la notte, non fu mai potuto convertire né da Fratelli della Misericordia, né da diversi Religiosi ; à segnoi che fù mandato da

Nostro Signore per sapere quello, che si doveva fare; quale ordinò che si eseguisse la giustizia, et che si facesse ogni sforzo per ridurlo, caso che nò, che si facesse morire, con seppellirlo a Muro Torto; fù anche provato di farlo mazzolare, et strangolare dal carnefice per mettergli timore, et egli intrepido ci si accomodava; venuta al fine l'ora di uscire dalle Carceri, fece un grandissimo strepito per le scale, non volendo vedere, né tavoletta, né Crocefisso, né inginocchiarsi, né sentir Messa; ma solo diceva: lasciatemi stare, et che volete da me; io moro innocente, et con ingiustizia; per strada non volse mai guardare alla tavoletta, anzi da due o tre volte vi sputò sopra voltando sempre la testa dall'altra banda; arrivato al patibolo, entrò nella Cappelletta, et persuaso da Confortatori et Cappuccini, che ancora era tempo di ravvedersi et che non volesse perder così l'anima sua, et andare volontariamente all'Inferno; et egli rispondeva; che v'importa, lasciatemi stare; entrò es uscì così dibattuto da tre o quattro volte dalla Cappelletta; impazientitosi finalmente il Padre Cappuccino, proruppe; levategli d'avanti quel Crocefisso, non lo confortate più, perché non merita di vederlo questo disgraziato; fatelo morire; et il Carnefice soggiunse, che non gli era mai successo caso simile, in tutto il tempo che aveva fatto il mestiere, che fù da ragazzo; et disse, facciamolo morire; ma è poca una morte sola perché meriterebbe mille morti per la sua ostinazione; il Paziente, forse rientrato in sé stesso à queste parole, tornò in dietro a confessarsi et si confessò, et gli fu dato per penitenza, che dicesse Giesù et Maria, per la scala; lo disse et havendo dato questo segno di essersi ravveduto, fù sepolto a S. Gio. Decollato. Non passò davanti la nostra chiesa, ma dalla medesima gli furono fatti li soliti suffragij; et questa fù la prima giustizia nella quale li nostri Fratelli uscirono in giro con le Cassette per li Rioni.

(Ghezzi)

22 gennaio 1698
Francesco d'Antonio Francescotti, Impiccato e squartato

A di 22 Gennaio Francesco d'Antonio Francescotti, impiccato e squartato di giorno in Ponte S. Angelo, dal boia malato con l'assistenza di quello di Frosinone, per assassinio di strada di Velletri, il fratello stiede sotto le forche perché era di anni 26; passò avanti la nostra chiesa dove si fermò.

(Ghezzi)

22 Febbraio 1698
Decapitazione di Guido Franceschini Sabato
A dì 22 Febraro

Giovanni Baldeschi della Mara di Città di Castello, Biagio di Luca Agostinello della Città della Pieve. Domenico di Francesco Gambassini Fiorentino. Francesco di Pasquino da Montauto. Guido di Tomasso Franceschini della Città di Arezzo. Al detto Franceschini fu tagliata la testa, et gli altri quattro impiccati di giorno al Popolo, et sotto le forche vi stiede Alessandro di Pietro, per havere ammazzati nella strada del Babuino à mezz'ora di notte, la propria Moglie, il Padre, et la Madre, di Casa Comparini per causa supposta d'onore, vi fu concorso così straordinario, che mai si ricorda cosa simile, essendosi fatti gran quantità di palchi per vedere, et le finestre si pagavano per grazia sino a 3 scudi l'una. Passorno avanti la nostra chiesa dove ognuno si fermò, et particolarmente uno fece ivi avanti il SS. molte espressioni di compunzione, il che rese molta edificatione à tutti. (Ghezzi)

22 Febbraio 1698
Decapitazione di Guido Franceschini (altra versione)

Venuto era in Roma il Franceschini, con quattro sicari da lui condotti, ammazzò sua moglie, Pietro Comparini e la moglie di questo in casa loro per disgusti passati in materia anco d'onore. La storia di questo fatto è tale: Questo Franceschini, fratello dell'Abate di detto cognome (Paolo Franceschini, ndr.), che è stato gentilhuomo del Cardinale (Lauria, ndr.), prese moglie una giovane creduta figlia del Comparini, quale dopo negò che fosse sua figlia per non pagare la dote e quondam l'aveva affermato per deludere i suoi creditori che haverebbero eseguito sopra le robbe i beni fideicommissari da lui posseduti. Dedotta la causa della figliatione in Giuditio fu risoluto non esser figlia di detto, come in fatti non era, ma l'havevano marito e moglie tenuta fin da fanciulla et allevata come figlia. Per questa cagione dunque il Franceschini vedendosi deluso della promessa dote, venne in grossezze con la moglie che haveva condotto in Arezzo e la trattava malamente. Questa con un canonico se ne fuggì a Roma, dove ad istanza del marito fu presa prigione e posta in Conservatorio; ma non volendo poi pagargli l'alimenti se ne andò poi la donna in casa del Comparin, do ve fu fatta a tutti la festa. (Versione anonima tratta dal Diario del Ghezzi)

6 Marzo 1698
Pietro Silvestri giustiziato

Giovedì 6 marzo 1698 Domenico di Pietri Silvestri da Urbania, mazzolato e squartato di giorno a Ponte S. Angelo per haver scannata una meretrice in Borgo et havergli rubbato; tre giorni prima era stato a vedere la giustizia di Franceschini et haveva fatto un palco, del quale ritrasse scudi 4 di nolo, et vi fece salire la suddetta donna; fu preso il giorno seguente in Ghetto, dove era andato a vendere la robba rubata et in otto giorno fu condannato, passò avanti la nostra chiesa ove si fermò. (Ghezzi)

23 Agosto 1698
Giovan Battista da Petrignolo, jiustiziato

Sabato 23 agosto del 1698, Gio. Battista di Carlo da Petrignolo, della Marca, impiccato di mattina in Ponte Sant'Angelo per furti di qualità, dopo esser stato sette anni in galera, si mise di nuovo a scassare le porte e rubare le bugnate, domandò in grazia di andare con faccia coperta per haver moglie e figli a Santa Maria in Via, e che fosse messo sotto le forche il suo compagno, ma non gli fu concesso. Non passò davanti alla nostra chiesa per un gran temporale che sopravvenne.   (Ghezzi)

TABELLE STORICHE

Nella tabella 1 si vede, in base ai dati demografici raccolti, l'andamento della popolazione della città di Roma nel XVII secolo.

Nella tabella 2 sono stati evidenziati il totale dei giustiziati a Roma durante i vari pontificati e la media annua di esecuzioni capitali, a partire dal 1600 fino all'anno 1699.
Per poter meglio analizzare il sistema repressivo di ciascun pontificato, non sono stati presi in esame in questa tabella gli anni delle Sedi Vacanti, dei Conclavi, delle elezioni di nuovi pontefici e neanche i papi che hanno regnato per un breve periodo.

Tabella 1: Variazione numero di abitanti della città di Roma

ANNO	ABITANTI	DIFFERENZA
1600	109.729	0
1602	99.312	-10.417
1613	120.766	21.454
1619	106.050	-14.716
1648	122.672	16.622
1650	126.192	3.520
1657	100.019	-26.173
1662	106.738	6.719
1675	131.912	25.174
1681	119.722	-12.190
1691	131.634	11.912
1699	135.089	3.455
1700	149.447	14.358

Tabella 2: Totale e media annua di esecuzioni per pontificato

ANNI	Pontefice	Totale	Media
1600-1604	Clemente VIII	107	21,4
1606-1620	Paolo V	317	21,1
1624-1643	Urbano VIII	351	17,6
1645-1654	Innocenzo X	158	17,6
1656-1666	Alessandro VII	105	9,5
1668-1669	Clemente IX	9	4,5
1671-1675	Clemente X	30	6,0
1677-1688	Innocenzo XI	66	5,5
1692-1699	Innocenzo XII	42	5,3

Nelle tabelle 3 e 4 sono stati riportati invece per ogni anno del Seicento, il numero di esecuzioni semplici (senza supplizio del giustiziato), quelle qualificate (con supplizio del giustiziato), il totale di esecuzioni per anno e la percentuale di giustiziati con esecuzioni qualificate per ogni anno.

Tabella 3: Tabella annua di esecuzioni semplici e qualificate dal 1600 al 1649

ANNO	Esecuzioni semplici	Esecuzioni qualificate	Totale per anno	Percentuale di esecuzioni qualificate
1600	29	8	37	21,6%
1601	17	4	21	19,0%
1602	6	4	10	40,0%
1603	15	1	16	6,3%
1604	20	3	23	13,0%
1605	14	6	20	30,0%
1606	21	2	23	8,7%
1607	23	3	26	11,5%
1608	26	3	29	10,3%
1609	20	15	35	42,9%
1610	17	7	24	29,2%
1611	18	5	23	21,7%
1612	18	7	25	28,0%
1613	20	5	25	20,0%
1614	19	3	22	13,6%
1615	15	2	17	11,8%
1616	15	5	20	25,0%
1617	13	2	15	13,3%
1618	13	0	13	0,0%
1619	9	1	10	10,0%
1620	10	0	10	0,0%
1621	9	2	11	18,2%
1622	15	3	18	16,7%
1623	24	0	24	0,0%
1624	15	9	24	37,5%
1625	14	1	15	6,7%
1626	15	1	16	6,3%
1627	17	0	17	0,0%
1628	19	0	19	0,0%
1629	8	2	10	20,0%
1630	16	1	17	5,9%
1631	15	3	18	16,7%
1632	18	1	19	5,3%
1633	25	1	26	3,8%
1634	10	2	12	16,7%
1635	15	6	21	28,6%
1636	20	1	21	4,8%
1637	11	2	13	15,4%
1638	9	1	10	10,0%
1639	9	11	20	55,0%
1640	12	4	16	25,0%
1641	11	7	18	38,9%
1642	22	8	30	26,7%
1643	9	0	9	0,0%
1644	15	4	19	21,1%
1645	17	5	22	22,7%
1646	10	4	14	28,6%
1647	8	7	15	46,7%
1648	8	3	11	27,3%
1649	21	14	35	40,0%

Tabella 4: Tabella annua di esecuzioni semplici e qualificate dal 1650 al 1699

ANNO	Esecuzioni semplici	Esecuzioni qualificate	Totale per anno	Percentuale di esecuzioni qualificate
1650	13	0	13	0,0%
1651	16	9	25	36,0%
1652	7	4	11	36,4%
1653	6	6	12	50,0%
1654	-	-	-	-
1655	9	0	9	0,0%
1656	10	3	13	23,1%
1657	12	5	17	29,4%
1658	5	5	10	50,0%
1659	7	1	8	12,5%
1660	6	0	6	0,0%
1661	1	2	3	66,7%
1662	4	1	5	20,0%
1663	8	0	8	0,0%
1664	4	13	17	76,5%
1665	1	2	3	66,7%
1666	6	9	15	60,0%
1667	4	0	4	0,0%
1668	3	2	5	40,0%
1669	3	1	4	25,0%
1670	3	1	4	25,0%
1671	1	3	4	75,0%
1672	4	7	11	63,6%
1673	1	2	3	66,7%
1674	4	3	7	42,9%
1675	3	2	5	40,0%
1676	6	2	8	25,0%
1677	4	2	6	33,3%
1678	8	1	9	11,1%
1679	7	4	11	36,4%
1680	6	2	8	25,0%
1681	3	3	6	50,0%
1682	2	0	2	0,0%
1683	1	1	2	50,0%
1684	5	2	7	28,6%
1685	8	1	9	11,1%
1686	0	2	2	100,0%
1687	0	0	0	-
1688	2	2	4	50,0%
1689	0	0	0	-
1690	2	2	4	50,0%
1691	7	1	8	12,5%
1692	2	2	4	50,0%
1693	4	0	4	0,0%
1694	3	3	6	50,0%
1695	5	2	7	28,6%
1696	1	1	2	50,0%
1697	3	3	6	50,0%
1698	7	2	9	22,2%
1699	2	2	4	50,0%

L'anno 1654 non ha dato dati sufficientemente omogenei e non è stato calcolato.

Nelle tabelle 5 e 6 si evidenziano per ciascun anno del Seicento le esecuzioni capitali in cui risulta o manca l'informazione del reato commesso dal giustiziato.

Tabella 5: Esecuzioni capitali a Roma dal 1600 al 1650

ANNO	Esecuzioni in cui risulta il reato	Esecuzioni in cui non risulta il reato	Totale per anno
1600	2	35	37
1601	0	21	21
1602	1	9	10
1603	0	16	16
1604	5	18	23
1605	1	19	20
1606	0	23	23
1607	2	24	26
1608	0	29	29
1609	17	18	35
1610	9	15	24
1611	11	12	23
1612	4	21	25
1613	12	13	25
1614	0	22	22
1615	0	17	17
1616	0	20	20
1617	9	6	15
1618	1	12	13
1619	1	9	10
1620	9	1	10
1621	10	1	11
1622	13	5	18
1623	20	4	24
1624	13	11	24
1625	14	1	15
1626	15	1	16
1627	13	4	17
1628	15	4	19
1629	8	2	10
1630	13	4	17
1631	18	0	18
1632	19	0	19
1633	26	0	26
1634	12	0	12
1635	21	0	21
1636	18	3	21
1637	13	0	13
1638	10	0	10
1639	20	0	20
1640	15	1	16
1641	17	1	18
1642	28	2	30
1643	9	0	9
1644	19	0	19
1645	22	0	22
1646	14	0	14
1647	15	0	15
1648	11	0	11
1649	35	0	35

Tabella 6: Esecuzioni capitali a Roma dal 1651 al 1699

ANNO	Esecuzioni in cui risulta il reato	Esecuzioni in cui non risulta il reato	Totale per anno
1650	13	0	13
1651	25	0	25
1652	10	1	11
1653	12	0	12
1654	-	-	-
1655	9	0	9
1656	13	0	13
1657	17	0	17
1658	8	2	10
1659	8	0	8
1660	6	0	6
1661	3	0	3
1662	5	0	5
1663	8	0	8
1664	17	0	17
1665	3	0	3
1666	15	0	15
1667	4	0	4
1668	5	0	5
1669	4	0	4
1670	4	0	4
1671	4	0	4
1672	11	0	11
1673	3	0	3
1674	7	0	7
1675	5	0	5
1676	8	0	8
1677	6	0	6
1678	8	1	9
1679	11	0	11
1680	8	0	8
1681	6	0	6
1682	2	0	2
1683	2	0	2
1684	7	0	7
1685	9	0	9
1686	2	0	2
1687	0	0	0
1688	3	1	4
1689	0	0	0
1690	4	0	4
1691	8	0	8
1692	4	0	4
1693	4	0	4
1694	6	0	6
1695	7	0	7
1696	2	0	2
1697	6	0	6
1698	4	5	9
1699	4	0	4

Gli anni 1687 e 1689 risultano privi di esecuzioni.

BIBLIOGRAFIA

AA.VV: Roma ampliata e rinnovata, o sia nuova descrizione dell' antica, e moderna città di Roma. Agostino ADEMOLLO: Gli spettacoli della Roma antica. Alessandro. ADEMOLLO: - Giustizie a Roma. - I misteri dell'Acqua Tofana. - Il Carnevale di Roma nei secoli XVII e XVIII. Renata AGO: Sovrano Pontefice e società di corte. Igino ALESSANDRINI: Dizionario dei delitti e delle contravvenzioni. Teodoro AMEYDEN: Avvisi di Roma. Giancarlo BARONTI: Coltelli d'Italia. Marco BATTAGLINI: Annuari del Sacerdozio e dell'Impero. M. BELLABARBA: La giustizia nell'Italia moderna. Gino BENZONI: Carlo Colonna da Dizionario biografico degli italiani (TRECCANI). Aurelio BIANCHI-GIOVINI: Storia dei Papi da San Pietro a Pio IX. Peter BLASTENBREI: Kriminalitat in Rom (1560- 1585) Filippo Maria BONINI: Il Tevere incatenato. Gan Paolo BRIZZI: Francesco Canonici Mascambruni da Dizionario biografico degli italiani (TRECCANI). Ruggero CAETANO: Memorie dell'Anno Santo 1675. Giovanni CALVINO: Trattato sulle reliquie. Giovanni CANEVAZZI: Papa Clemente IX Poeta. Andrea CARANDINI: Angoli di Roma. Ignazio CIAMPI: Innocenzo X Pamfili e la sua corte: storia di Roma dal 1644. Giulio CLARO: Liber V Sententiarum. Filippo COARELLI: Guida archeologica di Roma. Franco CORDERO: Criminalia. Niccolò DEL RE: ll Monsignor Governatore di Roma, Roma: - 1972. Parte prima, Evoluzione storico-giuridica del Governatorato di Roma. Parte seconda, Serie cronologica dei Governatori di Roma (1436-1847). Charles DUFF: Il manuale del boia. Eamon DUFFY: La grande storia dei Papi Anna FOA: Francesca Pompilia Contarini (Esecuzione di Franceschini). Dizionario biografico degli italiani (TRECCANI). Carlo FEA: Descrizione di Roma e suoi contorni. Alessandro FERRINO: Vita di Donna Olimpia Maidalchini. Michel FOUCAULT: Sorvegliare punire. Luigi FIRPO: Il processo di Giordano Bruno. Roberto GERVASO e Indro MONTANELLI: Storia d'Italia 1600-1669. Abate Placido Eustachio GHEZZI: Diario. Galeazzo GUALDO: Historia del Ministerio del Cardinale Giulio Mazarino. Giacinto GIGLI: Diario Romano (1608-1670). Umberto GUIDI: Abigeato. Domenico IANNACONE: Carnefice della Gran Corte Vicaria, sec. 17-18. Antonio Menniti IPPOLITO da Dizionario biografico degli italiani (TRECCANI). Cornelio JANSEN: Augustinus.

Rodolfo LANCIANI: Storia degli scavi di Roma. Giuseppe LATTY: Gli orrori dell'Inquisizione romana. John LAURENCE: Le pene capitali. R. LEFEVRE: Cinquecento minore. Don Ferrante Ruiz e la Compagnia dei poveri forestieri e pazzi. Studi Romani, XVII,2, 1969. pag. 147 e seguenti M. M. LUMBROSO - A. MARTINI: Le Confraternite romane nelle loro chiese. Juan Antonio LLORENTE: Ritratto politico dei papi... fino a Pio 7. Terenzio MAMIANI. Del papato nei tre ultimi secoli - 1885 Domenico Maria MANNI: Istoria degli Anni Santi dal loro principio fino al 1750. Pompeo MARTELLI: Breve storia di Santa Maria della pietà. Flavia MATITTI: Pietro Ottoboni da Dizionario biografico degli italiani (TRECCANI). Indro MONTANELLI e Roberto GERVASO. Storia d'Italia 1600-1699. Gaetano MORONI: Dizionario di erudizione Storica ecclesiastica. Ludovico Antonio MURATORI: Annali d'Italia. John W. O'MALLEY: Storia dei Papi. Luciano OSBAT: Clemente IX da Dizionario biografico degli italiani (TRECCANI) Domenico ORANO: Liberi pensatori bruciati in Roma dal XVI al XVIII secolo. Vincenzo PAGLIA: La morte confortata. Vincenzo PAGLIA: La pietà dei carcerati. Card. Pietro Sforza PALLAVICINI: Vita di Alessandro VII. Ludwig von PASTOR: La Storia dei Papi. Angelo PELLEGRINI: Indicazione dei monumenti principali di Roma antica e moderna. Massimo PETROCCHI: Roma nel Seicento. Armando PETRUCCI: Alessandro VIII da Dizionario biografico degli italiani (TRECCANI). Marcello PICCIONI: I figli del Pellicane: Storia della famiglia Santacroce. Achille POGNISI: Un secolo di supplizi in Roma per causa politica. Achille POGNISI: Giordano Bruno e l'archivio di S. Giovanni decollato, Roma 1891. Leopold von RANKE: Storia dei Papi. Volker REINHARDT- Paolo V - Enciclopedia dei Papi. M. ROMANI: Pellegrini e viaggiatori nell'economia di Roma dal XIV al XVII secolo. Gio Simone RUGGIERI: Diario Anno Santo 1650. M. ROMANI: Pellegrini e viaggiatori nell'economia di Roma dal XIV al XVII secolo. Pompeo SERNI: Istruzzione, ovvero metodo da praticarsi da Confratri della Venerabile Arciconfraternita di San Giovanni Decollato. Giovanni SCARABELLO: nel capitolo intitolato "Pauperismo, criminalità e istituzioni repressive" dell'enciclopedia di Storia della UTET. Giovan Batista SCANAROLI: De visitatione Carceratorum. Filippo D. SCOLARI: Beatrice Cenci, causa celebre criminale del secolo XVI. Marco Antonio VALENA: Le cose notabili occorse Roma dal 1576 al 1649. CHRISTOPH WEBER: Legati e Governatori dello Stato Pontificio (1550-1809). Sussidio 7 - Archivio di Stato di Roma. Michael R. WESSER Criminalità e repressione dell'Europa Moderna. Bernardino ZAPPONI: Nostra Signora dello Spasimo.

MANOSCRITTI

1 - Biblioteca Angelica di Roma

Ms.219: Atti della Sacra Congregazione sulla dottrina della Grazia e del libero arbitrio di Ludovico Molina 1601-1610. Ms.295: Giovanni Battista RINALDUCCI: Prosperità infelicissime di Francesco Canonici detto Mascambruni sotto datario et uditore di papa Innocenzo X. Fol. 49-116. Ms.295: Morte e delitti di Giacinto Centini et altri che tentarono far morire il sommo pontefice Urbano VIII. Fol. 117. Ms.990: Considerationi sopra 'l modo che s'è tenuto in diversi tempi nell'elettione de i sommi pontefici romani. Ms.1526: Papa ALESSANDRO VI: (Lettera alla regina Cristina), Professio verae et catholicae romanae fidei a serenissima et potentissim regina Christina, regina Sveciae etc. publice enuntiata. Ms.1573: Girolamo DE GHETTIS: Pasquinate e altri componimenti poetici. Ms.1577: Zeno RENIER: Relatione di Roma fatta nel Senato veneto (1623). Ms.1587: Lorenzo MANFREDI: Relazioni tragiche raccolte e messe insieme da Lorenzo Manfredi Romano l'anno 1752. Principiano dal 1530 sino al 1642. - Relazione della morte di Onofrio Santa Croce al quale fu tagliata la testa per aver acconsentito al matricidio di Paolo suo fratello, nella persona della Sig.ra Costanza Santa Croce, seguita nel Pontificato di Clemente 8° il 1601. Fol.175-184. - Istoria lagrimevole di Andrea Casale. Inc. Andrea Casale, Bolognese. Fol. 185-188. Ms.1590: Giovan Battista SPADA: Relazione, o sia memoria curiosa de casi e contese gravi con cardinali, ambasciatori e altri prencipi e de delitti seguiti in Roma dalli 18 di gennaro 1635, per tutto li 18 settembre 1643. Ms.1618: Raccolta di manoscritti diversi estratti da Libri di memorie antiche. - Prosperità infelici di Francesco Canonici detto Mascambruno, sotto Datario e Auditore di Papa Innocenzo X Pamfilij. Fol. 1-49. - Racconto del grave delitto di Giacinto Centini, nipote del Cardinale d'Ascoli e compagni, per far morire papa Urbano Ottavo. Fol 66-78. - Relazione della morte e delitti di Giacomo Centini nipote dell' E.mo sig. Card. d'Ascoli e di altri. Abbiura. Inc. Sabbato mattina, li 21 aprile 1636. Fol 78-96. -

Sommario delle cose notabili et essenziali esistenti ne processo di Franc.o Giuseppe Borri milanese, pubblicato nella chiesa di S. M. sopra Minerva di Roma, l'anno 1672 li 25 7. Fol 91-100. - Relazione della morte di Camparini, del Franceschini e suoi compagni. Inc.: L'abbate Paolo Franceschini. Fol. 101-110. - Relazione della Giustizia fatta di Onofrio Santa Croce per il consenso al matricidio a Paolo suo fratello, l'anno 1601. Fol. 143-146. Ms.1625: Discorso sopra il fatto de' soldati corsi in tempo di Alessandro VII contro l'ambasciatore di Francia. Fasc. 3 - Fol. 63-72 - Ristretto del processo di Mascambruno. Fasc. 8 - Fol.165-184. Ms.1628: Brevissima informatione sopra le dottrine de' quietisti Fol. 286-291. Ms.1629: Copia del trattato di Pisa, sottoscritto a' 12 febbraio 1644. Fol. 303r-308 Ms.1653: Relazione di Roma riferita in Senato veneto dal Clar.mo Pietro Mocenigo Ambasciatore da Clemente , l'anno 1675. Fol. 12-71 Ms.1910: Placido Eustachio GHEZZI: Libro di tutte le giustizie eseguite in Roma dall'anno 1674 a tutto l'anno 1739. Ms.2238: Sommario del processo fabricato contro monsignor Mascambruno sottodatario. Fol. 163-192. Ms.2470: Sentenza dell'Inquisizione. Con il sommario del processo del Sant'Offitio contro li dogmi e propositioni del nuovo eresiarca Francesco Giuseppe Borri.

2 – Archivio di Stato di Roma

Ms. 12/2: Relazione della prigionia e morte di Bernardino e Nicolò Missori seguita in Roma l'anno 1685 à 15 Gennaro nel Pontificato di PP Innocenzo 11.anno 8°. Ms.12/3: Vita abiuratione e morte di Giacinto Centini e degli altri 7 suoi Aderenti. Ms.15: Relazione di Roma dell'Ill.mo Seg.r. Gio.Mocenigo Cavalliere Ambas.re a quella corte l'anno 1612. Ms.16: Vita di Donna Olimpia Maidalchini. Manoscript. Alexandri Ferrini. Ms.36: Conclavi dal 1591 al 1644. Ms.43: Vita e conclavi dei sommi pontefici. I pontefici del titolo vanno fino a Clemente XII. (1730). Contiene un indice alfabetico di nomi, cose e fatti notevoli. Ms.110: Osservazioni, scritture, riflessioni, relazioni, lettere, etc, su nepotismo, ambasciatori e altre materie. Ms.136: Relazione dell'accaduto in Roma dall'anno 1635 all'anno 1652 di G.B. Spada. Ms.410: Riflessioni di anonimo sugli omicidi e sul modo di impedirli. Ms.486: Relatione della Giustizia fatta di Onofrio Santa Croce l'anno 1610. Ms. 489: Relazione di Roma del Aimaden. c. 180-199. - Relazione della Corte di Roma in tempo di Clemente X. di Pietro Mocenigo ambasciatore veneto data in Senato l'anno 1675 c. 204-234. - Sommario del processo, vita, e morte di Francesco Giuseppe Borri milanese, morto in Castel S. Angiolo nel Pontificato d'Innocenzo 11. c. 236-289. - Relazione morte Marchese Reginaldo Monaldeschi, durante pontificato Alessandro 7. c. 319-321. Ms.490: PROCESSI – Roma – sec. 16.-18. La prima di 383 carte descrive la "Relatione della morte seguita in Castel S.Angelo dall'Ill.mo SS Card: Gio: Batta Orsini Romano l'anno ultimo del papato di Alessandro 6. Riguardano essenzialmente fatti di sangue processi ed esecuzioni avvenuti tra i secoli 16.-18. Vol. 104, cc. 270-447: Tribunale criminale del governatore di Roma, Processi anni 1505-1816. Strumento di sala 281 (inventario dei singoli processi dal 1600 al 1619 descrive il processo di Artemisia Gentileschi.

3 – Biblioteca Nazionale Centrale di Roma

Vitt. Em. Ms. 437. Fol. 249-250. Descrizione di Donna Olimpia. Vitt. Em. 811, cc. 1-528: Giacinto GIGLI: Memorie di alcune cose giornalmente accadute nel suo tempo. Gesuitico, Ges.183: Giovan Battista SPADA: Relazione, ò sia memoria curiosa de Casi e contese gravi con Cardinali, Ambasciadori, et altri Prencipi e de delitti seguiti in Roma, dalli 18 Gennaio 1635 per tutti li 18 settembre 1643 scritta dal cardinale Giovanni Battista Spada.

INFORMAZIONI SULL'AUTORE

Francesco Rocca, nato a Roma. Studi Classici. Laurea in Scienze Storiche presso la Facoltà di Lettere dell'Università La Sapienza di Roma. Giornalista Pubblicista. Esperto editoriale per importanti Case Editrici tra cui la Giunti e la McGraw-Hill. Professore di Storia e Filosofia. Professore di Italiano e Storia italiana all'estero presso Accademie e Istituti di Cultura.

Milton Keynes UK
Ingram Content Group UK Ltd.
UKHW032029130224
437791UK00016B/1246